\ START UP /

民法 判例30!

HANREI

2 物権

[第2版]

水津太郎
鳥山泰志
藤澤治奈

有斐閣

第2版はしがき

初版の公刊から5年が経ちました。この間に，本書の内容にかかわる民法の改正があったので，これに対応するため，第2版を世に送り出すことになりました。

初版のはしがきでは，判例は短く抽象的な民法の規定を実際に適用するための指針を示すといいました。債権法については，少し事情が変わり，いまや多くの条文が，判例を取り込んで長く具体的なものになっています。これに対して物権法の判例の意義は，あまり変わっていません。例えば177条という1つの条文の適用の仕方を学ぶため，この本は7つもの判例を取り上げています。177条はそれだけ抽象度が高い条文なのです。

もっとも，判例の明文化の波は物権法にも押し寄せています。この本に収録する［判例**16**］は，2021年の民法改正で民法の規定に取り込まれています。また，現在，担保法制の見直しが検討されていますが，これによって［判例**27〜30**］も明文化される見込みが高いです。

このように，判例の意義は少しずつ変化しています。しかし，判例学習の必要性は，民法の改正の前後でそれほど変わりません。過去の判例を踏まえなければ改正後の民法の趣旨を理解できないからです。第2版では，このことが伝わるよう工夫したつもりです。

この本は，はじめて物権法を学ぶための判例教材であり，法学部の1〜2年生を読者として想定しています。ですが，この本を座右に置いて講義に臨む法科大学院生を見かけることもあります。参考書として指定すらしていないのにです。この本の価値を認めてもらっているようで，とても嬉しく感じました。今後も，多くの方に手に取ってもらえるよう執筆者一同，心を込めて改訂作業に打ち込みました。読者のみなさんのご期待に沿ったものになっていることを切に願っています。

最後に，第2版の出版にあたっても，有斐閣編集部の中野亜樹さんにとてもお世話になりました。この場を借りて，厚く御礼申し上げます。

2023年3月

水津太郎
鳥山泰志
藤澤治奈

初版はしがき

この本は，はじめて物権法を学ぶ方のための判例教材です。

判例は，民法を理解するために，とても重要なものです。というのも，民法の条文には，短く，抽象的なものが少なくありません。そのため，条文を読んだだけでは，実際の事件に，どの条文がどんな風に適用されるかわからないのです。わからない部分を埋める役割を果たすのが判例です。また，民法に定めのない問題が起きることもあります。そのときにルールを作る役割を果たすのも判例です。

ところが，判例の学習には，いくつかのハードルがあります。判例を手にとってみると，判例の事案が複雑すぎて読むのが大変である，原告と被告が何を争っているのかわかりにくい，事案や判決文に知らない言葉が出てくる，判決文が長いことがあり何が言いたいのかつかめない，といった難しさに気づくでしょう。そして，判例を解説する教材のなかにも，解説の分量が多く，難解なものもあります。

これらのハードルにつまずいて，判例がきらいになってしまわないように，この本では，たくさんの工夫をしています。まず，〔事案をみてみよう〕の部分では，複雑な事案を単純化して紹介しています（判例の実際の事案と異なっている場合がありますのでご注意ください）。また，〔読み解きポイント〕では，原告と被告が何を争っているのかを明らかにして，〔判決文を読んでみよう〕の部分への橋わたしとしています。さらに，判決文のあとには，〔この判決が示したこと〕のコーナーがあり，判決文の要点が一目でわかるようになっています。事案や判決文のなかに，難しかったり，イメージがわきにくかったりするところが出てきたときは，本文の横の注で解説しているので，安心して読み進めることができます。そして，〔解説〕は，判例を理解するのに必要な限りにとどめました。前提知識が少なくても読めるように，できるだけわかりやすいように，心がけています。

また，なんといっても，判例の数の少なさにも注目してください。星の数ほどある判例のなかから，物権法をはじめて学ぶにあたってきちんと理解してほしい重要なものを厳選しました。きっと，勉強の負担が軽くなるでしょう。それぞれの判例がどのような意味で重要なのかは，各節のはじめの〔Introduction〕で説明してあります。そして，いくつかの節のおわりの〔もう一歩先へ〕では，次の段階で学んでほしい判例を紹介しています。〔もう一歩先へ〕まで学んだ方は，この本よりも判例の収録数の多い判例教材（『民法判例百選Ｉ』など）へさらにステップアップしていってください。

この本の執筆者は，出身校も勤務校もバラバラなのですが，みんな同世代で物権法が大好きという共通点があります。執筆会議はいつもとても盛り上がり，あつい（暑苦しい）議論が交わされました。その雰囲気が，読者のみなさんに少しでも伝わるといいな，と思います。

そして，ときに専門的になりすぎる議論をまとめて，この本のコンセプトを守ってくださったのは，有斐閣編集部の中野亜樹さん，渡邉和哲さんでした。お二方の適切なアドバイスと温かい励ましがあったからこそ，この本を完成することができました。この場を借りて，心からお礼を申し上げます。

2017年11月

水津太郎
鳥山泰志
藤澤治奈

Contents

目次

2. 留置権・先取特権

3. 非典型担保

凡例

 判例について

略語

［裁判所］

大連判 …………… 大審院連合部判決
大判 …………… 大審院判決
最大判 …………… 最高裁判所大法廷判決
最判 …………… 最高裁判所判決
高判 …………… 高等裁判所判決
地判 …………… 地方裁判所判決

［判例集］

民集 …………… 大審院民事判例集，最高裁判所民事判例集
民録 …………… 大審院民事判決録
裁時 …………… 裁判所時報
家月 …………… 家庭裁判月報
判時 …………… 判例時報
金法 …………… 金融法務事情

表記の例

最高裁平成 30 年 12 月 7 日判決（民集 72 巻 6 号 1044 頁）
最判平成 30・12・7 民集 72 巻 6 号 1044 頁

「最高裁判所」で，平成 30 年 12 月 7 日に言い渡された「判決」であること，そしてこの判決が「民集」（最高裁判所民事判例集）という判例集の 72 巻 6 号 1044 頁に掲載されていることを示しています。

 法令名について

略語

不登 …………… 不動産登記法
借地借家 ……… 借地借家法
民執 …………… 民事執行法

＊民法については，原則として条文番号のみを示し，上に掲げたもののほかの法令名の略称は，有斐閣『ポケット六法』巻末の「法令名略語」によりました。

 判決文・条文などの引用について

「　」で引用してある場合は，原則として原典どおりの表記としていますが，字体などの変更を行ったものや，濁点・句読点，ふりがな，下線，傍点などを補ったものがあります。引用の「　」内の〔　〕表記（小書き）は，著者による注であることを表します。

 その他

本シリーズの他の巻の判例を表す場合には，「〔総則・判例 **26**〕」のように〔巻名・判例番号〕としました。また，有斐閣『民法判例百選Ⅰ・Ⅱ・Ⅲ』（Ⅰ・Ⅱは第 9 版，Ⅲは第 3 版）の引用は，「百選Ⅰ-48」のように巻の番号と項目番号のみを示しています。

本書の使い方

1 タイトル

この項目で学ぶことを示しています。

2 判例

この項目で取り上げる判例です。この場合，最高裁判所で昭和 35 年 2 月 11 日に出された判決のことです。詳しくは，「凡例」（p. vii）を参照してください。

3 出典

ここに掲げた書誌に，この項目で取り上げた判決文・決定文の全文が載っています。「出典」と呼ばれます。「民集」などの略語については「凡例」（p. vii）を参照してください。

事案

この事件のおおまかな内容です。

11

占有改定と即時取得

最高裁昭和35年2月11日判決（民集14巻2号168頁）　▸百選Ⅰ-64

事案をみてみよう

＊｜実際の事件を単純化して紹介する。

Y₁ ①売買契約 A ②本件動産の譲渡 占有改定による引渡し X 善意無過失
③本件動産の譲渡 現実の引渡し Y₂

岡山県のある集落の一部住民（まとめて Y_1 とする）は，水車，発電機，これに付属する機械器具（本件動産とする）を共同で所有していた。その管理は，数名の代表者が行っていた。

あるとき，代表者の一人である A がこれらの動産を買い受けることになり，売買契約が締結された。この契約には，「期日に支払いができないときは契約が無効になる」と定められていたが，結局，A は代金を全額支払うことができず，売買契約は失効した（①）。ところが，A は，本件動産を，X に売却してしまった[＊1]。A は，本件動産が収納してある倉庫の鍵を所持し，本件動産を直接占有していたため，占有改定（183 条[＊2]）の方法により X に本件動産を引き渡した（②）。このとき，X は，A が本件動産の所有者であると信じており，そう信じたことについて過失はなかった。

一方，A に本件動産を売ることができなかった Y_1 は，Y_2 に本件動産を売却した。この売買契約については，事前に A も同意し，別の代表者 B に倉庫の鍵を渡していたため，すぐに，Y_2 に対して本件動産の現実の引渡し（182 条 1 項）がされた（③）。

後日，X が本件動産を倉庫から出そうとしたところ，Y_1 に阻止され，Y_2 が本件動産を運び去った。そこで，X は，Y_1，Y_2 らに対して，本件動産の所有権の確認および引渡しを求めて訴えた。

＊1｜他人物売買
Y_1 と A との間の売買契約が失効してしまったため，A は，本件動産の所有権を持っていない（本件動産の所有権は，Y_1 が持っている）。とはいえ，民法上，他人物の売買契約は有効であるため（561条），本件においても，A と X との間の売買契約は有効である。

＊2｜占有改定
占有改定とは，民法が定める占有の取得方法の1つである。具体的には，P が Q に自転車を譲り渡したものの，Q の家には，自転車をとめるスペースがないため，自転車はそのまま P が預かっておくことにする，といった場面がこれにあたる。183条によれば，P が Q のために自転車を預かっておくことを合意すれば，Q は自転車の占有を取得することができるのである。この場面では，自転車の状況には，外から見て何の変化も生じていないが，占有の移転があったことになる。

読み解きポイント

本件における A は，所有権を持たない無権利者なので，X は，A から所有権を譲り受けることはできない。しかし，X は，192条が定める即時取得により，所有権を原始取得[＊3]する可能性がある。そこで，X が即時取得の要件を満たしているか問題となったのが本件である。

事案をみてみると，本件では，X は，占有改定の方法により占有を取得している。では，占有改定により占有を取得した場合にも，即時取得が認められるか。

判決文を読んでみよう

「無権利者から動産の譲渡を受けた場合において，譲受人が民法 192 条によりその所有権を取得しうるためには，一般外観上従来の占有状態に変更を生ずるがごとき占

042

どんな事案に対して どんな判断が示されたかを順番に確認することが大事！ まずは事案を丁寧に読んでみよう！

読み解きポイント

以下の判決文・決定文を読むときにどのようなところに着目すればよいか，意識するとよいポイントを説明しています。

エンピツくん

性別：たぶん男子。
年齢：ヒミツ。
モットー：細く長く。
シャーペンくんをライバルと思っている。

判決文・決定文

ここが，裁判所が示した判断をまとめた部分です。全文は実際にはもっと長いものですが，ここでの学習に必要な部分を抜き書きしています。判決文・決定文の中でも，特に大事な部分に下線を引いています。

判決文・決定文は，この事件について裁判所がどう判断したか，という部分。言い回しや言葉づかいが難しいところもあるけれど，がんばって読んでみよう！

有を取得することを要し，かかる状態に一般外観上変更を来(きた)さないいわゆる占有改定の方法による取得をもっては足らないものといわなければならない〔大判大正5・5・16民録22輯(しゅう)961頁，最判昭和32・12・27民集11巻14号2485頁参照〕。」

⇩ この判決が示したこと ⇩

192条により動産の所有権を即時取得するためには，外から見て占有に変化があったとわかるような態様での占有の取得が必要である。そして，占有改定の方法で占有を取得した場合には，外から見て占有に変化があったとはわからないので，即時取得をすることはできない。

解説

Ⅰ．問題の所在

192条は，①取引行為によって，②平穏にかつ公然と，③動産の占有を始めた者は，④善意無過失である場合には，その動産上の権利を即時取得することができると定めている。本判決で問題となったのは，③の「占有を始めた」とは，どのようなことをいうのかである。

そこで民法の条文を見てみると，民法は，占有の取得方法を4つ定めている。現実の引渡し（182条1項），簡易の引渡し（同条2項），占有改定（183条），指図による占有移転（184条）の4つである。このうち，後半の3つでは，物の物理的な状況に変化が生じるわけではないが，占有の取得が認められる（観念的引渡し）。

では，このような占有の取得は，192条の「占有を始めた」にあたるであろうか。

本判決は，即時取得により所有権を取得するためには，「一般外観上従来の占有状態に変更を生ずるがごとき占有」，すなわち，外から見て占有に変化があったとわかるような態様での占有の取得が必要であるとして，占有改定による即時取得を認めなかった。ところが，なぜそのような占有が必要であるかについての説明はしていない。以下では，最高裁の判断の理由を考えてみよう。

Ⅱ．かつての考え方

1つの考え方は，本判決が引用する大審院判決に示されている。[*4] 大審院判決は，即時取得制度の沿革から，占有改定による即時取得を否定する。[*5] そして，本判決の控訴審も，大審院と同じような判示を行っていた。

Ⅲ．本判決の理解

ところが，本判決は，控訴審とは少し違う言い回しを採用した。即時取得制度の沿革にかかわる部分をカットした判示を行ったのである。このことから，本判決は，即時取得制度の沿革を主な理由として判断を下したわけではないと考えられる。

では，なぜ即時取得のためには，「一般外観上従来の占有状態に変更を生ずるがごとき占有」が必要なのであろうか。今度は，即時取得制度の趣旨から，この点を考え

＊3　原始取得

「原始取得」とは，ある権利を他人の権利に基づかず，独立に取得することをいう。即時取得のほかにも，時効取得（162条・163条）や無主物先占（239条1項）などがある。

「原始取得」の反対の概念は，「承継取得」である。こちらは，売買や相続のように，他人の権利を受け継ぐことで，権利を取得することをいう。

＊4

大審院は，192条の「占有を始めた」とは，一般外観上従来の占有事実の状態に変更を生じ，占有を他人に一任しておいた権利者のその他人に対する追及権を顧慮しないでも，一般の取引を害するおそれのないような場合をいうとしていた。

＊5　即時取得の沿革

即時取得の沿革とされているのは，ゲルマン法の「手が手を守れ（Hand wahre Hand）」という原則である。この原則によれば，動産の所有者が相手方を信頼して動産の占有を与えた場合には，その相手方に対しては動産の返還を請求することができるが，相手方が所有者を裏切って第三者に占有を渡してしまった場合には，その第三者に対しては，返還を請求することができない。この場合には，第三者の保護が優先し，所有者の追及権が制限されるのである。

ところが，占有改定の場合には，動産を預けられた相手方は，いまだ動産を第三者に渡してはおらず，所有者の信頼が裏切られたわけではないので，追及権の行使が可能であり，したがって，即時取得は認められないということになる。

Chapter Ⅰ 物権

043

この判決・決定が示したこと

ここまでに読んだ判決文・決定文が「結局何を言いたかったのか」「どんな判断をしたのか」を簡単にまとめています。〔読み解きポイント〕にも対応しています。

解説

用語や考え方，背景，関連事項など，この判例を理解するために必要なことを説明しています。

解説を読むと，この判例の意義や内容をより深く理解できるよ！

左右のスペースで，発展的な内容や関連する判例，知っていると役立つことを付け加えています。余裕があれば読んでみましょう。

著者紹介

有斐閣屋上にて（2017年9月撮影）

鳥山泰志
Toriyama Yasushi

一橋大学教授

本欄は，これで３度目の書き直しです（２度のボツ）。私は，とても不器用な人間ですが，自分なりに頑張っています。そんな私に温かいお言葉をかけてくださる方もいます。ありがたいことです。私と同じような自己評価をしている読者の方もおられると思いますが，お互い，腐ることなく愚直に頑張って生きていきましょう（編集部の中野様，そろそろ許してください）。

執筆担当：p.65, Chapter II-1・2
Introduction, P.117
判例 10, 16, 17-19, 25-29

藤澤治奈
Fujisawa Haruna

立教大学教授

大学生のころ，法学部に入ったものの法律の勉強がちっとも好きになれず苦労していたのですが，判例研究をするゼミに参加して，その面白さに目覚めました。リアルな事件を題材にすると，仲間との議論も盛り上がりますし，古い判例集を探しに図書館の奥地に踏み込むのも，探検のようでワクワクします。本書で，少しでも判例の面白さを伝えられたらなぁと思っています。

執筆担当：Chapter I-3・II-3
Introduction, P.45, 96, 118
判例 03-06, 11, 12, 20, 21, 24, 30

水津太郎
Suizu Taro

東京大学教授

「すでに見たものでなく，すでに繰り返されたことでなく，新しく発見すること，前に向かっていること，自由で心躍ること。」＊——民法について物を書くとき，そのような作品になったらいいな，といつも思っています。どきどきわくわく，心を躍らせながら勉強してもらえると，うれしいです。

＊ Comme des Garçons S/S 1997 DM

執筆担当：序, p.03, Chapter I-1・2
Introduction, P.46, 64
判例 01, 02, 07-09, 13-15, 22, 23

序　物権の判例を学ぶ前に

1. 民法典の体系

民法典は，第1編 総則，第2編 物権，第3編 債権，第4編 親族，第5編 相続という5つの編から構成されている。第1編 総則は，民法全体に共通するルールを集めたものである。それ以外のルールは，①財産についてのもの（第2編・第3編）と，②家族についてのもの（第4編・第5編）とに分けられる。

このうち，①に属するルールは，物権と債権という2つの権利を軸として組み立てられている。物権は，物を直接に支配する権利であり，第2編がこれを定めている。これに対し，債権は，人に一定の行為をしてもらう権利であり，第3編がこれを定めている。本書は，第2編 物権を対象とするものである。

2. 物権編の内容

物権は，法律によらなければ，これを創設することができない（175条）。債権について，契約の当事者は，原則として，その内容を自由に定めることができる（521条2項）のとは，異なっている。このことを受けて，物権編は，10種の物権とそれぞれの内容とを定めている。これらは，次の3つの視点から整理することができる。

①占有権とそれ以外の物権　　物権は，占有権とそれ以外の物権とに分けられる。占有権（第2章）は，物を事実上支配している状態を保護する権利である。これに対し，それ以外の物権は，それぞれの物権の内容に応じて，物の価値を支配することを正当化する権利である。

②所有権と制限物権　　占有権以外の物権は，所有権と制限物権とに分けられる。物の価値は，利用価値と交換価値とに区別される。利用価値とは，物を自分で使用することによって得られる価値，または物を他人に使用させることによって得られる価値をいう。他方で，交換価値とは，物を換価することによって得られる価値をいう。所有権（第3章）は，物の価値を全面的に，つまり利用価値と交換価値とのどちらも支配する物権である。206条の規定によれば，所有者は，自分が所有する物を，原則として自由に使用・収益・処分することができるとされている。これに対し，物の価値のうち，利用価値と交換価値とのいずれか一方を支配する物権のことを，物の価値の支配が制限されているという意味において，制限物権という。

③用益物権と担保物権　　制限物権は，用益物権と担保物権とに分けられる。用益物権とは，他人の土地を使用・収益することによって，その土地の利用価値を支配する物権をいう。地上権（第4章），永小作権（第5章），地役権（第6章），共有の性質を有しない入会権（294条）が，この物権に属する。これに対し，担保物権とは，債権を担保するため，他人の物の交換価値を支配する物権をいう。法律にもとづいて成立する担保物権（法定担保物権）には，留置権（第7章）と先取特権（第8章）とがあり，契約にもとづいて成立する担保物権（約定担保物権）には，質権（第9章）と抵当権（第10章）とがある。

そして，物権編の冒頭には，各種の物権に共通するルールとして，総則（第1章）が置かれている。

3. 本書の構成

債権を担保するための物権（2 ③）である担保物権は，それ以外の物権とは異なる特徴をもっている。そこで，大学の講義や教科書では，通常，物権編は，「物権」と「担保物権」とに分けて説明される。「担保物権」が「物権」ではなく，「債権総論」とセットで説明されることがあるのも，そのためである。

「物権」では，まず，物権の意義・種類や効力が説明された後，総則（第1章）と，占有権（第2章）から地役権（第6章）まで，つまり用益物権とについて説明される。これに対し，「担保物権」では，まず，総論的な事項が説明された後，留置権（第7章）から抵当権（第10章）までの担保物権（典型担保）と，それら以外の担保物権（非典型担保）とについて説明される。本書でも，物権編を，**Chapter Ⅰ 物権**と**Chapter Ⅱ 担保物権**とに分けることとする。

第2編　物権	本書の構成
	Chapter Ⅰ 物権
	1　物権的請求権
第1章　総則	2　物権変動
第2章　占有権	
第3章　所有権	3　所有権
第4章　地上権	
第5章　永小作権	
第6章　地役権	
	Chapter Ⅱ 担保物権
第7章　留置権	2　留置権
第8章　先取特権	先取特権
第9章　質権	
第10章　抵当権	1　抵当権
	3　非典型担保

本書は，物権と担保物権との基本的な判例を，30件に絞って，はじめてこの分野を学ぶ人にわかりやすく解説することを目的とするものである。本書の構成は，この目的を考慮して組み立てられている。そのため，物権編の構成と本書の構成とでは，さまざまな点が異なっている。詳しくは，**Chapter Ⅰ**と**Chapter Ⅱ**の扉（3頁，65頁）を参照してほしい。ここでは，物権編の構成と本書の構成との違いを一覧するために，両者を対比させた表を掲げておこう。

4。本書のキーワード

判例とは，広い意味においては，過去に下された裁判のことをいう。もっとも，判例というときは，より狭い意味において用いられるのが通常である。それによれば，判例とは，過去に下された裁判のうち，事実上，あたかも法のような拘束力をもっている裁判における判断のことをいう。この意味での判例となる裁判における判断は，その大部分が，最上級審である最高裁判所と，その前身にあたる大審院とによって示される。本書の目次において，**最判**（「最高裁判所判決」の略称）や，**大判**（「大審院判決」の略称）ばかりが並んでいるのは，そのためである。

裁判の理由のなかで示された判断のうち，判例としての拘束力をもつのは，事案の結論を導くうえで不可欠な部分（これを，レイシオ・デシデンダイという）に限られる。これに対し，それ以外の部分（これを，オビタ・ディクタム＝**傍論**という）は，そのような拘束力をもたない（傍論の例として，［判例**03**］［判例**23**］などを参照）。また，判例としての拘束力をもつ判断については，そこで示されたルールがどこまで，どのように適用されるのか，いいかえると，その裁判が下された事案のうち，どの部分が変わるとその結論が変わるのかを明らかにしなければならない。この作業のことを，判例の**射程**を画するという（具体的には，［判例**02**］［判例**03**］などを参照）。

Chapter I

物権

本章で学ぶこと

1. 物権的請求権
2. 物権変動
3. 所有権

Chapter Ⅰは，3つの部に分かれている。

物権を有する者は，物権が違法に侵害されているときは，侵害者に対し，その侵害を除去するよう求める請求権，つまり物権的請求権をもつ。この請求権は，明文の規定によっては定められていないものの，物権を保護するための手段として，重要な役割を担っている。**1**では，物権的請求権の基本判例を学ぶこととしよう。

物権変動とは，物権の取得・変更・喪失の総称をいう。物権変動に関する一般的なルールは，総則（第1章）の176条以下の規定に定められている。そのほか，占有権（第2章）のうち，即時取得について定める192条以下の規定も，動産物権変動のルールを構成するものである。これらの規定については，多くの判例が積み重ねられている。**2**では，そのなかでも，物権法を学ぶうえでしっかりと理解してほしい重要な判例を取り上げる。

3では，各種の物権のなかで，最も基本的な物権である所有権（第3章）の判例を解説する。また，特殊な性格をもった物権である占有権（第2章）の判例は，**3**の最後にある「もう一歩先へ」（64頁）で学ぶこととしよう。これに対し，地上権（第4章），永小作権（第5章），地役権（第6章）の判例は，応用的であったり，発展的であったりするものが多いため，本書においては扱わない。

物権

1

Introduction

Contents

物権的請求権

ぼくの買った『民法②物権 判例30！』が盗まれちゃったら，その盗んだ人に，なにがいえるんだろう。物権っていうのは，物に対する権利だって勉強したけれど……。

物権的請求権（1）は，物権の効力の1つに位置づけられるものである。それ以外の物権の効力には，物権の優先的効力（2）がある。

1. 物権的請求権——物権の効力・その1

前のページで学んだように，物権的請求権は，明文の規定によっては定められていないものの，物権を保護するための手段として，重要な役割を担っている。〔判例01〕および〔判例02〕は，物権的請求権の基本問題を扱ったものである。

①物権的請求権の種類・要件・内容　〔判例01〕では，次の点が問題となる。まず，請求者は，相手方に対し，所有権にもとづいて，妨害の予防を求めることができるのか。次に，相手方が自分の行為によって妨害の危険を作り出しておらず，また，妨害の危険について相手方に故意や過失がないときであっても，請求が認められるのか。最後に，請求者は，相手方に対し，妨害を予防するために必要な措置をとるよう求めることができるのか。

②物権的請求権の相手方　自分の土地の上に無断で他人の建物が建築されている場合には，土地所有者は，所有権にもとづいて，建物を収去して土地を明け渡すよう求めることができる。では，土地所有者は，だれを請求の相手方とすべきなのか。〔判例02〕は，この問題について判断を示したものである。

2. 物権の優先的効力——物権の効力・その2

物権は，これと両立しない他の権利に優先する。この効力を，物権の優先的効力という。物権の優先的効力に関する判例は，本書においては扱っていない。

もっとも，**Chapter Ⅰ-2**で学ぶ物権変動の対抗に関する判例は，物権の優先的効力と，次の意味においてかかわりをもっている。物権を取得した者は，対抗要件を備えなければ，その物権の取得を第三者に対抗することができない（177条・178条）。第三者の側からみれば，対抗要件が備えられていない物権変動は，これをないものとして扱うことができる。そのため，物権変動の対抗要件が備えられていないときは，物権の優先的効力のはたらく場面が制限されることとなる。

01 物権的請求権の種類・要件・内容

大審院昭和12年11月19日判決(民集16巻1881頁) ▶百選Ⅰ-46

 事案をみてみよう

Aが所有する甲土地は，Bが所有する乙土地と隣り合っている。Bは，乙土地の用途を畑から水田へと変更したことにともない，乙土地を甲土地との境界に沿って上から垂直に掘り下げた。そのため，甲土地と乙土地との境界に，約73 cmの断崖が生じた。その後，Yは，Bから乙土地を買い受け，また，Xは，Aから甲土地を単独で相続した。

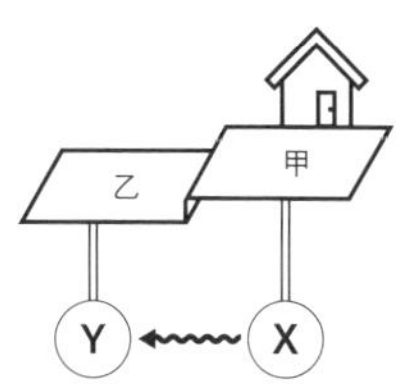

甲土地の上には，乙土地との境界から約1.8 m離れたところに住居が建っている。また，甲土地の地質は，砂地である。そのため，甲土地の土砂が断崖から乙土地へと崩れ落ちる危険が生じている。そこで，Xは，Yに対し，甲土地の所有権にもとづいて，この危険を予防するために必要な措置をとるよう求めた。

読み解きポイント

物権を有する者は，物権が違法に侵害されているときは，侵害者に対し，その侵害を除去するよう求める請求権をもつ。これを，物権的請求権とよぶ。本件では，この請求権に関連して，次の3点が問題となる。

① 種類：本件では，Xの所有権について，妨害が生じているわけではなく，妨害の危険が生じているにとどまる。この場合において，Xは，Yに対し，妨害の予防を求めることができるのか。

② 要件：Yは，自分の行為によって妨害の危険を作り出したわけではなく，また，妨害の危険について故意や過失があるわけでもない。このような場合にも，XのYに対する請求は，認められるのか。

③ 内容：①と②との問題をクリアしたとして，Xは，Yに対し，なにを請求することができるのか。すなわち，Xが妨害を予防するために必要な措置をとることを受忍するよう求めることができるのか，それとも，Yが妨害を予防するために必要な措置をとるよう求めることができるのか。

判決文を読んでみよう

(1) 「所有権の円満[*1]なる状態が他より侵害せられたるときは，所有権の効力として其の侵害の排除を請求し得べきと共に，所有権の円満なる状態が他より侵害せらるる虞あるに至りたるときは又，所有権の効力として所有権の円満なる状態を保全する為，現に此の危険を生ぜしめつつある者に対し，其の危険の防止を請求し得る」。

(2) 「土地の所有者は，法令の範囲内に於て完全に土地を支配する権能を有する者

*1｜円満
すべて備わっていること。ここでは，物権を有する者が物を直接に支配することについて，侵害を受けていない状態をさす。

なれども，其の土地を占有保管するに付ては，特別の法令に基く事由なき限り，隣地所有者に侵害又は侵害の危険を与へざる様，相当の注意を為すを必要とするものにして，其の所有にかかる土地の現状に基き，隣地所有者の権利を侵害し，若くは侵害の危険を発生せしめたる場合に在りては，該侵害又は危険が不可抗力に基因する場合，若くは被害者自ら右侵害を認容すべき義務を負ふ場合の外，該侵害又は危険が自己の行為に基きたると否とを問はず，又自己に故意過失の有無を問わず，此の侵害を除去し又は侵害の危険を防止すべき義務を負担する」。

(3)「土地の所有者は，其の所有権を行使するに付きても，隣地所有者の権利を侵害し，又は之に侵害の危険を与えざる様，相当の注意を為すを要し，之が侵害の危険を与えたる場合に於ては，之が予防設備を為すの義務あり」。

この判決が示したこと

① 所有者は，所有権にもとづいて，妨害の危険を生じさせている者に対し，妨害の予防を求めることができる。

② 妨害の危険が相手方の行為にもとづくものであることや，妨害の危険について相手方に故意・過失があることは，不要である。

③ 所有者は，相手方に対し，妨害を予防するために必要な措置をとるよう求めることができる。

解説

Ⅰ. 物権的請求権とは

民法には，物権的請求権を認める規定は，定められていない。もっとも，この請求権が認められることには，争いがない[*2]。その理由としては，次の点が挙げられている。

*2｜明文の規定が定められていない理由
民法が制定されたときにも，物権的請求権は，当然に認められるものと考えられていた。民法に物権的請求権を認める規定が定められていないのは，自明の事柄については，明文の規定を定めない，という民法典の編纂方針に由来するものである。

まず，①物権とは，物を直接に支配する権利である。そうであるとすると，物を直接に支配することができない状態が生じたときは，物権を有する者に対し，その状態を除去するよう求める請求権を与えなければならない。つまり，物権を認める以上，その目的を達成するための手段として，物権的請求権をも認めるべきである。次に，②民法は，物を事実上支配している状態を保護する占有権についてすら，占有訴権を認めている（197 条以下）。そうであるなら，物の価値の支配を正当化する権利である占有権以外の物権についても，物権的請求権が認められるはずである。さらに，③ 202 条には，「本権の訴え」という文言がある。これは，本権にあたる物権について，物権的請求権が認められることを前提としたものである。

Ⅱ. 物権的請求権の種類と要件

1 ▸▸ 種類

物権的請求権については，今日では，一般に，占有訴権の 3 つの種類[*3]に対応して，(a) 返還請求権，(b) 妨害排除請求権，(c) 妨害予防請求権の 3 つの種類が認められている。判決文 **(1)** が，所有者は，所有権が「侵害せられたる」ときに，侵害の除去を

*3｜占有訴権の種類
占有訴権には，(a) 占有回収の訴え（200条），(b) 占有保持の訴え（198条），(c) 占有保全の訴え（199条）の3つの種類がある。

求めることができるだけでなく，所有権について「侵害せらるる虞（おそれ）ある」ときに，侵害の危険の除去を求めることもできるとしているのは，(a) (b)のほかに，(c)も認められることを示したものである。なお，以下では，「侵害」という言葉は，侵害そのものだけでなく，侵害の危険も含むものとして用いることとする。

2 ▸▸ 要件

物権的請求権の要件は，物権に対する違法な侵害である。本件で問題となった所有権にもとづく妨害予防請求権については，まず，所有物に対する妨害の危険が生じていることが必要である。次に，その危険の発生が違法なものであること，つまりその危険の発生を正当化する事由がないことが必要である。判決文 (2) によれば，隣り合う土地の間で侵害が生じている場合において，①侵害が不可抗力[*4]にもとづくときや，②請求者が侵害を認容すべき義務を負うときは，違法性が認められない。本件は，請求者以外の者によって人為的に断崖が作り出された結果，高位の土地の土砂が低位の土地に崩れ落ちる危険が生じた事案であるため，①と②とのいずれにもあてはまらない。そこで，本判決では，妨害予防請求権が認められている。他方で，(i) 侵害が相手方の行為にもとづくものであることや，(ii) 侵害について相手方に故意・過失があることは，不要である[*5]。判決文 (2) は，このことを示している。

Ⅲ. 物権的請求権の内容

請求者は，相手方に対し，物権的請求権を行使して，侵害の除去を求めることができる。では，侵害の除去に必要な行為は，請求者と相手方とのどちらがしなければならないのか。行為請求権説によれば，請求者は，相手方に対し，侵害の除去に必要な行為をするよう求めることができる。これに対し，忍容請求権説によれば，請求者は，相手方に対し，自分が侵害の除去に必要な行為をすることを忍容するよう求めることができる。前説にたつと，侵害の除去にかかる費用も，相手方が負担する。これに対し，後説にたつと，請求者がその費用を負担する。もっとも，相手方に故意・過失があり，不法行為（709条）が成立するときは，請求者は，相手方に対し，不法行為にもとづく損害賠償を求めることができる[*6]。

判決文 (3) は，行為請求権説にたっている[*7]。この見解は，学説上も一般に支持されている。第1の理由は，物権的請求権を認めたのと同種の考え方である（Ⅰ）。物の直接支配が侵害されたときに，物権を有する者が自分の労力や費用で侵害を除去しなければならないとするならば，物権を認めた意味が乏しくなってしまう。物権を認める以上，物権的請求権の内容として，行為請求権を認めるべきである。第2の理由は，損害賠償と費用負担との区別である。不法行為にもとづく損害賠償請求権は，被害者が加害者に対し，自分に生じた損害の転嫁を求めることで，その責任を追及するものである。この場合には，相手方の故意・過失が必要とされる。他方で，物権的請求権は，物権を有する者が侵害者に対し，現に生じている侵害の除去を求めることで，その権利を実現するものである。この場合には，相手方の故意・過失は，不要とされる（Ⅱ2）。そうであるとすれば，侵害の除去にかかる費用についても，相手方の故意・過失にかかわりなく，これを相手方に求めることが正当化されるはずである[*8]。

＊4｜不可抗力
人の力によって支配・統制することができない事象のこと。

＊5｜主観的事情の考慮
もっとも，このことは，物権的請求権の要件として，主観的事情がいっさい問題とならないことを意味するものではない（［判例**20**］を参照）。

＊6｜責任説
請求者は，忍容請求権をもつことを原則として，相手方に責任があるときは，請求者は，相手方に対し，行為請求をすることができるとする見解がある。この見解を，責任説という。

＊7｜不可抗力の位置づけ
侵害が不可抗力にもとづくときを例外とする判示（傍論）について，物権的請求権の要件である違法性の判断基準（Ⅱ2）を一般的に示したものと読むのではなく，物権的請求権の内容として行為請求権を認める限界を示したものであり，そうしたときにも，忍容請求権は，認められるととらえる見解がある。

＊8｜費用の分担の可能性
下級審裁判例には，請求者と相手方との間で費用を分担すべきとしたものがある（東京高判昭和51・4・28判時820号67頁）。同判決によれば，台風により高地から隣接している低地へと土砂崩壊のおそれが生じたときは，「土地相隣関係の調整の見地」から，土砂崩壊予防のための壁は，高地の所有者と低地の所有者とが共同の費用で設置すべきである（223条・226条等の規定の類推適用）とされる。

02 物権的請求権の相手方

最高裁平成6年2月8日判決(民集48巻2号373頁) ▸百選Ⅰ-47

事案をみてみよう

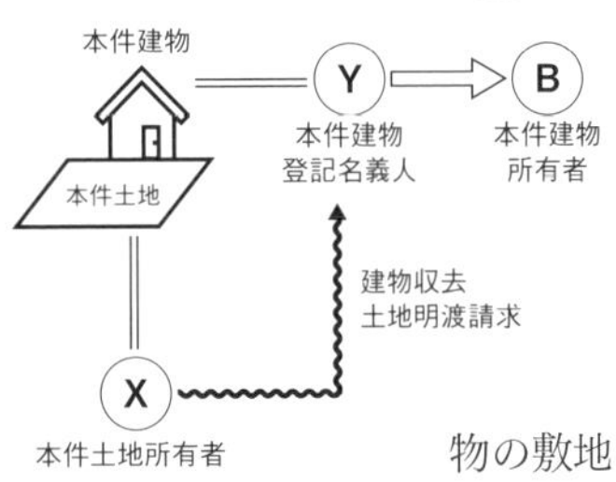

本件建物は，Aが所有していた。Aが死亡したため，本件建物は，その妻Yに相続された。その後，Yは，Bに対し，本件建物を売却した。Yは，AからYへの相続を原因とする所有権移転登記を備えたものの，YからBへの売買を原因とする所有権移転登記を備えておらず，本件建物の所有権の登記名義人は，Yのままである。他方で，Xは，本件建物の敷地にあたる本件土地を，競売により取得した。Xは，Yに対し，本件土地の所有権にもとづき，本件建物を収去して本件土地を明け渡すよう求め，訴えを提起した。

読み解きポイント

Xは，本件土地の所有権にもとづき，本件建物を収去して本件土地を明け渡すよう求めることができる。では，その相手方は，だれか。Xは，本件建物の所有権の登記名義人Yに対し，訴えを提起している。しかし，本件建物は，YからBへと売却されていた。このときは，Xが訴えを提起すべき相手方は，建物所有者Bではないか。

判決文を読んでみよう

(1) 「土地所有権に基づく物上請求権を行使して建物収去・土地明渡しを請求するには，現実に建物を所有することによってその土地を占拠し，土地所有権を侵害している者を相手方とすべきである」。

(2) 「したがって，未登記建物の所有者が未登記のままこれを第三者に譲渡した場合には，これにより確定的に所有権を失うことになるから，その後，その意思に基づかずに譲渡人名義に所有権取得の登記がされても，右譲渡人は，土地所有者による建物収去・土地明渡しの請求につき，建物の所有権の喪失により土地を占有していないことを主張することができるものというべきであり〔最判昭和35・6・17民集14巻8号1396頁参照〕，また，建物の所有名義人が実際には建物を所有したことがなく，単に自己名義の所有権取得の登記を有するにすぎない場合も，土地所有者に対し，建物収去・土地明渡しの義務を負わないものというべきである〔最判昭和47・12・7民集26巻10号1829頁参照〕」。

(3) 「もっとも，他人の土地上の建物の所有権を取得した者が自らの意思に基づいて所有権取得の登記を経由した場合には，たとい建物を他に譲渡したとしても，引き続き右登記名義を保有する限り，土地所有者に対し，右譲渡による建物所有権の喪失を主張して建物収去・土地明渡しの義務を免れることはできない」。

(4) 「けだし[*1]，建物は土地を離れては存立し得ず，建物の所有は必然的に土地の占有を伴うものであるから，土地所有者としては，地上建物の所有権の帰属につき重大な利害関係を有するのであって，土地所有者が建物譲渡人に対して所有権に基づき建物収去・土地明渡しを請求する場合の両者の関係は，土地所有者が地上建物の譲渡による所有権の喪失を否定してその帰属を争う点で，あたかも建物についての物権変動における対抗関係にも似た関係というべく，建物所有者は，自らの意思に基づいて自己所有の登記を経由し，これを保有する以上，右土地所有者との関係においては，建物所有権の喪失を主張できないというべきであるからである」。

(5) 「もし，これを，登記に関わりなく建物の『実質的所有者』をもって建物収去・土地明渡しの義務者を決すべきものとするならば，土地所有者は，その探求の困難を強いられることになり，また，相手方において，たやすく建物の所有権の移転を主張して明渡しの義務を免れることが可能になるという不合理を生ずるおそれがある。他方，建物所有者が真実その所有権を他に譲渡したのであれば，その旨の登記を行うことは通常はさほど困難なこととはいえず，不動産取引に関する社会の慣行にも合致するから，登記を自己名義にしておきながら自らの所有権の喪失を主張し，その建物の収去義務を否定することは，信義にもとり，公平の見地に照らして許されないものといわなければならない」。

⇩ この判決が示したこと ⇩

土地所有者が土地所有権にもとづき建物を収去して土地を明け渡すよう求める場合において，建物所有権を取得した者がみずからの意思により所有権取得の登記を備えたときは，建物所有権の登記名義人も，その相手方とすることができる。

解説

Ⅰ．建物収去土地明渡請求と物権的請求権

本件のように，土地所有者が土地所有権にもとづき建物を収去して土地を明け渡すよう求める請求のことを，建物収去土地明渡請求という。同請求は，物権的請求権[*2]のうち，返還請求権[*3]を根拠とするものである。そして，同請求が求めるのは，建物の収去と土地の明渡しとの双方ではなく，土地の明渡しであって，建物の収去は，その手段にすぎない。そこで，同請求は，土地所有権にもとづく返還請求権としての土地明渡請求権を根拠とするものであるとされている。

Ⅱ．物権的請求権の相手方

1 ▸▸ 原則

所有権にもとづく返還請求権の相手方は，現在において，物を占有している者であ

＊1｜けだし
この言葉は，法学の世界では，「なぜなら」と同じような意味で使われる。

＊2｜物権的請求権と物上請求権
物権的請求権は，物上請求権とよばれることもある（判決文(1)）。どちらも，同じ意味である。

＊3｜物権的請求権の種類
建物収去土地明渡請求が返還請求権を根拠としてされるのは，物（土地）の占有が失われているからである。これに対し，占有喪失以外の方法で妨害されているときは，妨害排除請求権が生じ，また，妨害のおそれがあるときは，妨害予防請求権が生ずる。物権的請求権の種類については，［判例01］解説Ⅱ1を参照。

る。土地所有権にもとづく返還請求権としての土地明渡請求権では，土地を占有している者がその相手方となる。そこで，本判決は，建物収去土地明渡請求について，その相手方は，原則として，「現実に建物を所有することによってその土地を占拠し，土地所有権を侵害している者」であるとしている（判決文(1)）。そのため，建物所有者は，正当な権原[*4]なく，建物を所有することによって他人の土地を占有するときは，自分の建物を収去して土地を明け渡す義務を負担することとなる。

2 ▸▸ 例外

では，建物所有者と，建物所有権の登記名義人とが別人であるときは，どうか。本判決は，この場合のうち，「他人の土地上の建物の所有権を取得した者が自らの意思に基づいて所有権取得の登記を経由した」とき，つまり本件では，土地所有者Ｘは，建物所有者Ｂ[*5]のほかに，建物所有権の登記名義人Ｙも，建物収去土地明渡請求の相手方とすることができるとした（判決文(3)）。その理由は，次のとおりである。

(1) 「対抗関係にも似た関係」

建物所有権の取得は，その旨の登記を備えなければ，所有権の取得を「第三者」に対抗することができない（177条）。その裏返しとして（同条は，不動産物権の得「喪」としている），Ｙは，建物所有権の登記名義を保有したままでは，建物所有権の喪失を「第三者」に対抗することができない。そして，「建物は土地を離れては存立し得ず，建物の所有は必然的に土地の占有を伴う」。したがって，土地所有者は，建物所有権の喪失について「重大な利害関係」を有する。そのため，Ｘは，登記の欠缺を主張するについて正当な利益を有する「第三者」にあたる[*6]。つまり，ＸとＹとは，建物所有権の変動についての「対抗関係にも似た関係」にある（以上について，判決文(4)[*7]）。

Ｙは，本件建物の所有権の登記名義を保有したままでは，所有権の喪失を「第三者」であるＸに対抗することができない。「第三者」であるＸは，登記名義を移転するまで，Ｙが所有権を喪失したことを認めないと主張して争うことができる。そのため，Ｘは，Ｙが本件建物を所有することによって本件土地を占有していることを理由として，Ｙに対し，本件建物を収去して本件土地を明け渡すよう請求することができる。

(2) 関係者の利益の考量

この例外ルールは，次のような関係者の利益の考量によって支えられている（判決文(5)）。すなわち，①土地所有者Ｘの立場からみると，Ｘにとって現在の建物所有者（B）を探求するのは，難しい。反対に，②建物所有権の登記名義人Ｙは，所有権の喪失を主張することができないとされても，やむをえない。自分の意思で所有権取得の登記を備えた者が他人に所有権を譲渡したときは，その登記名義を容易にその他人に移転することができるからである。また，侵害を除去する義務を負担した者が，所有権を譲渡しさえすればその義務を免れるというのは，不合理であろう。

では，③建物所有者Ｂの利益は，どうか。Ｂは，自分が所有する建物を収去されるという不利益を受ける。しかし，本件建物は，いずれにせよ収去される運命にある以上，そのような不利益は，考慮に値しない。問題となるのは，建物収去にかかる費用の負担や建物所有者に生ずる損害の賠償である。この問題は，売買契約の当事者であるＹとＢとの間で解決されるべきものであると考えられる（判決文(5)では，Ｂの事

＊4｜正当な権原
ここでは，賃借権や地上権といった占有正権原（せいけんげん）（この概念について，［判例**07**］＊1を参照）のこと。このような権原があるときは，物権的請求権の要件である侵害の違法性（［判例**01**］解説Ⅱ2）が欠ける。訴訟上は，被告である建物の所有者が，自分に占有正権原があることを，抗弁として主張・立証していくこととなる。本件では，Ｙは，本件土地について占有正権原の抗弁を出していなかった。Ｙが争ったのは，本件建物を所有することによって本件土地を占有しているのは，Ｙではなく，Ｂであるという点のみである。

＊5｜実質的所有者
Ｂのように，所有権の登記名義を保有しない所有者のことを，「実質的所有者」とよぶことがある（判決文(5)）。

＊6｜177条の「第三者」
177条の「第三者」は，当事者およびその包括承継人以外の者のうち，登記の欠缺（けんけつ）を主張するについて正当な利益を有する者に限定されている（［判例**07**］参照）。土地所有者が建物所有権の喪失について有する「重大な利害関係」が，ここでの「正当な利益」にあたることとなる。

＊7｜物権的請求権の相手方と対抗要件としての登記
ここで対抗要件としての登記が基準とされたのは，不動産取引の安全を図るためではなく，不動産物権に対する違法な侵害を除去すべき相手方を確定するためである。このように，判例では，対抗要件としての登記の役割が広くとらえられている。

情には言及されていない)。

Ⅲ. 本判決の射程

1 ▸▸ 先行判例との区別

判決文(2)は，ⓐ建物所有権の登記名義人Pが建物を所有したことがなく，その登記名義のみを保有しているとき（前掲最判昭和47・12・7）や，ⓑ未登記建物の所有者Qがこれを未登記のままRに譲渡した後，Qの意思によらずにQを建物所有権の登記名義人とする登記がされたとき（前掲最判昭和35・6・17）は，建物収去土地明渡請求の相手方は，原則どおり，建物所有者のみであるとしている。

本件では，建物所有権の登記名義人Yは，Bに建物を譲渡するまでは，その所有者であった。これに対し，ⓐでは，建物所有権の登記名義人Pは，はじめから無権利者である。そのため，ⓐでは，建物所有権の変動についての「対抗関係にも似た関係」を観念する余地がない。また，ⓑでは，建物所有者QがRに建物を譲渡したときは，未登記であった。Qが建物所有権の登記名義人となっているのは，Qの意思によるものではない。そうであるとすると，本件のYとは異なり，Qについては，建物所有権の登記名義を保有していることを登記の懈怠（けたい）と評価することができない。[*8]

要するに，本判決が建物収去土地明渡請求について，例外として，建物所有者のほかに，建物所有権の登記名義人もその相手方とすることができるとしたのは，「他人の土地上の建物の所有権を取得した者」（ⓐとの区別）が，「自らの意思に基づいて所有権取得の登記を経由した」（ⓑとの区別）後，建物を譲渡したときである。

2 ▸▸ 本判決の理由づけとの関係

では，このような場合であれば，つねに本判決のルールが適用されるのか。

(1) 建物所有者の探求が困難でないケース

本判決は，例外を正当化する理由の1つとして，土地所有者にとって，登記名義を保有しない建物所有者を探求するのは，困難であることを挙げている（判決文(5)）。このことを重視するならば，土地所有者にそのような困難が認められないときは，建物収去土地明渡請求の相手方は，建物所有者のみであると考えることとなろう。

(2) 登録自動車が土地の上に放置されているケース

また，本判決によれば，土地所有者と建物所有権の登記名義人とは，建物所有権の変動についての「対抗関係にも似た関係」にあることも，例外を正当化する理由にあたる（判決文(4)）。このようにとらえられるのは，「建物は土地を離れては存立し得ず，建物の所有は必然的に土地の占有を伴う」からである。このことを重視するならば，土地所有者Tが，土地所有権にもとづき，自己の土地の上に放置されている登録自動車を撤去して土地の妨害を停止するよう求める場合[*9]において，登録自動車の所有者Uが，その自動車をVに譲渡したものの，なおその所有権の登録名義を保有しているときは，請求の相手方は，所有権の登録名義人Uと所有者Vとの双方ではなく，Vのみであると考えることになろう。土地と自動車との間には，土地と地上建物との間のような特別な関係がないため，土地所有者と自動車所有権の登録名義人とについては，自動車所有権の変動についての「対抗関係にも似た関係」を観念することができないからである。[*10]

*8｜未登記建物の譲渡と対抗問題

これに対し，判決文(2)は，本件とⓑとの違いを，ⓑでは，未登記建物の所有者QがRに建物を譲渡したことで，「確定的に所有権を失う」点に求めている。しかし，Qが未登記建物をRに譲渡した後，Sにもこれを譲渡したときは，RとSとは，対抗関係にたつ。いいかえれば，Sは，無権利者Qからの取得者として無権利であるとはとらえられない。そこで，本件とⓑとの違いは，本文にみたように，登記の懈怠と評価することができるかどうかに求められるべきであると考えられている。

*9｜土地の上の車両の撤去と物権的請求権

土地所有者は，土地の上に自動車が放置されていても，土地の占有を失わないのが通常である。そのため，ここでの請求は，建物収去土地明渡請求と異なり（解説Ⅰおよび*3），土地所有権にもとづく「妨害排除」請求権としての土地妨害停止請求権を根拠とするものである。

*10｜登録自動車の所有権留保

登録自動車の所有権留保において弁済期が到来していないときは，留保所有権は，原則として，その自動車の交換価値を把握するにとどまる。この場合において，自動車所有権の登録名義を保有している留保所有権者は，特段の事情がない限り，その自動車を撤去して土地の妨害を停止する義務を負わない（最判平成21・3・10民集63巻3号385頁）。この判例は，本判決のルールが登録自動車の所有権留保には直接及ばないことを示したものである。

2

Introduction

Contents

物権変動

シャーペンくんのお父さんが，Aさんから別荘を買って，その鍵を受け取ったのだけれど，Aさんは，Bさんにもその別荘を売って，Bさんが，所有権移転登記っていうのをしちゃったんだって。Bさんは，シャーペンくんのお父さんが先にAさんからその別荘を買ったことを知っていたらしいよ。それでも，シャーペンくんのお父さんは，Bさんに別荘を渡さないといけないのかな。

物権変動とは，物権の取得・変更・喪失の総称をいう。Chapter Ⅰ-2では，法律行為による物権変動（1），物権変動における公示（こうじ）の原則（2），公信（こうしん）の原則（3）についての判例を取り上げる。

1．法律行為による物権変動

法律行為による物権変動は，「当事者の意思表示のみ」によって，その効力を生ずる（176条〔意思主義〕）。もっとも，物権変動の効力が生ずるのはいつか（物権変動の時期）については，条文の文言上，明らかでない。また，176条が規定する「意思表示」とは，債権行為（たとえば，売買契約）を構成する意思表示をいうのか，それとも，物権行為（たとえば，所有権譲渡行為）を構成する意思表示をいうのかについても，争いがある（物権行為の独自性の要否）。これらの問題について，［判例 03］（不動産売買契約における所有権移転の時期）を通して理解を深めることとしよう。

2．公示の原則

公示の原則によれば，第三者は，物権変動の公示がされていないときは，その物権変動をないものとして扱うことができる。公示の原則は，不動産物権変動の対抗のルール（177条），動産物権譲渡の対抗のルール（178条）として，不動産と動産とのどちらについても定められている。

(1) 不動産物権変動の対抗

177条の規定によれば，①不動産に関する「物権の得喪（とくそう）及び変更」は，②その旨の「登記」を備えなければ，③「第三者」に対抗することができない。

このことを反対からいえば，ある不動産物権変動が登記を要する「物権の得喪及び変更」（①）にあたらないときは，その旨の登記を備えなくても，その物権変動を第三者に対抗することができる。また，登記を要する「物権の得喪及び変更」（①）にあたる不動産物権変動が生じたとしても，「第三者」（③）以外の者には，その旨の登記を備えなくても，その物権変動を対抗することができる。したがって，登記を要する「物権の得喪及び変更」（①）とはなにか，また，登記を備えなければ対抗することができない「第三者」（③）とはだれかが問題となる。〔判例 **04**〕（法律行為によらない物権変動），〔判例 **05**〕（取消しと登記），〔判例 **06**〕（共同相続と登記）は，①の問題と，〔判例 **07**〕（「第三者」の客観的要件），〔判例 **08**〕（「第三者」の主観的要件）は，③の問題と，〔判例 **09**〕（取得時効と登記）は，①と③との 2 つの問題と，それぞれかかわるものである。

また，権利に関する登記（②）の申請は，原則として，登記権利者と登記義務者とが共同してしなければならない（不登 60 条）。登記権利者は，登記義務者が登記手続に協力しないときは，登記義務者に対し，登記手続に協力するよう求める請求権（登記請求権）をもつ。では，登記請求権は，その求める登記が物権変動の過程と一致しないときであっても認められるのか。この問題に属する重要なテーマについて判断を示したのが，〔判例 **10**〕（中間省略登記請求権）である。

(2) 動産物権譲渡の対抗

動産物権譲渡は，その動産の「引渡し」がなければ，第三者に対抗することができない（178条）。もっとも，この「引渡し」が占有改定（183条）によってされたときは，動産物権譲渡の公示は，十分ではない。そうすると，動産物権譲渡がされた場合において，動産取引の安全が確保されないおそれが生ずる。この問題については，公信の原則によって対処されている（**3**）。

3. 公信の原則

公信の原則によれば，公示を信頼して取引をした者は，公示どおりの物権（変動）がなかったとしても，その物権（変動）があったものとして扱うことができる。

(1) 動産取引

192 条は，動産について，取引行為により，平穏にかつ公然と，善意無過失で動産の占有を始めた者は，即時にその動産を取得すると規定している。これは，動産占有について公信力を与えることによって，公信の原則を定めたものであるとされている。〔判例 **11**〕（占有改定と即時取得）は，192 条の規定の基本問題に関するリーディングケースに位置づけられるものである。

(2) 不動産取引

これに対し，不動産登記については，公信力が与えられていない。つまり，不動産取引については，公信の原則が定められていない。もっとも，登記を信頼して取引をした者は，94 条 2 項類推適用の法理によって，一定の限度で保護を受けることができる。この法理については，〔総則・判例 **13**〕〔同・判例 **14**〕を参照してほしい。

03 不動産売買契約における所有権移転の時期

最高裁昭和33年6月20日判決（民集12巻10号1585頁） ▸百選Ⅰ-48

事案をみてみよう[*]

昭和27年7月19日，Xは，Yから，宅地（以下「本件土地」）とその上に建つ家屋（以下「本件建物」）を，代金約163万円[*1]で購入する契約（以下「本件売買契約」）を締結した。なお，この家屋は，未登記の建物である[*2]。本件売買契約では，代金のうち，60万円を契約と同時に，さらに40万円を同年12月31日までに支払い，昭和28年3月31日までに，本件建物の明渡しと同時に，残金を支払うことが定められていた。

Xは，契約に定められたとおり，契約締結時に60万円を支払い，さらに期限内に40万円を支払った。そして，昭和28年3月31日に，残金を持参して，本件建物の明渡しを求めたところ，Yは，これを拒んだ。その後，Yの申入れにより，明渡期限を5月20日まで延期したものの，Yは，本件建物を明け渡さなかった上，6月3日には，残金のうち，20万円を支払ってほしいと言ってきた。Xは，これに応じたが，結局，Yは，本件建物を明け渡さなかった。

そこで，Xは，残代金の支払と引換えに，本件土地の所有権移転登記の手続を行うこと，本件建物を明け渡すこと，そして，本件建物の所有権の確認を求めて訴えた。これに対して，Yは，本件売買契約によれば，売買代金が完済されるまでは，建物の明渡しをしないことになっているため，売買代金の完済までは，所有権はXに移転していないとして争った。

> **読み解きポイント**
>
> 本件で，Xは，本件建物の所有権の確認を求めている。これに対して，Yは，売買代金の支払と建物の明渡しとが同時履行の関係[*3]にある以上は，代金が完済されていない段階では，Xには所有権がないと主張している。では，最高裁は，Xの所有権を認めるのであろうか。

＊｜
実際の事件を単純化して紹介する。

＊1｜
現在でいえば，1000万円程度の金額である。

＊2｜
建物を新築した場合，その所有者は，登記所に行き，それがどのような建物かを示す「表題登記」の申請をしなくてはならない。あわせて，所有者が誰かを示す「所有権保存登記」をしなくてはならない。建物を売却する場合には，これらの登記を前提として，今度は，売買を原因とする所有権移転登記が行われることになる。
本件建物については，表題登記や保存登記が行われていなかったため，Xとしては，Yに対して，建物の所有権移転登記を求めることができない。自ら登記手続をするために，Xは，本件訴訟で，建物の所有権の確認を求めているのである。

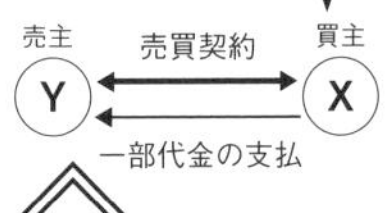

判決文を読んでみよう

「売主の所有に属する特定物を目的とする売買においては，特にその所有権の移転が将来なされるべき約旨に出た[*4]ものでないかぎり，買主に対し直ちに所有権移転の効力を生ずるものと解するを相当とする。〔大判大正2・10・25民録19輯857頁参照〕。そして原審は，所論……の建物については，売主〔Y〕の引渡義務と買主〔X〕の代金支払義務とは同時履行の関係にある旨を判示しているだけであって，右建物の所有権自体の移転が，代金の支払または登記と同時になさるべき約旨であったような事実を認めていない」。

最高裁は，以上のように述べて，Yの主張を退け，Xの請求を認めた。

⇩ この判決が示したこと ⇩

① 特定物[*5]を目的とする売買契約においては，原則として，契約成立によって直ちに買主に所有権が移転する。

② ただし，契約において，所有権が将来移転すると約束されていた場合は別である。

解説

I．176条の意義

1 ▸▸ 176条の規定

176条は，「物権の設定及び移転は，当事者の意思表示のみによって，その効力を生ずる」と定めている。この規定は，物権変動の「意思主義」を定めたものであると理解されている。「意思主義」とは，「形式主義」と対をなす言葉で，形式主義とは，物権変動には，登記など意思表示以外の形式面の要件が必要であるとする立法のしかたのことである。これに対して，意思主義は，当事者の意思表示のみで物権変動が生じるとする点が特徴である。

2 ▸▸ 2つの法律行為とその関係

では，176条の「意思表示」とは何を指すのか。これについては，2つの考え方が対立している。これを理解する前提として，2つの法律行為を紹介しておこう。

第1は，債権行為である。売買契約を例にして説明すれば，以下のようなものである。売買契約という法律行為が成立すると，それによって，売主は，買主に目的物の所有権を移転する義務を負い，反対に，買主は，代金を支払う義務を負う（555条）。このように，当事者間に債権債務を生じさせる法律行為のことを，債権行為という。

第2は，物権行為である。これは，物権変動を生じさせるだけで，当事者間に債権債務を生じさせない法律行為である。

売買契約において，売主から買主に目的物の所有権が移転するという物権変動を生じさせるために，売買契約という債権行為に加えて，物権行為が必要であると解する立場のことを，「物権行為の独自性肯定説」という（図1参照）。これに対して，売買契約においては，売買契約をしただけで，物権変動の効果が生じると解する立場のことを，「物権行為の独自性否定説」という（図2参照）。

図1：物権行為の独自性肯定説　　図2：物権行為の独自性否定説

＊3｜同時履行
同時履行の関係とは，533条にあるように，双務契約の当事者の一方が，相手方がその債務の履行を提供するまで，自己の債務の履行を拒むことができる抗弁（同時履行の抗弁権）を有することをいう。本件でいえば，Yは，Xが代金を支払うまでは，建物の明渡しを拒むことができることを指す。

＊4｜
判旨にある「～約旨に出たもの」とは，「～という趣旨の契約によるもの」という意味である。

＊5｜特定物
「特定物」とは，契約の目的物のうち，契約当事者が物の個性に着目して目的物とした物をいう。自動車の売買契約を例にすれば，新車の売買契約であれば，当事者は，ある車種の新車であれば何でもよいと考えているであろう。このような目的物は，特定物ではなく，「不特定物」である。これに対して，中古車の売買契約であれば，当事者は，車種だけではなく，車の状態などをみて，「この車」を目的物として売買契約を締結しているはずである。このような目的物を「特定物」という。本件のような不動産売買契約は，ほとんどの場合，特定物売買である。

3 ▸▸ 176条の「意思表示」とは

物権行為の独自性肯定説からすれば，176条の「意思表示」は，物権変動をもたらす意思表示である以上，物権行為の意思表示のことを指すと解される。すなわち，売買契約とは別に，物権行為があって初めて，所有権移転という物権変動が生じることになる。

反対に，独自性否定説からすれば，債権行為によって物権変動がもたらされることになるので，債権行為（売買契約についての意思表示）が，176条の「意思表示」にあたる。すなわち，売買契約があっただけで，所有権移転という物権変動が生じる。

独自性肯定説から独自性否定説に対して，そのように解すると，物権変動の時期が早すぎるのではないか，との批判がある。たとえば，不動産の売買契約において，代金も支払っていない，登記も移転していない，という段階で，買主に不動産の所有権が移転していると解するのは，売主の保護に欠け，また，取引の実態ともかけ離れているという。代金の支払，登記手続，目的物の引渡しといった時点で物権行為の意思表示があったとみて，このような物権行為があって初めて，所有権が移転したと解するのである。

他方，独自性否定説も，このような問題を無視してきたわけではなく，所有権の移転時期を遅らせる考え方が示されている。

第1の考え方は，物権変動の原因である法律行為（売買契約）の時期よりも，実際の物権変動の時期を遅らせる考え方である。このような考え方の中から，本判決と関係するものを1つ紹介しておこう。売買契約のように，互いが対価的な債務を負う場合には，対価すなわち代金の支払があって初めて目的物の所有権が移転するという考え方がある（有償性説）。これによれば，売主が代金を受け取る前に，目的物の所有権を失うという懸念は解消される。

第2の考え方は，売買契約の時期と物権変動の時期とは一致するとしつつ，売買契約の成立時期を遅らせることで，物権変動の時期を遅らせようとする考え方である。日本の民法は，不動産のような重要な財産を対象とする契約についても，何らの方式を要求していない（諾成主義（だくせい）[*6]）。したがって，「この不動産を1000万円で売ってくれませんか」，「いいですよ」という口頭の合意であっても，不動産売買契約が成立していると解することができる。このように解したうえで，物権変動の独自性否定説に立てば，上記のような口約束の時点で，不動産の所有権が移転してしまうことになる。しかし，このような合意は，単なる予約にすぎず，売買契約の成立は，書面による合意の時点であるなどと解することによって，契約成立時期を遅らせ，物権変動の時期も遅らせることができる。

＊6｜諾成主義

諾成主義とは，当事者の意思表示の合致のみで契約が成立するという立法主義（立法のしかた）のことをいう。これに対して，契約の成立には，契約書にサインするといった何らかの方式が必要であるとする立法主義を要式主義という。

Ⅱ. 本判決の意義

1 ▸▸ 判例の立場

では，本判決は，どのような立場に立つのか。判旨は，売買契約の成立によって直ちに買主に所有権が移転する効果が生じると述べている。そして，物権変動の独自性肯定説を否定した大判大正2・10・25民録19輯857頁を参照している。

したがって，本判決は，大審院以来一貫した物権変動の独自性否定説に立って，176条の意思表示を売買契約のことであると解したものとみることができる。

2 ▸▸ 例外

ただし，判旨は，当事者間で所有権が将来移転する旨の合意があった場合には，それに従うとしている。本件では，このような合意があったわけではないため，判旨のこの部分は傍論[*7]にすぎない。

とはいえ，本判決に続く最判昭和38・5・31民集17巻4号588頁は，この事件で問題となった売買契約が，代金の完済および所有権移転登記手続の完了までは，目的物の所有権を買主に移転しない趣旨であったとし，売買契約と同時に所有権が移転するわけではないと述べた。本判決の傍論部分も，その後の最高裁判例によって確認されているといえよう。

3 ▸▸ 本判決の射程

また，本判決は，売買契約の成立によって直ちに目的物の所有権が買主に移転するというルールが適用される範囲を，目的物が特定物である場面に限っている。つまり，目的物が不特定物の場合には，売買契約の成立によって所有権移転が生じるわけではない。なぜなら，不特定物の売買契約の場合には，契約の時点では，どの物が目的物なのか決まっていないため，物の所有権を移転しようがないからである[*8]。不特定物の売買契約においては，目的物が特定した時に，所有権が移転するとされている（最判昭和35・6・24民集14巻8号1528頁）。

このように，売買契約成立の時点で，目的物の所有権を移転することについて障害がある場合には，直ちに所有権が移転するわけではなく，障害がなくなったときに，所有権が移転する効果が生じると解されている。

所有権移転に障害がある場面としては，上記の不特定物売買のほかに，他人物売買[*9]を挙げることができる。他人物売買においては，売買契約の時点で，売主が目的物の所有権を持っていないことから，契約と同時にその所有権を買主に移転することはできない。そのため，売主が他人から所有権を取得した時に，買主に対して所有権が移転するとされている（最判昭和40・11・19民集19巻8号2003頁）。

4 ▸▸ 対価の問題

最後に，Ⅰ3で紹介した学説との関係に触れておこう。本件売買契約によれば，売買代金の完済と不動産の明渡しとが同時履行関係にあることから，上記の有償性説からすれば，所有権の移転はないというべき場面のようにも思われる。これに対して，判旨は，確かに代金の支払と目的物の引渡しとが同時履行関係にあるが，それと所有権移転は関係ないと述べた。この部分は，有償性説を明確に否定したように読める。ただし，本件の事案では，すでにXが代金の大半を支払っている上[*10]，代金全額の提供を行っているにもかかわらず，Yが受領を拒んだ事案であった。もはや，売主であるYを保護する必要もないことから，有償性説に立ったとしても，所有権移転が認められた事案であろう。

＊7｜傍論
「傍論」とは何かについては，序（2頁）を参照。

＊8｜特定物と不特定物
「特定物」と「不特定物」の違いについては，＊5を参照。

＊9｜他人物売買
「他人物売買」とは，売主ではない者が所有する物を目的物とする売買契約のことをいう。このような契約は，無効なわけではなく，売主としては，目的物の所有権を取得し，それを買主に移転する義務を負う（561条）。

＊10｜
約163万円の代金のうち，120万円を支払っている。

04 登記を要する物権変動の範囲

大審院明治41年12月15日連合部判決(民録14輯1301頁)　▸百選Ⅰ-50

事案をみてみよう

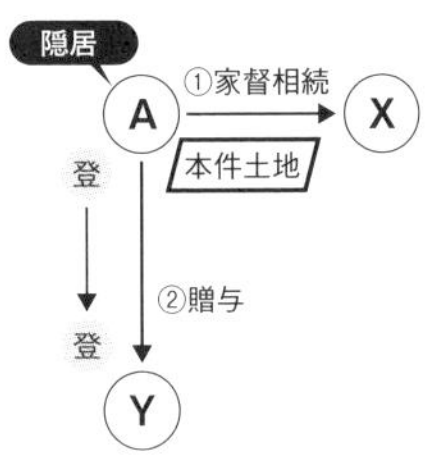

判決年月日を見てもわかるように，本件は，戦後の民法改正（昭和22年）前の事件である。そのため，事案には，耳慣れない言葉が登場するが，用語については，注を参照してほしい。事案自体は，複雑なものではなく，以下のとおりである。

Xは，Aが隠居(いんきょ)[*1]したことによる家督相続(かとく)[*2]によって，本件土地の所有権を取得した(①)。ところが，その所有権移転登記を行う前に，Aは，Yに対して本件土地を贈与し，所有権移転登記を行った(②)。そこで，Xが，Yに対して，所有権移転登記の抹消登記手続を求めた。

＊1｜隠居

Aは，もともと，P家の「戸主」であった。戸主とは，「家(いえ)」の長のことを指す。家とは，現行の民法にはない概念であり，同一の戸籍に記載されている親族の集団のことをいう。家は，戸主と家族からなる。

戸主は，家族に対して扶養義務を負う反面（旧747条），家族の居所指定権（旧749条），婚姻の同意権（旧750条）などの戸主権を有していた。

このような戸主の地位を次の代に譲る行為が「隠居」である。本件では，Aは，隠居して，戸主の地位をXに譲った。

読み解きポイント

本件におけるAからXへの家督相続を原因とする所有権移転も，177条にいう「不動産に関する物権の得喪及び変更」（物権変動）に含まれるとすれば，Xは，Yに対して登記なくして所有権の移転を対抗することができず，Xの主張は認められないことになる。

では，177条の物権変動とは何を指すのか。177条の1つ前の条文である176条は「物権の設定及び移転は，当事者の意思表示のみによって，その効力を生ずる」と定めている。条文の文言から明らかなように，176条の物権変動は，契約などの法律行為（意思表示）によって生じるものである。しかし，物権変動が生じる原因は，法律行為に限られない。たとえば，時効や相続のように，一定の事実を要件として，法律の規定によって物権変動が生じることもある。177条を，176条の場面に関する規定であると理解すれば，その適用範囲は，意思表示による不動産物権変動に限られ，本件のような相続による物権変動には適用されない。つまり，Xは，登記がなくても相続による本件土地の所有権の取得をYに対抗できるはずである。では，大審院はどのように判断したのか。

判決文を読んでみよう

「民法第176条に物権の設定及び移転は当事者の意思表示のみに因(よ)りて其(その)効力を生ずとありて，当事者間に在(あ)りては動産たると不動産たるとを問はず物権の設定及び移転は単に意思表示のみに因りて其効力を生じ他に登記又は引渡等何等(なんら)の形式を要せざることを規定したるに止(とど)まり，又其第177条には不動産に関する物権の得喪及び変更は登記法の定むる所に従い其登記を為(な)すに非(あら)ざれば之(これ)を以(もっ)て第三者に対抗することを得ずとありて，不動産に関する物権の得喪及び変更は其原因の如何を問はず総て登記法の定むる所に従い其登記を為すに非ざれば之を以て第三者に対抗するを得ざることを規定したるものにして，右両条は全く別異の関係を規定したるものなり。之を換言せば，前者は物権の設定及び移転に於ける当事者間の関係を規定し，後者は物権の得喪及び変更の事為に於ける当事者と其得喪及び変更に干与せざる第三者との関係を規定したるものなり。故に，偶177条の規定即ち物権の得喪及び変更に付ての対抗条件の規定が前顕第176条の規定の次条に在るとの一事を以て，第177条の規定は独り第176条の意思表示のみに因る物権の設定及び移転の場合のみに限り之を適用すべきものにして其他の場合即ち意思表示に因らずして物権を移転する場合に於て之を適用すべからざるものとするを得ず。何となれば，第177条の規定は，同一の不動産に関して正当の権利若くは利益を有する第三者をして登記に依りて物権の得喪及び変更の事状を知悉[*3]し以て不慮の損害を免るることを得せしめんが為めに存するものにして，畢竟[*4]第三者保護の規定なることは其法意に徴して毫[*5]も疑を容れず。而して，右第三者に在りては，物権の得喪及び変更が当事者の意思表示に因り生じたると将た之に因らずして家督相続の如き法律の規定に因り生じたるとは毫も異なる所なきが故に，其間区別を設け前者の場合に於ては之に対抗するには登記を要するものとし後者の場合に於ては登記を要せざるものとする理由なければなり。加之，家督相続の如き法律の規定に因り物権を取得したる者に於ては，意思表示に因り物権を取得したる者と均しく登記法の定むる所に従い登記を為し以て自ら其権利を自衛し第三者をも害せざる手続を為し得べきは言を俟たざる所なれば，其間敢て区別を設け，前者は登記を為さずして其権利を第三者に対抗し得るものとし，後者のみ登記なくして其権利を第三者に対抗し得ざるものとするの必要を認むるに由なければなり。」

この判決が示したこと

176条と177条とは全く別のことを規定した条文であり，177条は，意思表示によらない物権変動にも適用される。なぜなら，

① 177条の趣旨は，第三者に物権変動の存在を知らせることにあるが，第三者から見れば，意思表示による物権変動も，それ以外の物権変動も同じである。

② 家督相続のように法律の規定によって物権変動が生じた場合も，意思表示による物権変動と同じように，登記手続をすることができる。

解説

I．177条の役割と適用範囲

177条は，不動産物権変動は登記をしなければ第三者に対抗することができないと定めている。このルールがどのくらい広く適用されるかは，登記をどのくらい重視するかに関わっている。

不動産物権変動を公示する登記の役割を重視するのであれば，177条は，広く適用されるべきであると解することになろう。なぜなら，177条は，物権変動があったに

＊2｜家督相続
戸主が隠居することによって，「家督相続」が生じる（旧964条1号）。家督相続の効果として，前戸主の有していた権利義務が，新戸主に承継される（旧986条）。もともとAが所有していた本件土地は，家督相続によって，Xに移転したのである。現行法上は，被相続人が死亡して初めて相続が生じるが，旧民法上の隠居による家督相続では，被相続人が生存している時点で相続が生じる。そのため，本件のように，被相続人が，相続されたはずの財産を第三者に譲渡してしまうという事件が起こる。反対からいえば，このような事件は，現行法上は起こらない点に注意が必要である。

＊3｜
「知悉する」とは，よく知っていることをいう。

＊4｜
「畢竟」とは，つまり，という意味である。

＊5｜
「毫も」とは，少しも，という意味である。

もかかわらず登記をしない当事者に対して，物権変動を第三者に対抗できないという不利益を与える。これを避けるために，当事者には，物権変動があったらすぐにでも登記をしようというインセンティブ（動機付け）が生じる。結果として，177 条をより広く適用すれば，より多くの物権変動が登記によって公示されることが期待できる。

しかし，上記のような期待が空振りに終わることもある。たとえば，「登記をしないと第三者に負ける」というルールが周知されていない社会では，そもそも，登記のインセンティブは生じようもない。当事者が，物権変動があったことに気づいていない場合も同様である。また，登記には，登記費用などのコストがかかることを考慮に入れれば，当事者が上記のルールや物権変動があったことを知っていたとしても，コストとの比較から登記を行わない場合もある。これらの場合にまで 177 条を適用したとしても，より多くの物権変動が公示されるという効果はもたらされず，むしろ，落ち度のない当事者の利益が害されるような事態に至ることもある。

そこで，177 条は，不動産物権変動があればいつでも適用されるというわけではなく，解釈により，その適用範囲をコントロールされる。

Ⅱ. 177 条の解釈

条文解釈の問題として，177 条の適用範囲をコントロールする文言が 2 つある。

1 つは，本判決で問題となったように，177 条にいう「物権変動」とは何かという点である。取消し，相続，時効によって物権変動が生じた場合に 177 条が適用されるか（[判例 **05**]［判例 **06**］［判例 **09**］参照），といった問題が論じられている。

もう 1 つは，177 条にいう「第三者」とは誰かという点である。この点は，不法占有者などが第三者に含まれるかという第三者の客観的範囲の問題（[判例 **07**］参照）と，第三者が物権変動を知りながら利害関係に入った場合に保護されるかという第三者の主観的要件の問題（[判例 **08**］参照）とに分けることができる。

Ⅲ. 判例の立場

1 ▸▸ 民法の起草者の考え方とその後の混乱

民法の起草者は，「物権変動」の文言にも，「第三者」の文言にも制限を加えず（物権変動についての無制限説，第三者についての無制限説），177 条を広く適用するべきであると考えていた。登記による公示を徹底しようとしたのである。

しかし，このような制度設計はうまくいかず，「物権変動」について制限説に立つ判例が登場するなど，177 条の理解に混乱が生じた。

2 ▸▸ 判例の統一

このような混乱を収束すべく，大審院は，本判決および本判決の同日判決である大連判明治 41・12・15 民録 14 輯（しゅう）1276 頁を出した。本判決において，「物権変動」についての無制限説に立つことを明らかにする一方, 同日判決において,「第三者」について制限説に立つことを明らかにしたのである。本判決は, 判旨が述べるように, 176 条に規定された物権変動(法律行為に基づく物権変動)に限らず, それ以外の物権変動についても, 原則として, 177 条が適用されることを宣言した判決と位置付けることができる。

05 詐欺による取消しと登記

大審院昭和17年9月30日判決(民集21巻911頁) ▸百選Ⅰ-51

 事案をみてみよう*

Y1は，Xをだまして，Xが所有する甲不動産および乙不動産の売買契約を締結し，これらの不動産の所有権移転登記をした。Y1は，Y2から金銭を借り入れ，Y2のために甲不動産に抵当権を設定し，抵当権設定登記をした。その後，だまされたことに気づいたXは，Y1に対して，売買契約を取り消す旨の通知を行った。*1 XからY1への所有権移転登記が抹消される前に，Y1は，Y2からさらに金銭を借り入れ，Y2のために乙不動産にも抵当権を設定し，抵当権設定登記をした。なお，Y2は，抵当権設定の時点で，Xがだまされて売買契約を締結していたことや取消しをしたことは知らなかった。*2

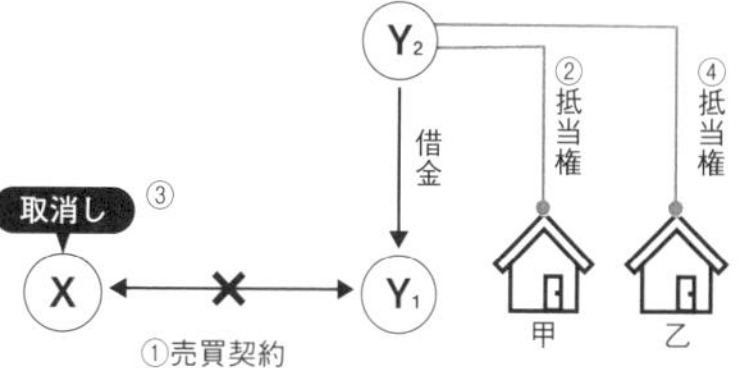

Xは，Y1に対して，所有権移転登記の抹消登記手続を求めて，Y2に対して，抵当権設定登記の抹消登記手続を求めて訴えた。第1審および控訴審は，XのY1に対する請求は認めた。他方，Y2に対する請求のうち，甲不動産の抵当権設定登記の抹消は認めず，乙不動産の抵当権設定登記の抹消を認めた。これに対して，Y2が上告した。

* 実際の事件を単純化して紹介する。

*1 契約の取消しは，相手方に対する意思表示によってする(123条)。したがって，このケースでは，Xによる取消しの通知が相手方(Y1)に到達した時に，取消しの効果が生じる(97条1項)。

 読み解きポイント

本件では，Y1の詐欺によって売買契約が締結されたため，Xがこれを取り消した(96条1項)。取消しによって，Xは，甲不動産および乙不動産を取り返すことができる。ところが，取消し前に甲不動産に，そして，取消し後に乙不動産に，第三者Y2の抵当権が設定されたため，Xが抵当権設定登記の抹消を求めた。

Xが売買契約を取り消したことによって，XからY1への所有権移転がさかのぼってなかったことになることを(121条)，第三者Y2に対して主張するために，登記が必要である(177条が適用される)とすれば，登記を備えていないXは，Y2に負けてしまいそうである。

また，96条3項によれば，詐欺による意思表示の取消しは，善意無過失の第三者に対抗することができない。この条文が適用されるとすれば，Xは，Y2に対して売買契約の取消しを対抗することができず，やはり，Y2に負けてしまいそうである。

では，この2つのルールは，どのような関係にあるのか。取消し前に設定された甲不動産の抵当権と，取消し後に設定された乙不動産の抵当権とで，違いはないのか。控訴審は，取消し前に設定された甲不動産の抵当権については，96条3項により，第三者(Y2)が保護されるとして，Xの主張を認めなかった。反対に，取消し後に設定された乙不動産の抵当権については，96条3項の保護が及ばないとして，

＊2 96条3項の第三者の主観

後述するように，本件では，96条3項の解釈が問題となる。平成29年民法（債権関係）改正後の96条3項は，詐欺による意思表示の取消しは，善意無過失の第三者に対抗することができないと規定しているが，この事件が起きた当時の改正前96条3項は，善意の第三者に対抗することができないと規定していた。そのため，本件では，Y_2が善意であることのみが認定されており，過失についての認定はない。なお，改正前の96条3項についても，学説においては，同項により保護される第三者は，善意無過失でなくてはならないと解するものが多数であった。なぜなら，96条3項においては，詐欺の被害にあった表意者を保護すべきか，それとも，第三者を保護すべきか，というバランスが問題となるところ，詐欺の被害者である表意者には，取消しの対象となる意思表示をしたことにつき，その帰責性が少なく，虚偽表示の表意者などと比較すると保護の要請が強い。このような観点から，単なる善意ではなく，善意無過失という保護すべき要請が強い第三者だけが，表意者よりも保護されると考えられていたのである。

Xの主張を認めた。つまり，乙不動産については，96条3項も，177条も適用しなかったのである。では，大審院は，どのような判断をしたのか。

判決文を読んでみよう

(1) 「96条第3項に於て詐欺に因る意思表示の取消は之を以て善意の第三者に対抗することを得ざる旨規定せるは，取消に因り其の行為が初より無効なりしものと看做さるる効果即ち取消の遡及効を制限する趣旨なれば，茲に所謂第三者とは取消の遡及効に因り影響を受くべき第三者即ち取消前より既に其の行為の効力に付利害関係を有せる第三者に限定して解すべく，取消以後に於て始めて利害関係を有するに至りたる第三者は，仮令其の利害関係発生当時詐欺及取消の事実を知らざりしとするも右条項の適用を受けざること洵に原判示の如くなりと雖右条項の適用なきの故を以て直に斯かる第三者に対しては取消の結果を無条件に対抗し得るものと為すを得ず」。

(2) 「本件売買の取消に依り土地所有権はXに復帰し初よりY_1に移転せざりしものと為るも此の物権変動は民法第177条に依り登記を為すに非ざれば之を以て第三者に対抗することを得ざるを本則と為す」。

大審院は，以上のように述べて，177条について検討させるために，原判決を破棄し，本件を原審に差し戻した。

この判決が示したこと

① 96条3項は，取消しの遡及効から善意の第三者を保護する規定である。したがって，同項の「第三者」とは，取消し前から法律関係を有する者に限られる。取消し後の第三者には，同項が適用されない。

② 96条3項の適用がないからといって，取消し後の第三者に対して，取消しの結果が無条件に対抗できるわけではない。取消しにより，不動産の所有権が復帰するが，この物権変動は，登記がなければ第三者に対抗することができない（177条）。

解説

Ⅰ．本判決の2つの重要性

本判決は，2つの点で重要な判決である。1つは，96条3項の意義を明らかにした点である。もう1つは，意思表示の取消しにより，物権変動が生じると理解した上で，それに177条の適用を認めた点である。以下では，これらの点を順に検討する。

Ⅱ．96条3項の意義

1 ▸▸ 取消しの遡及効と第三者

契約が取り消されると，その契約は，初めから無効であったとみなされる（121条）。本件でいえば，X・Y_1間の売買契約は，Xにより取り消されたため，さかのぼって無効であったことになる。このことを，「取消しの遡及効」という。そして，売買契約が無効であることから，それにより生じたはずのXからY_1への不動産の所有権移転も，さかのぼってなかったことになる。

他方，第三者Y_2は，Y_1に所有権があることを前提として，不動産上に抵当権の設定を受けていた。売買契約が取り消されると，その前提がなくなるため，Y_2の抵当権も無効になってしまいそうである。[*3]

2 ▸▸ 96条3項による第三者保護

ところが，Y_2は，すでにY_1にお金を貸しているので，あとから抵当権が無効になると，貸したお金の担保がなくなってしまうという大きな損失を被ることになる。

Y_2のように，詐欺による意思表示を前提として取引関係に入った第三者を保護し，取引の安全を守るため，96条3項は，善意無過失の第三者には，取消しを対抗することができないと定めている。

3 ▸▸ 96条3項の適用範囲

本判決は，このような96条3項の役割を，取消しの遡及効を制限するものであると説明している。この考え方からすれば，96条3項が適用されるのは，遡及効の影響を受ける場面に限られるということになる。つまり，甲不動産への抵当権設定のように，取消し前の法律関係においてのみ，第三者が保護される。

4 ▸▸ 第三者の登記の要否

では，96条3項で保護されるために，第三者は登記を備えている必要があるか。判例は，登記は不要との立場に立っている（最判昭和49・9・26民集28巻6号1213頁[*4]〔百選Ⅰ-23〕）。判例は，その理由をはっきりとは述べていないが，学説は，以下のように理解している。177条は，不動産の物権変動を第三者に対抗するためには，登記をする必要があると定めているが，177条が適用されるのは，二重譲渡[*5]の第1譲受人と第2譲受人のように，お互いが自らの権利を主張しあう場面である（対抗関係）。ところが，96条3項は，表意者は，善意無過失の第三者に対して取消しを対抗することができないと定めており，そもそも表意者は，第三者に対して自らの権利を主張できない立場にある。したがって，表意者と第三者とは，対抗関係に立たず，この場面に177条の適用はない。そのため，第三者としては，登記を備える必要がない。[*6]

Ⅲ. 取消し後の第三者の取扱い

1 ▸▸ 控訴審の判断

では，取消し後の法律関係についてはどうか。取消しがあった時点で，乙不動産の所有権は，Xのもとに戻っているのであるから，Y_1は，もはや乙不動産の所有者ではない。所有者ではない者から，抵当権の設定を受けることはできないので，Y_2の抵当権は当然に無効である。このように控訴審は判断したと考えられる。

2 ▸▸ 本判決の判断

しかし，これでは，取消し後の法律関係が全く保護されないことになってしまう。そこで，本判決は，取消しにより乙不動産の所有権がY_1からXに復帰することを，物権変動ととらえ（復帰的物権変動），177条が適用されるとした。Y_1からXへの復帰

＊3｜契約の取消しと第三者

実際，96条3項が適用されない場面では，そのような結論になる。たとえば，本件のXが，詐欺の被害者ではなく，未成年者であったとしよう。X・Y_1間の契約が，Xが未成年であることを理由として取り消された場合には，その契約を前提として設定されたY_2の抵当権は無効になる。

＊4｜昭和49年判決の特殊性

ただし，昭和49年判決の事案では，農地の売買が問題となっていた。農地以外に転用するために農地を売却する場合には，都道府県知事の許可がいるところ（農地法5条），この許可が下りていない時点で，表意者から相手方（詐欺の加害者）へ，許可を停止条件とした所有権移転の仮登記が行われた（仮登記とは，将来の本登記の順位を保全することを目的として，あらかじめする登記のことをいう。後に本登記をすれば，その順位は，仮登記の順位によることになる）。相手方は，この農地を担保の目的で第三者に譲渡し，第三者は，仮登記移転の付記登記を備えた。その後，表意者が，売買契約を取り消したことから，第三者が保護されるかどうかが問題となった。最高裁は，このような事案について，「登記は不要」と述べたが，上記のように，第三者は本登記を備えていないものの，仮登記移転の付記登記を備えていた。簡単にいえば，第三者は，その時点でのベストを尽くしていた。そのため，この判決が本当に登記不要説に立ったものなのかについては，争いがある。

的物権変動と，Y_1 から Y_2 への抵当権設定とが，177 条の対抗関係に立つと考えるのである（図 1 参照）。つまり，X は，X から Y_1 への所有権移転登記を抹消しない限り，取消しによる物権変動をその後に登場した第三者に対抗することができない。他方，Y_2 は，自らの抵当権設定につき登記を備えているため，抵当権を X に対抗することができる。したがって，本件では，X から Y_2 に対する，乙不動産の抵当権設定登記の抹消請求は認められないことになる。

＊5｜二重譲渡
二重譲渡とは，同じ物の所有権を，別の2人に，二重に譲渡してしまうことをいう。以下の図のように，Aが，所有する不動産を，BとCとにそれぞれ売却してしまうような場合である。177条によれば，Cが先に登記を備えれば，Cは，A・C間の所有権移転をBに対抗できる。

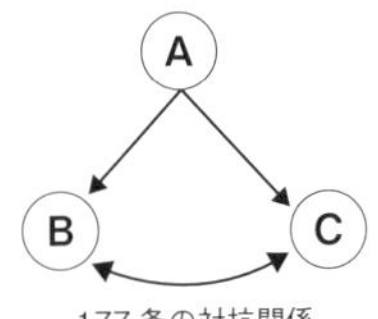

3 ▸▸ 取消し前と取消し後の違い

以上のように，判例は，詐欺による取消し前の法律関係については 96 条 3 項により，取消し後の法律関係については 177 条により処理するものとしている。

両者の実質的な違いは，まず，第三者の登記の要否にあらわれる。取消し前の第三者は，96 条 3 項により保護され，177 条の適用を受けないので，登記を備えなくても保護される。これに対して，取消し後の第三者は，177 条の適用を受け，登記を備えない限り，自らの権利を表意者に対抗することができない。

また，第三者の主観的要件にも大きな違いがある。取消し前の第三者は，96 条 3 項により，善意無過失でなくては保護されない。これに対して，取消し後の第三者は，177 条に関する判例の立場によれば（［判例 **08**］参照），取消しによる復帰的物権変動について悪意であってもかまわない。[＊7]

＊6｜権利保護資格要件としての登記
しかし，他方で，96条3項は，表意者の保護と第三者の保護とのバランスをとった規定である。第三者が保護されると，その反射として，表意者は自らの権利を失うことになるのであるから，第三者は保護に値する資格を備えていなくてはならない。このような観点からすれば，保護されるべき第三者は，自分の権利を守るためにベストを尽くした第三者に限られるのであって，第三者は権利保護資格要件としての登記を備える必要があると解する学説もある。

4 ▸▸ 判例への批判

しかし，このような判例の立場に対しては，批判も少なくない。というのも，判例は，意思表示の取消しにより「表意者（X）から相手方（Y_1）への所有権移転がさかのぼってなかったことになる」ということを，取消し前の段階では，「相手方が無権利者になる」と説明しつつ，取消し後には，「相手方から表意者への復帰的物権変動が起こる」と説明する。同じことの説明が，取消しの前後で変わるのである。

さらに，**3** で述べたように，取消し後には，第三者が悪意であっても保護されることとなり，詐欺の被害者である表意者の保護に欠けるようにも見える。

そのため，学説においては，取消し後についても，取消しの結果，相手方（Y_1）は無権利者となり，第三者は，無権利者から目的物を譲り受けた者と理解する考え方が有力である。第三者は，無権利者からの譲受人であることから，原則として所有権を取得することはできない。しかし，表意者が，意思表示を取り消したにもかかわらず，登記の回復をおこたり，その結果として，相手方に所有権があるかのような登記（外観）が存在し，第三者がそれを信頼してしまった場合には，94 条 2 項類推適用により，第三者が保護されることになる（94 条 2 項類推適用説）。この考え方は，取消し後の悪意の第三者が保護されないという点で，判例と異なっている。

図 1

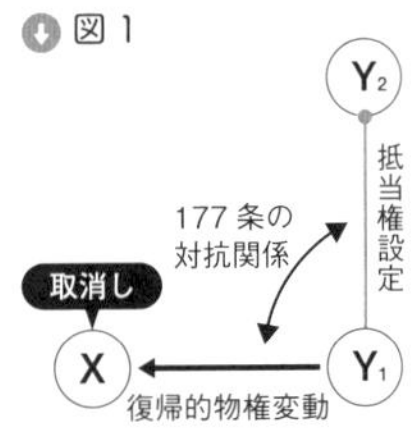

判例と学説の違いの背景にあるのは，意思表示の取消しの後，すぐに登記を回復しなかった表意者への評価である。表意者は，すぐに登記を回復するべきであり，民法がそのようなインセンティブ（動機づけ）を与えなくてはならないと考えれば，判例のように，177 条を適用すべきことになろう（［判例 **04**］解説 I 参照）。これに対して，表意者は，意思表示を取り消したとしても，すぐに登記を回復できないこともあると考え，そのような表意者を保護する途をひらくのが 94 条 2 項類推適用説である。

＊7｜第三者の主観
本件では，Y_2が善意であることから，この点は問題とならなかった。

06 共同相続と登記

最高裁昭和38年2月22日判決(民集17巻1号235頁) ▸百選Ⅲ-77

事案をみてみよう[*]

Aが死亡し，その妻X_1と3人の娘X_2・X_3・Y_1が，Aの遺産を相続した。Aが所有していた本件不動産は，4名の相続人の共有となったが，Y_1は，Xらの同意なしに，相続を原因とする単独名義の登記を行った(登記①)。そして，本件不動産を，Y_2に譲渡し，登記を移転してしまった(登記②)。

そこで，Xらが，Y_1およびY_2に対して，登記①および②の抹消登記手続を求めて訴えた。

＊｜実際の事件を単純化して紹介する。

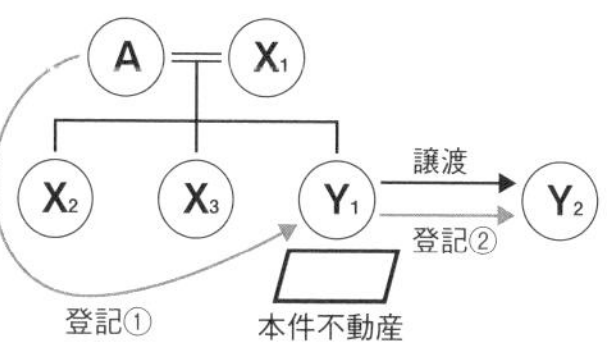

読み解きポイント

本件では，相続により，本件不動産の所有権が，被相続人(A)から相続人(X_1・X_2・X_3・Y_1)へと移転した。この物権変動を第三者(Y_2)に対して主張するために，登記が必要か。

この点に関して，第1のポイントは，相続による物権変動に177条が適用されるか否かである。[*1] 177条が適用されず，登記がなくても相続による物権変動を第三者に対抗できるとすれば，Xらの主張が認められる。

第2のポイントは，相続による物権変動に177条が適用されるとしても，本件のY_2が，177条にいう「第三者」に該当するか否かである。Y_2が「第三者」に該当しないとすれば，Xらの主張が認められる。

＊1｜「相続による物権変動に177条が適用されるか」と聞いて，最初に思い浮かぶのは，以下のような場面であろう。Pが，所有する甲不動産をQに売却した。Qが，登記を備える前に，Pが死亡してしまい，RがPを相続した。この事案を図にすると，177条が適用される典型例である二重譲渡と同じように見え，同様に177条が適用されるようにも思われる。

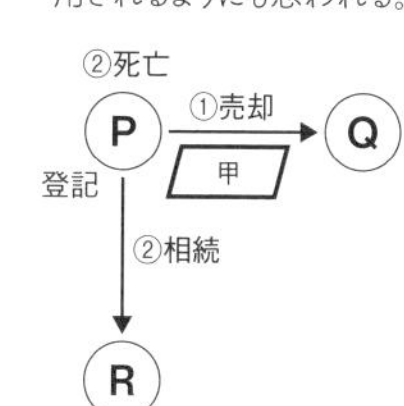

しかし，このような場面には，177条は適用されない。なぜなら，相続によって，被相続人(P)の一切の権利義務が相続人(R)に承継されるからである(896条)。つまり，上の事案では，Pの不動産売主としての立場がRに承継されており，RはQに対して，不動産登記を移転する義務を負っている。QとRとは，二重譲渡のように，不動産の所有権の取得を主張しあう関係にはないのである。

判決文を読んでみよう

「相続財産に属する不動産につき単独所有権移転の登記をした共同相続人中の乙ならびに乙から単独所有権移転の登記をうけた第三取得者丙に対し，他の共同相続人甲は自己の持分を登記なくして対抗しうるものと解すべきである。けだし乙の登記は甲の持分に関する限り無権利の登記であり，登記に公信力なき結果丙も甲の持分に関する限りその権利を取得するに由(よし)ないからである」。

この判決が示したこと

① 共同相続人の1人が単独相続の登記をした場合，他の相続人の持分については，無権利の登記である。

②　不動産登記には公信力が認められていないため[*2]，無権利の登記を信頼して取引を行った第三者は，（他の相続人の持分につき）不動産を取得することはできない。

③　以上から，他の相続人（Xら）は，第三者（Y_2）に対して，登記なくして自己の持分を対抗することができる。

＊2｜公信力

公信力とは，実際とは異なる外観があったときに，その外観を信頼して取引に入った第三者を保護して，外観どおりの権利関係を認める効力のことをいう。不動産登記には，公信力が認められていないため，たとえば，偽造書類によって虚偽の不動産登記がされた場合，その登記を信頼して不動産を購入した第三者がいたとしても，その第三者は不動産の所有権を取得することはできない。

ただし，判例は，94条2項の類推適用という法律構成により，真の権利者の側に虚偽の外観をつくり出した帰責性がある場合には，第三者が保護される可能性を認めている（最判昭和45・9・22民集24巻10号1424頁〔総則・判例**13**〕〔百選Ⅰ-20〕等）。

解説

Ⅰ．共同相続の概要

1 ▸▸ 共同相続と遺産共有

人が死亡すると相続が開始し（882条），死亡した人（被相続人）の財産は，相続人に受け継がれる（896条）。このとき，相続人が1人しかいなければ（単独相続），すべての財産がその相続人に受け継がれる。これに対して，相続人が複数いる場合（共同相続），どの財産が誰のものになるかという問題が生じる。

たとえば，Pが死亡して，Pの子Q・Rが相続人であるという場面を考えてみよう。Pが遺した財産は，甲不動産と乙不動産である。では，これらは，誰のものになるのか。民法は，相続人が複数いるときは，相続財産は共有となると定めている（898条）。したがって，甲不動産もQとRの共有，乙不動産もQとRの共有になる（なお，登記の手続については，もう一歩先へ〔46頁〕を参照してほしい）。

2 ▸▸ 遺産分割

しかし，その後，QとRとが相談して，Pの遺産を分けることが予定されている（遺産分割協議。907条）。たとえば，Qが甲不動産を，Rが乙不動産を受け継ぐという協議がされたとしよう。そうすると，QとRとの共有であった甲不動産がQのものとなり，QとRとの共有であった乙不動産がRのものとなる。遺産分割は，相続開始の時にさかのぼって効力を生じる（909条）。したがって，相続開始の時から，甲不動産がQのもの，乙不動産がRのものであったとみなされることになる。

Ⅱ．従来の判例の立場

1 ▸▸ 共同相続と登記

では，共同相続によって，被相続人の所有していた不動産が，相続人の共有となったことを，第三者に対して登記なくして主張することができるだろうか。本件では，共同相続人の1人（Y_1）が，勝手に単独名義の登記を備えた後，不動産を第三者（Y_2）に譲渡してしまったという事案が問題になった。

このような事案につき，本判決は，Y_1は，本件不動産のうち，他の相続人の持分については，何の権利も持っていない，すなわち，無権利者であると解している。したがって，Y_1が単独名義の登記を備えたとしても，他の相続人の持分については，無権利の登記である。不動産登記には，公信力がないため，第三者Y_2が無権利の登記を信じてしまったとしても，Y_2は保護されない。

つまり，本判決は，相続による物権変動も登記がなければ第三者に対抗できない（〔判例**04**〕参照）ことを前提としつつも，本件のY_2を無権利者からの譲受人と位置づけ，177条の第三者にはあたらないとする立場を示している。結果として，Xらのような共同相続人は，登記なくして自己の持分を主張することができる。

2 ▸▸ 遺産分割と登記

次に，遺産分割の場面を取り上げる。Pが死亡して，Pの子QとRとが甲土地を相続したという場面を考えてみよう。法定相続分[＊3]からすれば，甲土地は，QとRとが2分の1ずつ共有することになるが，その後，遺産分割協議が行われ，甲土地はQが単独で取得することになった。ところが，遺産分割後[＊4]，その登記が行われる前に，Rの債権者SがRの持分を差し押さえた，といった場面が問題となる[＊5]。

図1：遺産分割後の第三者

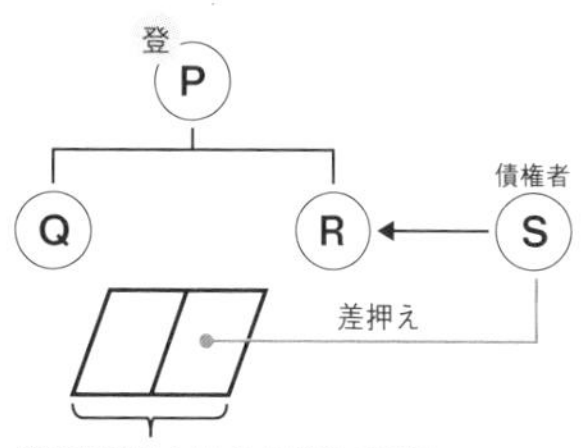

判例は，「遺産の分割は，相続開始の時にさかのぼってその効力を生ずるものではあるが，第三者に対する関係においては，相続人が相続によりいったん取得した権利につき分割時に新たな変更を生ずるのと実質上異ならないものであるから，不動産に対する相続人の共有持分の遺産分割による得喪変更については，民法177条の適用があり，分割により相続分と異なる権利を取得した相続人は，その旨の登記を経なければ，分割後に当該不動産につき権利を取得した第三者に対し，自己の権利の取得を対抗することができない」とした（最判昭和46・1・26民集25巻1号90頁〔百選Ⅲ-78〕）。

3 ▸▸ 共同相続と遺産分割の違い

では，なぜ，共同相続の場面と遺産分割の場面とで異なる処理がされるのか。上記のように，判例は，遺産分割によって新たな物権変動が生じるかのような説明をしているが，遺産分割の効力は相続開始時にさかのぼるとされているのであるから（909条），分割後にそれと異なる登記がされた場合も，本件と同じように「無権利の登記」と説明し，遺産分割を登記なくして第三者に対抗することができると解する余地もある。反対に，本件のような共同相続の場面でも，遺産分割と同じように，相続による共有持分の取得を登記なくして第三者に対抗することはできないと解することもできそうである[＊6]。

結局，両者の違いは，「登記をしないと物権変動を第三者に対抗できない」というルールを使って，当事者に公示のインセンティブを与えることが妥当かどうかという点に帰着する（［判例**04**］解説参照）。共同相続の場面についていえば，被相続人が死亡した直後に，遺産分割前の暫定的な権利関係について登記を要求することは相続人にとって酷である一方[＊7]，第三者からしても，登記を見なくても戸籍や家族構成等の別の情報源から法定相続分を知ることができる可能性もある。それゆえ，この場面では，相続人の持分を登記なくして第三者に対抗することができる。これに対して，遺産分割が終了して財産の最終的な帰属先が確定した以上は，相続人は直ちに登記を行うべきであるから，遺産分割による持分の変更は，登記なくして第三者に対抗することができないと解される。判例の背景には，このような実質的な判断がありそうである。

4 ▸▸ 相続分の指定と特定財産承継遺言

他方，本判決のいう「無権利の登記」の法的構成は，法定相続分による共同相続の場面以外にも広がっていった。

＊3

900条は，共同相続の場面で，各相続人がどのくらいの割合で被相続人の財産を相続するかについて定めている。ここで定められた割合のことを法定相続分という。

＊4 遺産分割前の第三者

なお，遺産分割は，相続開始の時にさかのぼって効力を生ずるが，第三者を害することができないとされている（909条）。つまり，遺産分割前に，共同相続人の1人からその持分を取得したり，持分を差し押さえたりした第三者がいた場合には，その後の遺産分割によって，第三者の権利を奪うことはできない。

＊5

差押えに先立って，債権者Sは，債権者代位権（423条）に基づき，相続登記の代位申請を行う。これにより，Rが相続により甲土地の2分の1持分を取得した旨の登記が備えられ，Sは，この持分を差し押さえることができる。

まずは，相続分の指定についてである。Pが死亡しPの子QとRとが甲土地を相続したが，Pが遺言で「Qの相続分を10分の9，Rの相続分を10分の1」と指定していた，といった具体例が考えられる（902条1項）。ここでRが，甲土地のQ・Rの持分をそれぞれ2分の1とする相続登記をした上で，自己名義の2分の1の持分を第三者Sに譲渡してしまったらどうなるか。最高裁は，本判決を引用しつつ，Rの登記のうち10分の1を超える部分は，無権利の登記であるとした。つまり，Qは，法定相続分である2分の1（10分の5）についてだけではなく，それを超える10分の4の持分についても，相続による所有権の取得を登記なしでSに主張することができる（最判平成5・7・19家月46巻5号23頁）。

次に，特定財産承継遺言についてである。Pが死亡しPの子QとRとが相続人である場面で，Pが，相続財産に含まれる甲土地を「Qに相続させる」との遺言をすることがある（特定財産承継遺言）。判例は，この遺言は，遺言書の記載から遺贈であることが明らかであるか遺贈と解すべき特段の事情がない限り，遺贈ではなく，「遺産分割方法の指定」であり，遺産分割手続を経ずに当然に当該遺産が特定の相続人に移転するとした（最判平成3・4・19民集45巻4号477頁[*8]〔百選Ⅲ-92〕）。では，このような遺言が存在する場面で，Rが甲土地のQ・Rの持分をそれぞれ2分の1とする相続登記をした上で，自己名義の2分の1の持分をSに譲渡してしまった場合はどうか。判例は，「法定相続分又は指定相続分の相続の場合と本質において異なるところはない」という（最判平成14・6・10家月55巻1号77頁）。つまり，Qは，法定相続分を超える部分についても，甲土地の所有権の取得を，登記なしでSに対抗することができる。

このように，相続分の指定および特定財産承継遺言の場面では，本判決のいう「無権利の登記」の法理が用いられてきたのであるが，その結論が実質的に望ましいものであったかには疑問がある。なぜなら，法定相続分による共同相続とは異なり，相続分の指定や特定財産承継遺言は，第三者からすれば存在も内容も知ることができない遺言に基づくものである。それゆえ，法定相続とは異なる部分について，公示の必要性が高いにもかかわらず，登記をしなくても第三者に対抗可能であるため，当事者に公示のインセンティブが働かなかったのである。

Ⅲ．平成30年民法（相続法）改正の影響

平成30年民法（相続法）改正に際して，新たに899条の2が設けられた。同条1項は「相続による権利の承継は，遺産の分割によるものかどうかにかかわらず，次条及び第901条の規定により算定した相続分を超える部分については，登記，登録その他の対抗要件を備えなければ，第三者に対抗することができない」と規定している。

この規定は，本判決および遺産分割と登記に関する判例法理を変更するものではない。これに対して，相続分の指定や特定財産承継遺言の場面では，法定相続分を超える部分については，対抗要件を備える必要があり，判例（前掲最判平成5・7・19，前掲最判平成14・6・10）の示したルールは変更されることとなった。

なお，899条の2の結論を支える法的構成をどのように説明するかについては，様々な議論があり，今後の課題である。

＊6

学説のなかには，「共有の弾力性」を根拠に，177条の適用を主張するものがある。共有の弾力性とは，共有者の1人が持分を放棄した場合に，その持分が他の共有者に帰属する（255条）ことにあらわれているように，各共有者は共有物全体につき所有権を有しているのであって，他の共有者の所有権により制限を受けているにすぎないという考え方である。この考え方からすれば，本件のY_1の登記を「無権利の登記」と言い切ることはできない。

＊7

遺産分割前に登記を要求するのは酷である，という説明は，平成30年民法（相続法）改正前のケースである本判決には良く当てはまるものの，同改正では，相続登記が義務化されたことには注意が必要である（もう一歩先へ〔46頁〕参照）。所有者不明土地の発生を防止するための策である。なお，登記の負担軽減策も併せて講じられたため，登記を要求される相続人の負担は若干軽減されている。

＊8

なお，平成30年民法（相続法）改正に際して，特定財産承継遺言について，最判平成3年の立場を基礎とするいくつかの規定が新設されている。

07 民法177条の「第三者」①
――不法占有者

最高裁昭和25年12月19日判決(民集4巻12号660頁) ▶百選Ⅰ-56

事案をみてみよう

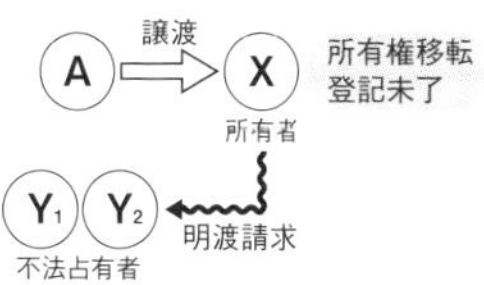

Aは，Y_1に対し，自分が所有する建物（以下「本件建物」という）を，居住の目的で賃貸した。Y_1は，本件建物に居住するうちに，Y_2との間で内縁関係をもつにいたった。Y_2は，本件建物に印刷設備を設け，新聞社を経営し始めた。AからY_2へと本件建物が賃貸された事実は，なかった。

その後，Xは，Aから本件建物を買い受け，その所有権を取得した。このことにともない，AとY_1との間の賃貸借契約は，XとY_1との間に移転した。AからXへの所有権移転登記は，されていない。1週間あまりたった後，XとY_1とは，本件建物の賃貸借契約を合意解除した。Y_1は，Xに対して本件建物を即時に明け渡すことを了承し，実際に本件建物からいったん立ち退いた。Y_1とY_2とは，ふたたび本件建物に居住し始め，現に占有を続けている。そこで，Xは，Y_1とY_2とに対し，所有権にもとづいて本件建物の明渡しを求めた。

読み解きポイント

177条の規定によれば，不動産に関する物権変動は，その登記をしなければ，同条の「第三者」に対抗することができない。Xは，Aから本件建物を買い受け，その所有権を取得したものの，AからXへの所有権移転登記は，されていない。したがって，Yらが同条の「第三者」にあたるのならば，Xは，Aから所有権を取得したことを，Yらに対抗することができない。そのため，Yらは，Xに対し，所有権移転登記を備えるまで，本件建物の所有権を取得したことを認めないと主張して争うことができる。Yらがそのようなかたちで争ったときは，Xの請求は，認められない。反対に，Yらが同条の「第三者」にあたらないのならば，Xは，Aから所有権を取得したことを，Yらに対抗することができる。そのため，Yらは，前記のようなかたちで争うことができない。Xの請求は，認められる。

XとY_1との間の賃貸借契約は，合意解除によって終了している。また，Y_2は，そもそも本件建物を賃借していない。つまり，Yらは，本件建物について，占有正権原(せいけん)[*1]にもとづかずに占有する者（不法占有者[*2]）である。では，不法占有者は，177条の「第三者」にあたるのか。

*1｜占有正権原とは

権原という概念は，本来は，ある行為を正当化する原因を意味する。もっとも，占有は，占有を正当化する原因がなくても，占有権として保護される。そのため，占有権原は，占有にいたった原因すべてを含むとされている。そこで，占有権原には，①賃借権や地上権のように，占有を正当化するものと，②窃取のように，占有を正当化しないものとの双方が含まれることとなる。

このうち，①のことを，正当な占有権原という意味で，占有正権原とよぶ。もっとも，「占有権原」という言葉を，①のみをさすために使うこともある（たとえば，［判例**20**］*3）。この場合には，「占有権原」は，権原本来の意味と同じように，占有を正当化する原因のみをさし，不法占有者とは，「占有権原」にもとづかずに占有する者と定義されることとなる。

*2｜不法占有者と不法占拠者

不法占拠者は，不法占有者と同じ意味で用いられるのが一般である。もっとも，占有を取得す

判決文を読んでみよう

「不法占有者は民法第177条にいう『第三者』に該当せず，これに対しては登記が

るにはいたっていないものの，それに準ずるかたちで妨害をしている者のことも，不法占拠者とよぶことがある。この場合を含めると，不法占拠者は，不法占有者よりも広い意味を有する。

＊3｜二重譲渡の法的構成

無権利の法理とは，何人も，自己が有しない権利は，これを他人に移すことができないという原則である。この法理は，明文の規定によっては定められていないものの，物権変動の基本原則として認められている。177条の規定は，物権変動（売買を原因とするPからQへの所有権移転）があったために権利者（P）が無権利となった結果，無権利の法理の適用によって競合する物権変動（売買を原因とするPからRへの所有権移転）が生じない場合において，同法理の適用を排除して競合する物権変動を生じさせるという規範を定めているものと考えられる。本文の説明は，この考え方にもとづくものである。
二重譲渡の法的構成については，この考え方以外にも，さまざまな考え方が主張されている。

＊4｜賃借人・受寄者と「第三者」

判例によると，動産賃借人も，178条の「第三者」にあたる（大判大正4・2・2民録21輯61頁）。このことは，本文の理由では正当化することができない。動産賃借権は，不動産賃借権と異なり，物権に準ずるものとして扱われていないからである。他方で，受寄者は，178条の「第三者」にあたらないとされる（最判昭和29・8・31民集8巻8号1567頁）。受寄者は，占有を正当化する権原（占有正権原〔＊1〕）を有するものの，占有の継

なくても所有権の取得を対抗し得るものであること大審院の不変の判例で，当裁判所も是認する処である。」

この判決が示したこと

不法占有者は，177条の「第三者」にあたらない。

解説

Ⅰ. 177条の「第三者」とは――第三者制限説

第三者とは，一般に，当事者およびその包括承継人以外の者をいう。177条の「第三者」は，この定義よりも制限される（第三者制限説）。すなわち，同条の「第三者」とは，物権変動の当事者およびその包括承継人以外の者のうち，登記の欠缺（登記がされていないこと）を主張するについて正当な利益を有する者をいうとされている。

177条の「第三者」（以下たんに「第三者」という）にあたるかどうかは，2つのレベルで判断される。まず，①ある者が有する権利・利益や地位にもとづいて，その者に前記の正当な利益が認められることがある。この場合には，その者は，「第三者」の客観的要件を満たすものとされる。このように，「第三者」の客観的要件を満たすときであっても，②その者個人の事情からその者に前記の正当な利益が認められないとされることがある。この場合には，その者は，「第三者」の主観的要件を満たさないものとされる。本判決が扱ったのは，①のレベルの問題である（②のレベルの問題については，［判例**08**］［判例**09**］）。

Ⅱ. 177条の「第三者」の客観的要件

では，どのような者が「第三者」の客観的要件を満たすのか。いくつかの例をもとに，考えてみよう。

1 ▸▸ 物権取得者

Pは，Qに対し，Pが所有する甲建物を売却した。その後，Pは，Rにも甲建物を売却した。この場合には，Qは，176条の規定にもとづいて，Pから売買契約により甲建物の所有権を取得する。他方で，この物権変動について177条の規定が適用されると，無権利の法理の適用が排除される[＊3]。これにより，Rも，Pから売買契約により甲建物の所有権を取得することができる。つまり，Rは，PからQへの物権変動と両立しない物権の取得をした者である。そこで，Rは，「第三者」にあたる。

2 ▸▸ 不動産賃借人

Pは，Qに対し，Pが所有する不動産（甲）を賃貸した。その後，Pは，Rに対し，甲を売却した。このケースは，2つに分けて検討する必要がある。

(1) 所有権にもとづく権利の行使

RがQに対し，所有権にもとづいて甲の明渡しを求めたとする。不動産賃借権は，債権である（601条）。賃借人であるQは，甲を使用収益させてもらうことを，賃貸

人であるPにしか主張することができない。これに対し，所有権は，物権である(206条)。所有者であるRは，すべての人との関係で，甲を直接に支配することが正当化される。そのため，Qは，賃借権により，Rからの所有権にもとづく明渡請求を拒むことができないのが原則である。このことを，〈売買は賃貸借を破る〉という。

もっとも，不動産賃借権は，生活や事業を営むための基盤となるものである。そこで，Qは，不動産賃貸借の対抗要件を備えたとき（605条，借地借家10条・31条等）は，賃借権の取得をRに対抗することができるとされている。この場合には，Qは，賃借権により，Rからの所有権にもとづく明渡請求を拒むことができる。このように，不動産賃借権は，債権ではあるものの，物権に準ずる権利として扱われている。このことを，不動産賃借権の物権化という。そこで，Qは，物権取得者に準じて，「第三者」にあたる（大判昭和6・3・31新聞3261号16頁[*4]）。

(2) 賃貸人たる地位にもとづく権利の行使

契約上の地位の移転についての原則によれば，賃貸人たる地位がPからRへと移転するためには，①PとRとの間で賃貸人たる地位をPからRへと移転する合意がされ，②Qがその地位の移転を承諾することが必要となる（539条の2)。もっとも，賃貸不動産が譲渡されるときは，賃貸人たる地位の移転について特別な規定が適用される。(a)不動産賃貸借の対抗要件が備わっているときは，賃貸人たる地位は，当然にPからRへと移転する（605条の2第1項)。つまり，契約上の地位の移転についての原則が定める要件のうち，①と②との双方がなくても，賃貸人たる地位が移転する。この場合にあたらなくても，(b)PとRとの間で賃貸人たる地位をPからRへと移転する合意がされたときは，賃貸人たる地位は，PからRへと移転する（605条の3前段)。つまり，契約上の地位の移転についての原則が定める要件のうち，①があれば，②がなくても，賃貸人たる地位が移転する[*5]。

では，RがQに対し，甲の譲渡にともない移転した賃貸人たる地位にもとづいて賃料の請求等をするときは，どのように扱われるか。この場合には，Rは，**(1)**と異なり，Qが甲の賃借権を取得していることを認めたうえで，その賃貸人たる地位にもとづいて権利を行使している。もっとも，Qは，賃貸借契約の相手方がだれかを確知することについて正当な利益を有する。そこで，Qは，この場合にも，「第三者」にあたる。Rは，登記をしなければ，前記の賃貸人たる地位の移転をQに対抗することができない（(a)について，605条の2第3項，(b)について，605条の3後段[*6]）。

3 ▸▸ 不法行為者

Pは，Qに対し，Pが所有する甲建物を売却した。その後，Rが甲建物を損傷した。そこで，Qは，Rに対し，所有権の侵害を理由として，不法行為にもとづく損害賠償(709条）を請求した。この場合には，Rは，その損害賠償債務の履行の相手方がだれかを確知することについて利益を有する。もっとも，ここでの債務は，**2(2)**での賃料債務等と異なり，適法行為ではなく，不法行為にもとづいて生じたものである。そのため，Rの前記の利益は，正当なものと評価されない。したがって，Rは，「第三者」にあたらないとされている。Qは，登記をしないで，その所有権の取得をRに対抗することができる。

続を正当化する権原は，これを有しない（662条1項）からである。
そこで，不動産賃借人が「第三者」にあたる理由を，賃借人が占有の継続を正当化する権原を有している点に求めることによって，動産賃借人の扱いとの統一的な説明を与える一方，賃借人の扱いと受寄者の扱いとの区別を正当化しようとする考え方がある。

＊5｜特則の根拠

賃貸人の債務は，賃貸人が賃借物の所有権をもっていないと，十分に履行することができない反面，賃貸人が賃借物の所有権をもっていれば，だれでも履行することができる性質のものである。そこで，不動産賃貸借の対抗要件が備わっているとき（(a)）は，賃貸人たる地位は，賃借物の所有権の譲渡にともない，当然に譲渡人から譲受人へと移転するものとされている（(a)について①が不要とされる根拠）。また，賃貸人の債務がそのような性質をもっている以上，賃借物の所有権の譲渡にともなう賃貸人たる地位の移転を認めるかどうかにあたって，賃借人の承諾は，いずれにせよ，つまり(a)であるか，(b)であるかにかかわらず，これを求める必要がないとされる（(a)(b)について②が不要とされる根拠）。

＊6｜対抗要件説と権利保護資格要件説

605条の2第3項や605条の3後段の規定は，平成29年民法改正によって定められたものである。同改正前民法のもとでの判例は，ここでの登記も，177条の「登記」にあたるとしていた（最判昭和49・3・19民集28巻2号325頁）。これに対し，学説のなかには，ここでの登記は，177条の

4 ▸▸ 不法占有者――本件の検討

不法占有者は，「第三者」にあたらない。本判決は，この「大審院の不変の判例」[*7]を，最高裁として受け継いだものである。不法占有者と 1〜3 で挙げた例とを比較することによって，その理由を考えてみよう。

(1) 物権取得者（1）および不動産賃借人・所有権型（2(1)）との比較

Y らは，売買契約等の物権を取得する原因や不動産賃貸借契約等の物権に準ずる権利を取得する原因を有しない。そのため，A から X への売買契約による本件建物の所有権の移転について 177 条の規定が適用され，無権利の法理の適用が排除されたとしても，Y らは，本件建物について物権や物権に準ずる権利を取得しない。そのため，Y らは，A から X への物権変動と両立しない物権の取得をした者（1）やそれに準ずる者（2）にあたらない。[*8]

(2) 不動産賃借人・契約上の地位型（2(2)）および不法行為者（3）との比較

Y らは，本件建物の明渡義務の履行の相手方がだれかを確知することについて利益を有する。もっとも，ここでの義務は，Y らの占有が正当な権原にもとづかないものであることから生じたものである。そのため，Y らの前記の利益は，正当なものと評価されない。この意味において，Y らは，賃貸人たる地位にもとづく権利の行使を受けた不動産賃借人（2(2)）と不法行為者（3）との対比において，不法行為者に準ずる者であるといえる。

Ⅲ. 本件事案の特殊性

1 ▸▸ X が賃貸借契約終了にもとづく目的物返還請求権を行使する可能性

所有者である賃貸人が賃借人に対し，賃貸借契約が終了した後に目的物の明渡しを求めるためには，①所有権にもとづく返還請求権を行使する方法のほかに，②賃貸借契約終了にもとづく目的物返還請求権を行使する方法がある。本件では，A と Y_1 との間でされた賃貸借契約が X と Y_1 との間に移転した後，X と Y_1 とがこの賃貸借契約を合意解除したという経緯がある。そうすると，X は，Y_1 に対し，①の方法によらずに，②の方法により本件建物の明渡しを求めることもできたようにみえる。しかし，Y_1 は，本件建物からいったん立ち退くことによって，②に対応する賃借人の義務を履行している。そのため，本件では，①の方法を選択するしかなかったと考えられる。

2 ▸▸ Y_1 が賃貸人たる地位の移転を争う可能性

本件では，もともと，A と Y_1 との間で，本件建物について賃貸借契約がされていた。そして，Y_1 は，本件建物の引渡しを受けたことによって，その賃貸借の対抗要件を備えていた（旧借家法 1 条 1 項。現在では，借地借家 31 条）。その後，本件建物の所有権がAからXへと譲渡されたことにともない，賃貸人たる地位が A から X へと移転した。他方で，本件建物について，A から X への所有権移転登記は，されていない。そのため，X が Y_1 に対し，賃貸人たる地位にもとづいて合意解除を求めたときに，Y_1 は，X が本件建物について所有権移転登記を備えるまで，賃貸人たる地位の移転を認めないと主張して争うことができたはずである（Ⅱ2(2)）。

「登記」，つまり対抗要件としての登記ではなく，権利保護資格要件としての登記であるというものがあった。
対抗要件説によると，R は，Q が所有権移転登記を備えるまで賃貸人たる地位の移転を認めないと主張して争ったときに，自分はその旨の登記を備えていることを，主張・立証していくこととなる。これに対し，権利保護資格要件説によると，R は，Q に賃貸人たる地位にもとづいて権利を行使するために，自分のほうから，所有権移転登記を備えていることを主張・立証しなければならないとされる。

*7 「大審院の不変の判例」
大連判明治41・12・15 民録14輯1276頁や，大判大正9・11・11民録26輯1701頁が念頭に置かれているものと考えられる。

*8 異なる考え方にもとづく検討
Yらは，占有の継続を正当化する権原を有しないのはもちろん，占有を正当化する権原（占有正権原〔*1〕）すら有しない。そのため，不動産賃借人が「第三者」にあたる理由を，賃借人が占有の継続を正当化する権原を有している点に求める考え方（*4）をとったとしても，Yらは，「第三者」にあたらないものとされる。

08 民法177条の「第三者」②
――背信的悪意者

最高裁昭和43年8月2日判決(民集22巻8号1571頁) ▶百選Ⅰ-57

事案をみてみよう

Yは，Aから，Aが所有する本件山林を含む数筆[*1]の山林を買い受け，これを占有管理していた。AからYへの所有権移転登記は，されなかった[*2]。その後，Xは，本件山林の時価を約120万円相当と評価しつつも，売買代金3万5000円[*3]でAから本件山林を買い受けた。XがAから本件山林を買い受けた当時，Aは，これをすでにYに売り渡したかどうか，はっきりとわからない状態であった。しかし，Xは，村図等を調査し，Yが長年の間占有管理している山林に含まれる本件山林は，YがAから買い受けたものであることを知りつつ，Yが所有権移転登記を備えていないことを奇貨[*4]とし，Yに高値で売りつけて利益を得る目的をもって，本件山林を買い受けた。

Xは，Yに対し，本件山林を買い取るよう求めたものの，これを拒絶されたため，Bに対し，本件山林を売り渡した。Bは，Yに対し，本件山林の所有権の確認を求め，訴えを提起した。このことを知ったXは，Bから本件山林を買い戻し，その所有者であるとして，本件訴訟に参加した。Bは，訴訟を脱退した。AからBへの所有権移転登記がされた（この登記は，中間省略登記〔[判例10]〕にあたる）後，BからXへの所有権移転登記がされている。

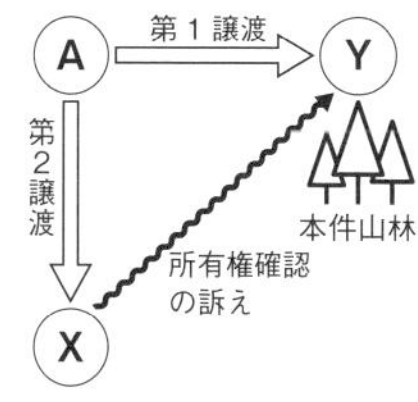

＊1｜筆
土地の数え方の単位は，「筆」である。「一筆(いっぴつ)の土地」などという。

＊2｜落地
このように，登記漏れになっている土地のことを，落地ということがある。

＊3｜貨幣価値
現在の貨幣価値に換算すると，当時の約120万円は，約785万円となり，当時の3万5000円は，約22万9000円となる。

＊4｜奇貨
ある状態を悪用して，自分の利益を得ようとすること。

読み解きポイント

177条の規定によれば，不動産に関する物権変動は，その登記をしなければ，同条の「第三者」に対抗することができない。同条の「第三者」とは，物権変動の当事者およびその包括承継人以外の者のうち，登記の欠缺を主張するについて正当な利益を有する者をいう（[判例07]解説Ⅰ）。

同条の「第三者」にあたるかどうかは，2つのレベルで判断される。①ある者が有する権利・利益や地位にもとづいて，その者に前記の正当な利益が認められることがある。この場合には，その者は，同条の「第三者」の客観的要件を満たすものとされる。Xは，AからYへの物権変動と両立しない物権の取得をした者である。したがって，Xは，同条の「第三者」の客観的要件を満たす（[判例07]解説Ⅱ1）。このように，同条の「第三者」の客観的要件を満たすときであっても，②その者個人の事情からその者に前記の正当な利益が認められないとされることがある。この場合には，その者は，同条の「第三者」の主観的要件を満たさないものとされる。XがAから本件山林を買い受けたときの事情を踏まえると，Xは，同条の「第三者」の主観的要件を満たさないのではないか。そうであるとしたら，Xは，同条の「第三者」

にあたらない。Yは，登記をしないで，Aから本件山林の所有権を取得したことをXに対抗することができる。したがって，Xの請求は，認められないこととなる。

判決文を読んでみよう

(1) 「実体上物権変動があった事実を知る者において右物権変動についての登記の欠缺を主張することが信義に反するものと認められる事情がある場合には，かかる背信的悪意者は，登記の欠缺を主張するについて正当な利益を有しないものであって，民法177条にいう第三者に当らない」。

(2) 「原判決認定の前記事実関係からすれば，XがYの所有権取得についてその登記の欠缺を主張することは信義に反するものというべきであ」る。

この判決が示したこと

① 背信的悪意者は，登記の欠缺を主張するについて正当な利益を有しない。したがって，177条の「第三者」にあたらない。

② 背信的悪意者とは，物権変動があった事実を知る者のうち，登記の欠缺を主張することが信義に反するものと認められる事情がある者をいう。

③ 本件事実関係のもとでは，Xは，背信的悪意者にあたる。

解説

Ⅰ. 善意悪意不問の原則

PがQに対し，自己が所有する甲土地を売却したものの，PからQへの所有権移転登記は，されなかった。その後，PがRにも，甲土地を売却し，PからRへの所有権移転登記がされた。Rが甲土地を占有するQに対し，所有権にもとづいて明渡しを求めた。QがPから甲土地の所有権を取得したことをRが知っていた（悪意）ことをQが主張・立証した場合において，そのことを理由として，Rが177条の「第三者」（以下たんに「第三者」という）にあたらないとされるならば，Rは，後になって，QがPから甲土地の所有権を取得したことを知っていたか（悪意），知らなかったか（善意）を問題とされて争われる。その結果，Rが悪意であったとされたときは，Rは，「第三者」にあたらないものとされる。これでは，PからQへの所有権移転登記がされていなかったため，RがPから甲土地の所有権を取得したとしても，その権利の取得が安定しない。そのため，不動産取引の安全が害される。

そこで，Rが「第三者」にあたるかどうかについては，QがPから甲土地の所有権を取得したことをRが知っていたかどうかを，つまりその「善意・悪意を問わない」（最判昭和40・12・21民集19巻9号2221頁）ものとされている。この扱いは，登記による形式的・画一的な処理をとおして法的安定性を保障し，これにより不動産取引の安全を確保するものであると考えられる。[*5]

＊5｜自由競争論① ――自由競争論とそれに対する批判

自由競争の社会では，甲土地の所有権を取得することについて，Rは，QがPからその所有権を取得したことを知っていた（悪意）としても，Qよりも有利な条件をPに提示して，その所有権を取得することが許される。そこで，悪意のRも，「第三者」にあたるとするものがある。この考え方は，本文の考え方と異なり，Rの善意・悪意を問題としたうえで，悪意のRも保護に値すると評価するものであると考えられる（悪意者保護説）。

これに対しては，自由競争は，①QがPとの間で売買契約をした時や，②QがPから甲土地の所有権を取得した時に終了しているとの批判がある。①によれば，その契約がされたことを知っていたRは，故意の契約侵害者であり，②によれば，その所有権取得がされたことを知っていたRは，故意の所有権侵害者である。そのため，そのようなRは，保護に値しない。そこで，それぞれの意味で悪意のRは，「第三者」にあたらないものとされる（悪意者排除説）。

＊6｜自由競争論② ――自由競争論における「第三者」

自由競争論にもとづいて悪意者保護説をとるとき（＊5）は，悪意者であっても，「第三者」にあたる一方，自由競争の枠外にあると評価される者は，「第三者」にあたらないものとされる。

＊7｜不動産登記法5条

同条では，①「詐欺又は強迫によって登記の申請を妨げた第三者」（1項）と，②「他人のために登記を申請する義務を負う第三者」（2項本

Ⅱ. 背信的悪意者排除の法理とは

このように，物権変動があったことについて善意・悪意を問わないとしても，登記による形式的・画一的な処理をとおして保障される法的安定性にもとづく利益を受けるに値しない者[*6]は，「第三者」にあたらない。そのような者にあたるのは，特別法に定められた者（不登5条[*7]）のほか，判例によってその者個人の事情にもとづいて「第三者」にあたらないとされた者，つまり背信的悪意者である。

1 ▸▸ 背信的悪意者とは

背信的悪意者の概念は，悪意＋信義則違反によって定義される（判決文(1)）。ここでの悪意の対象は，契約がされたことではなく，物権変動があったことである。また，ここでの信義則違反は，その物権変動についての登記の欠缺を主張することが，信義に反するという意味である。

2 ▸▸ 具体例

本件では，Xは，YがAから本件山林の所有権を取得したことを知っていたから，悪意である。そのうえ，Xは，本件山林を長年の間占有管理しているYに対し，これを高値で売りつけて利益を得る目的をもって，Aから本件山林を非常に安い価額で買い受けている。本判決は，このような事情のもとで，YがAから本件山林の所有権を取得したことについてその登記の欠缺を主張することは，信義に反するものと評価した（判決文(2)）。Xが不当に利益をあげようとしたり，Yの利益を害そうとしたりする意図をもっていたことが，この評価を根拠づけたものと考えられている。

Ⅲ. 背信的悪意者排除の法理の限界・修正

1 ▸▸ 通行地役権の設定――法理の限界

判例は，通行地役権（ちえき）[*8]の設定について，背信的悪意者排除の法理の適用を排除している（最判平成10・2・13民集52巻1号65頁〔百選Ⅰ-59〕）。Pが所有する甲土地の奥に，Qが所有する乙土地がある。QがPから，甲土地について通行地役権の設定を受けたものの，地役権設定登記は，されなかった。その後，RがPから甲土地を買い受け，所有権移転登記を備えた。甲土地が譲渡された時に，ⓐ甲土地がQによって継続的に通路として使用されていることが，物理的状況から客観的に明らかであり，かつ，ⓑそのことをRが認識していたか，または認識することが可能であったときは，Rは，特段の事情がない限り[*9]，QがPから甲土地について通行地役権の設定を受けたことを知らなかったとしても，「第三者」にあたらないものとされる。

ⓐⓑを満たすときは，Rは，QがPから甲土地について通行地役権の設定を受けたことを知らなかったとしても，甲土地について通行権の負担がついていることを前提として，その所有権を譲り受けたものと評価される。そうであるとすれば，Rが登記の欠缺を主張するについて正当な利益を有すると主張することは，信義則に反する。ここでの信義則は，矛盾行為の禁止を内容とするものである[*10]。

2 ▸▸ 所有権の時効取得――法理の修正

判例によれば，所有権の時効取得については，背信的悪意者排除の法理が適用される。もっとも，この場合には，悪意の対象が修正される（[判例 **09**]）。

文）は，登記の欠缺を主張することができないと規定されている。

＊8｜地役権・通行地役権とは

地役権は，設定行為で定めた目的に従い，自己の土地の便益のために，他人の土地を利用する物権である（280条）。通行を目的とする地役権のことを，通行地役権とよぶ。地役権により便益を受ける土地（280条の「自己の土地」）を要役地（ようえきち）（281条1項），要役地の便益に供される土地（280条の「他人の土地」）を承役地（しょうえきち）（285条1項）という。本文の例では，乙土地が要役地，甲土地が承役地にあたる。

＊9｜特段の事情

Qが正当な権原をもたずに甲土地を通路として使用しているとRが認識しており，かつ，Rがそのような認識をもつにいたった原因が，Q自身の言動にあるときなど。

＊10｜平成10年判決の射程

学説では，①地役権は，土地の共同利用を実現する権利であるため，地役権の負担が承役地の譲受人に承継されるとしても，譲受人の土地の利用は，排除されないことや，②制限物権の設定と所有権の譲渡とが競合したとしても，譲受人の所有権の取得は，排除されないことから，平成10年判決を正当化するものがある。①によれば，同判決の射程は，地役権一般の設定に及び，②によれば，同判決の射程は，制限物権一般の設定に及ぶ。しかし，同判決は，ⓐⓑの要件の設定の仕方からわかるように，通行地役権の設定の特殊性に着目したものである。そのため，同判決の射程は，一般に，通行地役権の設定にしか及ばないものと考えられている。

09 取得時効と登記

最高裁平成18年1月17日判決（民集60巻1号27頁） ▸百選Ⅰ-54

事案をみてみよう

土地の位置関係
（実際の事案をわかりやすくしたもの）

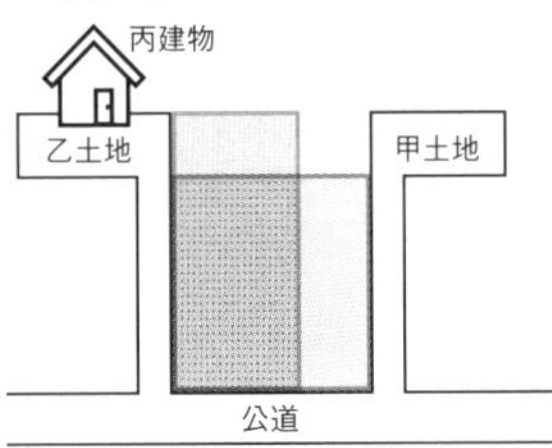

鮮魚店を開業する目的で甲土地を買い受けたXは，平成8年，融資を受ける銀行の指摘に従い，公道に面する間口を広くするため，本件土地をAから買い受け，売買を原因とする所有権移転登記を備えた。他方で，Yは，Yが所有する乙土地の上に丙建物を所有していた。丙建物から公道に通ずる本件通路部分は，昭和48年，Bが丙建物への専用進入路として，所有の意思をもって占有を開始したものである。乙土地と丙建物との所有権は，昭和61年にBからCへ，平成3年にCからYへと順次移転した。その間，本件通路部分の占有も，BからCへ，CからYへと順次移転した。本件通路部分は，Cによりコンクリート舗装されている。

Xは，Yに対し，本件土地について所有権の確認を求めるとともに，所有権にもとづいてコンクリート舗装の撤去を求めた。これに対し，Yは，本件係争部分について所有権を時効取得したなどとして争った。

読み解きポイント

Yは，自分の占有にBとCとの占有をあわせて[*1]，昭和48年から20年間，本件係争部分について所有の意思をもって占有を継続している。これにより，Yについて所有権の取得時効[*2]が完成する（162条1項）。Yがその時効を援用すれば，その所有権を取得することができる（145条〔解説Ⅱ2〕）。その効力は，時効の起算日であるBが占有を開始した時，つまり昭和48年にさかのぼって生ずる（144条〔解説Ⅲ1〕）。もっとも，Yは，時効による所有権の取得についての登記[*3]を備えていない。そこで，Yは，177条の規定により，時効完成後である平成8年に本件係争部分の所有権を譲り受けたXに時効取得を対抗することができないのではないか。

判決文を読んでみよう

(1) 「時効により不動産の所有権を取得した者は，時効完成前に当該不動産を譲り受けて所有権移転登記を了した者[*4]に対しては，時効取得した所有権を対抗することができるが，時効完成後に当該不動産を譲り受けて所有権移転登記を了した者に対しては，特段の事情のない限り，これを対抗することができない」。本件には，この下線部のルールが適用される（〔読み解きポイント〕参照）。

＊1｜占有の承継
Yは，占有者の承継人として，自分の占有にBとCとの占有をあわせて主張することができる（187条1項）。

＊2｜取得時効と時効取得
取得時効とは，権利者としての事実状態が一定期間継続したときに，権利の取得を認める制度をいう（162条以下）。そして，取得時効にもとづいて権利を取得することを，時効取得という（283条・289条・397条を参照）。

＊3｜時効による所有権の取得についての登記
Pが所有権の登記名義人である甲土地について，Qが時効により所有権を取得した場合において，その登記をするときは，時効取得を登記原因とするPからQへの所有権移転登記をする。

(2)「背信的悪意者は，民法177条にいう第三者に当たらない」。「甲が時効取得した不動産について，その取得時効完成後に乙が当該不動産の譲渡を受けて所有権移転登記を了した場合において，乙が，当該不動産の譲渡を受けた時点において，甲が多年にわたり当該不動産を占有している事実を認識しており，甲の登記の欠缺（けんけつ）を主張することが信義に反するものと認められる事情が存在するときは，乙は背信的悪意者に当たる」。「取得時効の成否については，その要件の充足の有無が容易に認識・判断することができないものであることにかんがみると，乙において，甲が取得時効の成立要件を充足していることをすべて具体的に認識していなくても，背信的悪意者と認められる場合がある」。

この判決が示したこと

① 時効による所有権の取得は，時効完成後に所有権を譲り受け，その登記を備えた者には，特段の事情がない限り，これを対抗することができない。

② 多年にわたる占有継続の事実を認識し，かつ，登記の欠缺の主張が信義に反するものと認められる事情がある譲受人は，背信的悪意者にあたる。

解説

Ⅰ. 取得時効と登記に関する判例のルール

判例によれば，(i)Pが所有する甲土地について，Qが時効により所有権を取得したときは，Qは，その登記をしないで時効取得をPに対抗することができる（大判大正7・3・2民録24輯423頁）。物権変動の当事者は，177条の「第三者」（以下たんに「第三者」という）にあたらない。そして，時効取得は，原始取得[*5]であるものの，QとPとの関係は，あたかも承継取得の当事者の関係にたつものとされる。また，(ii) 時効完成前にRがPから甲土地を譲り受けたときは，Qは，その登記をしないで時効取得をRに対抗することができる（最判昭和41・11・22民集20巻9号1901頁）。QとRも，「物権変動の当事者」であるとされる（最判昭和46・11・5民集25巻8号1087頁〔百選Ⅰ-53〕）。他方で，(iii) 時効完成後にSがPから甲土地を譲り受けたときは，Qは，その登記をしなければ時効取得を「第三者」であるSに対抗することができない（大連判大正14・7・8民集4巻412頁）。QとSとの関係は，PがQとSとにPが所有する甲土地を二重譲渡したときと同じようなものであるとされる。[*6] 判決文 (1) は，(ii) のルールと (iii) のルールとの区別を確認したものである。[*7]

Ⅱ. 取得時効制度との関係

1 ▸▸ 自己物の時効取得

PがQとRとにPが所有する甲土地を二重譲渡した場合において，Qが甲土地の引渡しを受け，その占有を継続する一方，占有開始時から時効期間を経過する前に，Rが登記を備えた。この場合には，Qにとって甲土地は，「他人の物」（162条）ではなく，自己の物であるにもかかわらず，時効取得を主張することができる（最判昭和42・

時効の効力は，その起算日にさかのぼる（144条〔解説Ⅲ1〕）。そのため，登記原因の日付は，占有開始日とされる。

＊4｜譲渡と登記原因

不動産を譲り受けて所有権移転登記をするときは，その登記原因は，「譲渡」ではなく，所有権の移転の原因としての債権行為（［判例03］の解説を参照）であるとされる。たとえば，それが売買であるときは，「売買」を原因とする所有権移転登記がされる。もっとも，登記原因の日付は，契約をした日ではなく，所有権が移転した日である（両者は，かならずしも一致しないことについて，［判例03］の解説を参照）。登記は，不動産の物権変動を公示するものだからである（177条，不登3条柱書を参照）。

＊5｜原始取得

前主の権利にもとづかない権利の取得のこと。対義語は，承継取得である。

＊6｜補完ルール

(i)から(iii)までのルールは，次の2つのルールによって補完されている。すなわち，(iv)時効の起算点は，占有開始時に固定される（最判昭和35・7・27民集14巻10号1871頁）。時効の起算点を後らせることを認めると，(ii)のルールと(iii)のルールとの区別が無意味になってしまうからである。また，(v)時効完成後の第三者Sが登記を備えた後，Qが占有を継続し，あらためて時効期間が経過したときは，Qは，登記をしないでSに時効取得を対抗することができる（最判昭和36・7・20民集15巻7号1903頁）。

7・21 民集 21 巻 6 号 1643 頁［総則・判例 **26**］〔百選 I -41〕)。そのため，Q は，(ii) のルールにより，登記をしないで時効取得を R に対抗することができる。[*8]

2 ▸▸ 時効の法的構成──援用の位置づけ

時効による権利の取得は，一般に，取得時効の完成によってではなく，その援用によって確定的に生ずるものとされている（最判昭和 61・3・17 民集 40 巻 2 号 420 頁［総則・判例 **28**］〔百選 I -37〕)。これに対し，時効取得を第三者に対抗することができるかという問題については，取得時効の完成を基準としてルールが区別されている（Ⅲ 1)。

Ⅲ. 不動産物権変動論との関係

1 ▸▸ 時効取得の当事者と第三者との区別

177 条の規定は，登記がされていない物権変動は，これをないものとして取引することを認めることによって，不動産取引の安全を確保するものである。Ⅰ に挙げた例では，Q が時効により甲土地の所有権を取得したときは，一物一権主義[*9]のルールにより，P がその所有権を失う。P は，Q が所有権の取得時効を原因として時効取得をしたことにともない，その所有権を失った者である。つまり，P は，Q の時効取得をないものとして取引した者ではない。そこで，Q と P は，時効取得の当事者であるとされる（(i))。では，時効完成前の第三者 R や時効完成後の第三者 S は，どうか。Q の時効取得の効力は，時効の遡及効により，Q の占有開始時にさかのぼって生ずる（144 条)。そのため，この場合であっても，時効取得の当事者は，Q と P であると考えられる。他方で，R や S は，いずれも Q の時効取得をないものとして取引した者である。そのため，Q と R や Q と S は，時効取得の当事者ではない。いいかえれば，R を P と同視する（(ii)）のは，適切でない。

もっとも，Q は，所有権を時効取得する前は，その登記をすることができない。そのため，時効完成前の第三者 R が登記をしたときは，Q は，所有権の取得時効が完成した後，これを援用しても，無意味となってしまう。そこで，この場合には，(a) 登記を尊重して不動産取引の安全を確保すべきという要請と，(b) 占有の継続を尊重すべきであるという取得時効制度の要請とのうち，(b) のほうが重視される。これに対し，Q は，所有権の取得時効が完成したときは，これを援用すれば，その所有権の時効取得を登記することができる。そうである以上，時効完成後の第三者 S があらわれたときは，前記の要請のうち，(a) のほうを重視すべきである。(ii) のルールと (iii) のルールとが区別されているのは，そのためであると考えられる。

2 ▸▸ 背信的悪意者排除の法理の修正

背信的悪意者は，「第三者」にあたらない。したがって，背信的悪意者には，登記をしないで物権変動を対抗することができる。判例によれば，背信的悪意者は，物権変動があったことについての悪意＋信義則違反によって定義される（［判例 **08**］)。もっとも，時効取得は，その原因である取得時効の性質上，時効取得があったかどうかを容易に知ることができない。そこで，判決文 **(2)** は，時効取得の原因である取得時効の性質を考慮して，時効取得についての悪意の対象を緩和し，多年にわたる占有継続の事実を知っていれば，悪意の要件を満たすものとしている。

＊7｜特段の事情

もっとも，本判決は，(iii) のルールについて，「特段の事情」の留保を付している（判決文 **(1)**)。これは，一般に，背信的悪意者排除の法理が適用される余地があること（判決文 **(2)**）を示したものであると考えられている。

＊8｜自己物の時効取得を否定する説

自己物の時効取得を否定して，次のような主張をする見解がある。Qにとって甲土地が「他人の物」となった時，つまりRが登記を備えた時から時効期間が起算される。そのため，Qは，その時から時効期間，甲土地の占有を継続しないと，そもそも時効取得をすることができない。この意味において，(ii) のルールは，修正を受ける。自己物の時効取得を肯定する見解と否定する見解との対立について，詳しくは，［総則・判例**26**］の解説を参照。

＊9｜一物一権主義

一物一権主義には，①同一の物については，同一の内容の物権は，1個しか成立しないという意味と，②1個の物権の客体は，1個の物でなければならないという意味との2つがある。本文における一物一権主義は，①の意味での一物一権主義である。

10 中間省略登記請求権

最高裁昭和40年9月21日判決（民集19巻6号1560頁）　▶百選Ⅰ-49

事案をみてみよう

Aは，子Yに本件建物を売り渡し，移転登記を済ませた。Yは，父Aがかねてから Bに対して負っていた債務を弁済することと，これを行わなかった場合には本件建物をもって代物弁済する旨の契約をBと締結した。その後，Yが約束の期日までに弁済をしなかったため，Bが本件建物の所有権を取得した。Bは，その登記を経由しないまま，Xに本件建物を売却し，代金を受領した。そこで，Xは，Bから同意を得ているとして，自分に直接に登記を移転することをYに請求した。

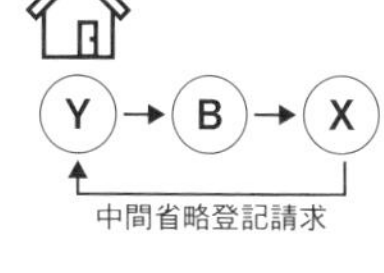

読み解きポイント

実体的には甲→乙→丙（Y→B→X）と所有権が移転した場合において，丙は，現在の登記名義人である甲に対して，直接に自分に登記を移すこと（甲→丙〔Y→X〕の移転登記），すなわち，中間省略登記（中間者乙〔B〕を登記に反映しない登記）を請求することは許されるだろうか。

判決文を読んでみよう

「実体的な権利変動の過程と異なる移転登記を請求する権利は，当然には発生しないと解すべきであるから，甲乙丙と順次に所有権が移転したのに登記名義は依然として甲にあるような場合に，現に所有権を有する丙は，甲に対し直接自己に移転登記すべき旨を請求することは許されないというべきである。ただし，中間省略登記をするについて登記名義人および中間者の同意ある場合は別である。（論旨引用の当裁判所判決〔解説Ⅱ1を参照〕は，すでに中間省略登記が経由された後の問題に関するものであって，事案を異にし本件には適切でない。）本件においては，登記名義人の同意について主張，立証がないというのであるから，Xの中間省略登記請求を棄却した原判決の判断は正当であって，不動産登記法に違反するとの論旨は理由がない。また，登記名義人や中間者の同意がない以上，債権者代位権によって先(ま)ず中間者への移転登記を訴求し，その後中間者から現所有者への移転登記を履践(りせん)しなければならないのは[*1]，物権変動の経過をそのまま登記簿に反映させようとする不動産登記法の建前に照らし当然のことであって，中間省略登記こそが例外的な便法(べんぽう)である。」

＊1　債権者代位権の転用

甲→乙→丙と所有権が移転しているのに登記が甲名義のままである場合において，乙が甲に対して移転登記を求めようとしないため，丙が自己の乙に対する移転登記請求権を実現することができないでいるとき，丙は，この請求権を被保全権利として乙の甲に対する移転登記請求権を代位行使することができる（大判明治43・7・6民録16輯(しゅう)537頁。423条の7は，これを明文化した）。これは，債権者代位権の転用といわれる丙の救済方法である。現在の所有者丙が原則として中間省略登記を請求することができないからこそ，必要となる。

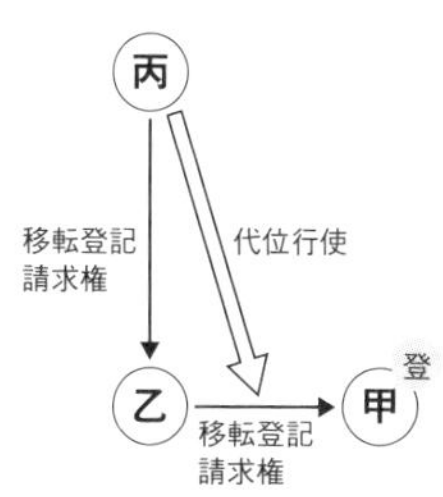

この判決が示したこと

中間者乙だけでなく，現在の登記名義人甲の同意がある場合でなければ，転得者丙は，中間省略登記を甲に請求することができない。

解説

Ⅰ. 旧法下での登記手続

平成16年に新しい不動産登記法が制定されるまでは（その後については，解説Ⅳを参照），売買を原因とする所有権の移転につき登記を申請するには，売買契約書を登記原因証書として不動産登記所に提出するのが本則であった。甲・乙間と乙・丙間の2度の売買があったのであれば，各所有権移転登記手続においてそれぞれの売買契約書が提出された。しかし，売買契約書は，紛失等のために提出できないことがある。そこで，申請書副本（申請書のコピー）を売買契約書の代わりに提出して登記手続を申請することも許されていた。この申請書副本を使えば，真の物権変動の過程を隠して，甲から丙に直接に所有権が移転したとする登記の申請を容易に行うことができた。このような中間省略登記は，登録免許税（資産の権利移転に課税される国税。本判決の当時は，建物の価格の5%の納付が必要とされた。現在は2%である）や司法書士への報酬の支払を節約するために頻繁に行われていた。

Ⅱ. 判例の推移

中間省略登記をめぐる判例は，すでに行われている中間省略登記の抹消を請求することの許否と，これから中間省略登記を請求することの許否とで問題を区別する必要がある。

1 ▸▸ 中間省略登記の抹消請求の許否

大審院は，当初，中間省略登記は無効であると考えていた。だが，しばらくすると，中間省略登記であっても，中間者の同意のもとでされたものであれば有効であり，その抹消は許されないとの見方に転じる。最高裁は，さらに進んで，中間者乙に登記の抹消を求めることの正当な利益[*2]がない場合には，その同意なく中間省略登記が行われたときであっても，中間者はその抹消を求めることができないとの立場を明らかにした（最判昭和35・4・21民集14巻6号946頁。本判決のかっこ書にある「論旨引用の当裁判所判決」とは，この判例を指す）。

＊2｜中間省略登記の抹消請求を正当化する中間者の利益

「正当な利益」は，典型的には，中間者（乙）が転得者（丙）から代金を受領していない場合に存在する。この場合の中間者は，本来，代金の支払と引き換えでなければ転得者に登記を取得させる必要がない（同時履行の抗弁権。533条）。

2 ▸▸ 中間省略登記の請求の許否

現在の登記名義人および中間者の同意があるときは，転得者は中間省略登記を請求することができる。これが大審院以来の判例の立場である。本判決は，その立場を踏襲し，原則として実体に反する請求権は生じないとしながら，例外として登記名義人と中間者の同意がある場合に限り，中間省略登記請求権が生じることを認める。

Ⅲ. 中間省略登記を認めない理由と認める理由

1 ▸▸ 第三者の保護

甲→乙→丙という所有権の移転があったのに，甲→丙の登記がされていたとして，丙から丁が不動産を譲り受けたとする。登記にあらわれていない乙→丙の所有権の移転原因（売買契約等）に無効事由があった場合，丁は，登記の記載から丙を真の所有者であると信じていたとしても，所有権を取得することができない。登記に公信力がないからである[*3]。そうだとすると，丁が事前に真の権利関係を調べるための手がかりを得られるよう，登記に乙→丙の物権変動の過程も明らかにされていることが望ましい。このような不動産登記の理想を強調すると，中間省略登記は常に無効であり，これを新たに請求することも当然に許されない，との考えにいたりやすい。大審院の初期の立場の背後には，このような理解があった。

2 ▸▸ 登記名義人と中間者の保護

もっとも，すでに存在する中間省略登記すべてを無効とすると，安易に登記を信頼することができなくなり，かえって登記制度全体に対する不信を招きかねない。そこで，物権変動の過程を反映していないとしても，現在の権利状態を明らかにする登記であれば，それを有効なものとみる必要が出てくる。ここに，判例が既存の中間省略登記の抹消請求の許否について態度を改めた理由がある。もちろん，現在の登記名義人や中間者の利害を無視することはできない。このため，判例は，中間者の同意がないとしても登記を抹消することについて中間者に正当な利益がない場合には，中間省略登記の抹消請求は許されないとする（前掲最判昭和 35・4・21）。

その一方で，本判決は，登記名義人と中間者の同意がある場合に限って，中間省略登記の請求を認める。既存の登記の抹消請求に関する判例の立場からすれば，それらの者の同意がなくとも，請求を拒むことにつき正当な利益がないのであれば，中間省略登記の請求を許すべきように思えるし，現にそう主張する学説もある。しかし，中間省略登記は推奨されるものではないのだから，それを広く認めようとしない最高裁の立場も十分に理解できる。

Ⅳ. 不動産登記法の改正の影響

新たな不動産登記法の下では，登記原因を証明する情報の提出が必須になり，従来のような中間省略登記の申請ができなくなった。

もっとも，旧法下で行われた中間省略登記は存在し続けているのだから，それが有効かどうかは今後も問題となりうる。また，登記手続上は申請が困難になったとしても，実体法上の請求権として中間省略登記請求権があるかどうかは別の問題である。裁判で実体法上の権利としてその存在が認められたならば，判決による申請（不登 63 条）の形でその申請を行うことは今なお可能であって，本判決の理解は不動産登記法の改正を経た今も維持されている，と考えることはできる。その一方で，新たな不動産登記法は物権変動の過程の公示をより厳格に求めるようになったのだから，旧法下における本判決の立場は見直される，との予測もなりたつ[*4]。今後の動向に注意が必要である。

＊3｜登記に対する信頼の保護

動産の占有には公信力があるため，無権利者丙から動産を買い受けた丁は，即時取得（192条）によってその所有権を取得しうる。これに対して，不動産の登記には公信力がないから，無権利者丙から不動産を買い受けた丁は，原則としてその所有権を取得することができない。実体に反する登記を信頼した丁は，94条2項の類推適用による保護を受けうるが，この法理は，最判昭和29・8・20民集8巻8号1505頁以後に確立したものである。

＊4｜関連判例

最判平成22・12・16民集64巻8号2050頁は，甲→乙→丙と所有権が移転したにもかかわらず，登記名義が甲のままである場合において，現在の所有者丙が甲に対して真正な登記名義の回復を原因とする所有権移転登記手続（実質は甲から丙への登記）を請求した事案において，これを否定したが，その理由として，物権変動の過程を忠実に登記記録に反映させようとする不動産登記法の原則を指摘していた。一部の学説は，このような論拠と結論を，新不動産登記法が上記原則をより重視するようになったことのあらわれと解したうえで，中間省略登記請求に関する最高裁の態度も改められるであろうとの予想をする。

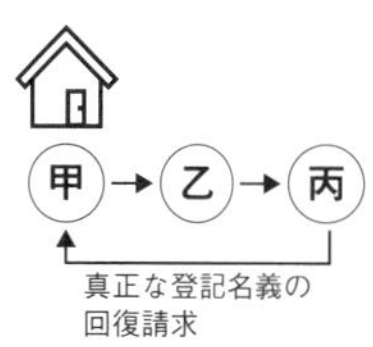

11 占有改定と即時取得

最高裁昭和35年2月11日判決(民集14巻2号168頁) ▸百選Ⅰ-64

*｜
実際の事件を単純化して紹介する。

事案をみてみよう*

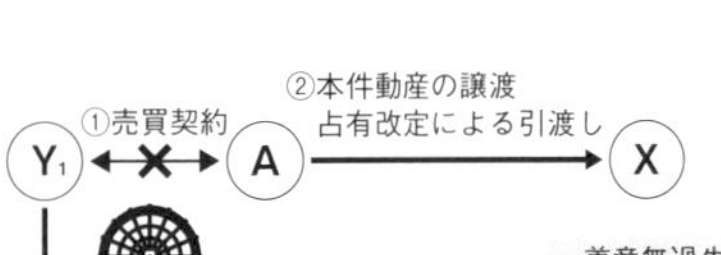

岡山県のある集落の一部住民(まとめてY_1とする)は,水車,発電機,これに付属する機械器具(本件動産とする)を共同で所有していた。その管理は,数名の代表者が行っていた。

あるとき,代表者の一人であるAがこれらの動産を買い受けることになり,売買契約が締結された。この契約には,「期日に支払いができないときは契約が無効になる」と定められていたが,結局,Aは代金を全額支払うことができず,売買契約は失効した(①)。ところが,Aは,本件動産を,Xに売却してしまった[*1]。Aは,本件動産が収納してある倉庫の鍵を所持し,本件動産を直接占有していたため,占有改定(183条[*2])の方法によりXに本件動産を引き渡した(②)。このとき,Xは,Aが本件動産の所有者であると信じており,そう信じたことについて過失はなかった。

一方,Aに本件動産を売ることができなかったY_1は,Y_2に本件動産を売却した。この売買契約については,事前にAも同意し,別の代表者Bに倉庫の鍵を渡していたため,すぐに,Y_2に対して本件動産の現実の引渡し(182条1項)がされた(③)。

後日,Xが本件動産を倉庫から出そうとしたところ,Y_1に阻止され,Y_2が本件動産を運び去った。そこで,Xは,Y_1,Y_2らに対して,本件動産の所有権の確認および引渡しを求めて訴えた。

*1｜他人物売買
Y_1とAとの間の売買契約が失効してしまったため,Aは,本件動産の所有権を持っていない(本件動産の所有権は,Y_1が持っている)。とはいえ,民法上,他人物の売買契約は有効であるため(561条),本件においても,AとXとの間の売買契約は有効である。

*2｜占有改定
占有改定とは,民法が定める占有の取得方法の1つである。具体的には,PがQに自転車を譲り渡したものの,Qの家には,自転車をとめるスペースがないため,自転車はそのままPが預かっておくことにする,といった場面がこれにあたる。183条によれば,PがQのために自転車を預かっておくことを合意すれば,Qは自転車の占有を取得することができるのである。この場面では,自転車の状況には,外から見て何の変化も生じていないが,占有の移転があったことになる。

読み解きポイント

本件におけるAは,所有権を持たない無権利者なので,Xは,Aから所有権を譲り受けることはできない。しかし,Xは,192条が定める即時取得により,所有権を原始取得[*3]する可能性がある。そこで,Xが即時取得の要件を満たしているか問題となったのが本件である。

事案をみてみると,本件では,Xは,占有改定の方法により占有を取得している。では,占有改定により占有を取得した場合にも,即時取得が認められるか。

判決文を読んでみよう

「無権利者から動産の譲渡を受けた場合において,譲受人が民法192条によりその所有権を取得しうるためには,一般外観上従来の占有状態に変更を生ずるがごとき占有を取得することを要し，かかる状態に一般外観上変更を来さないいわゆる占有改定の方法による取得をもっては足らないものといわなければならない〔大判大正5・5・16民録22輯961頁，最判昭和32・12・27民集11巻14号2485頁参照〕。」

この判決が示したこと

192条により動産の所有権を即時取得するためには，外から見て占有に変化があったとわかるような態様での占有の取得が必要である。そして，占有改定の方法で占有を取得した場合には，外から見て占有に変化があったとはわからないので，即時取得をすることはできない。

解説

Ⅰ. 問題の所在

192条は，①取引行為によって，②平穏にかつ公然と，③動産の占有を始めた者は，④善意無過失である場合には，その動産上の権利を即時取得することができると定めている。本判決で問題となったのは，③の「占有を始めた」とは，どのようなことをいうのかである。

そこで民法の条文を見てみると，民法は，占有の取得方法を4つ定めている。現実の引渡し（182条1項），簡易の引渡し（同条2項），占有改定（183条），指図による占有移転（184条）の4つである。このうち，後半の3つでは，物の物理的な状況に変化が生じるわけではないが，占有の取得が認められる（観念的引渡し）。

では，このような占有の取得は，192条の「占有を始めた」にあたるであろうか。

本判決は，即時取得により所有権を取得するためには，「一般外観上従来の占有状態に変更を生ずるがごとき占有」，すなわち，外から見て占有に変化があったとわかるような態様での占有の取得が必要であるとして，占有改定による即時取得を認めなかった。ところが，なぜそのような占有が必要であるかについての説明はしていない。以下では，最高裁の判断の理由を考えてみよう。

Ⅱ. かつての考え方

1つの考え方は，本判決が引用する大審院判決に示されている[*4]。大審院判決は，即時取得制度の沿革から，占有改定による即時取得を否定する[*5]。そして，本判決の控訴審も，大審院と同じような判示を行っていた。

Ⅲ. 本判決の理解

ところが，本判決は，控訴審とは少し違う言い回しを採用した。即時取得制度の沿革にかかわる部分をカットした判示を行ったのである。このことから，本判決は，即時取得制度の沿革を主な理由として判断を下したわけではないと考えられる。

では，なぜ即時取得のためには，「一般外観上従来の占有状態に変更を生ずるがごとき占有」が必要なのであろうか。今度は，即時取得制度の趣旨から，この点を考え

＊3｜原始取得
「原始取得」とは，ある権利を他人の権利に基づかず，独立に取得することをいう。即時取得のほかにも，時効取得（162条・163条）や無主物先占（239条1項）などがある。
「原始取得」の反対の概念は，「承継取得」である。こちらは，売買や相続のように，他人の権利を受け継ぐことで，権利を取得することをいう。

＊4｜
大審院は，192条の「占有を始めた」とは，一般外観上従来の占有事実の状態に変更を生じ，占有を他人に一任しておいた権利者のその他人に対する追及権を顧慮しないでも，一般の取引を害するおそれのないような場合をいうとしていた。

＊5｜即時取得の沿革
即時取得の沿革とされているのは，ゲルマン法の「手が手を守れ（Hand wahre Hand）」という原則である。この原則によれば，動産の所有者が相手方を信頼して動産の占有を与えた場合には，その相手方に対しては動産の返還を請求することができるが，相手方が所有者を裏切って第三者に占有を渡してしまった場合には，その第三者に対しては，返還を請求することができない。この場合には，第三者の保護が優先し，所有者の追及権が制限されるのである。
ところが，占有改定の場合には，動産を預けられた相手方は，いまだ動産を第三者に渡してはおらず，所有者の信頼が裏切られたわけではないので，追及権の行使が可能であり，したがって，即時取得は認められないということになる。

てみよう。

192 条が動産の即時取得を認めている趣旨は，無権利者を権利者であると信じて取引を行ってしまった第三者の保護にある。つまり，取引の安全が即時取得制度の趣旨である。このような趣旨からすれば，第三者がどのような方法で占有を取得したかは，第三者が保護されるべきかどうかという問題とは，関係がないようにも思われる。

しかし，即時取得においては，第三者が保護される反射として，真の権利者が権利を奪われる結果が生じる。本件にあてはめてみると，X に即時取得が認められれば，反対に，本件動産を取得できたはずの Y_2 の所有権が失われることになる。

それにもかかわらず第三者（X）が保護されるためには，単に取引の相手方（A）を信じたというだけでは足りず，保護に値するだけの立場にあることが必要である。そこで，占有改定のような形で占有を取得した第三者は保護に値せず，外から見てわかるような占有を取得した第三者だけが保護されるべきである，と考えられる。

本件における X は，A が本件動産の所有者であると過失なく信じていたが，いまだ占有改定による引渡ししか受けていなかったことから，保護に値する第三者とは認められなかった，と説明することができる。

Ⅳ. 指図による占有移転の場合

以上のような本判決の理解からは，占有改定と同じように，外から見て占有の状態に変更があったとわからないような方法によって占有が移転された場合には，即時取得が認められないのではないか，との疑問が生じてくる。具体的には，指図による占有移転[*6]によって，即時取得が認められるかが問題となる。

古い判例は，P が Q に占有を委託していた動産を，Q が勝手に R に売却し占有改定により引き渡し，さらに，R が S に売却し，今度は指図による占有移転によって引き渡した（動産は依然として Q が直接占有している）という事案において，外観上従来の占有状態に変更がないとして，S による即時取得を否定した（大判昭和 12・9・16 法律新聞 4181 号 14 頁〔**図 1** 参照〕。なお，実際の事案は，競売が関わっており，もう少し複雑である）。

他方，P が所有する動産の引渡しを受けた Q が，動産の占有を R に委託し，その後，動産を S に売却し，指図による占有移転によって引き渡したという事案について，最高裁は，S の即時取得を認めた（最判昭和 57・9・7 民集 36 巻 8 号 1527 頁〔**図 2** 参照〕）。

このように，指図による占有移転によって即時取得が可能かどうかについて，判例は，事案によって結論を変えている点に注意が必要である。

＊6 「指図による占有移転」

指図による占有移転（184 条）とは，以下のような占有移転の方法である。P は，自分の自転車を Q に預けていた。P は，自転車を R に売却し，P・R の合意のもと，預け先の Q に対して，今後は R のために自転車を預かるように指示をした。これによって，P から R に占有が移転したことになる。このように，代理占有の場面で，本人が代理人に対して指示をすることによって，占有を移転することができるのが，指図による占有移転である。

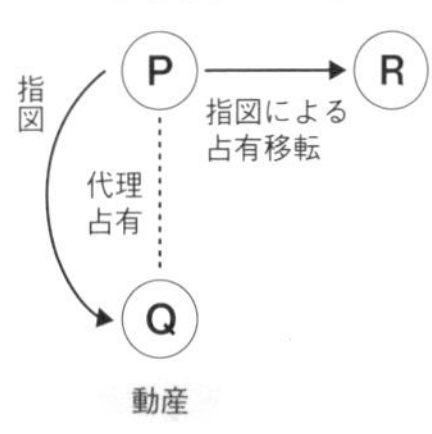

図 1：即時取得の否定例

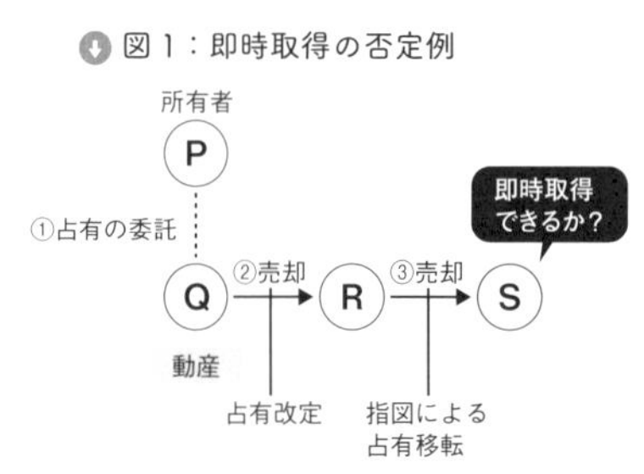

図 2：即時取得の肯定例

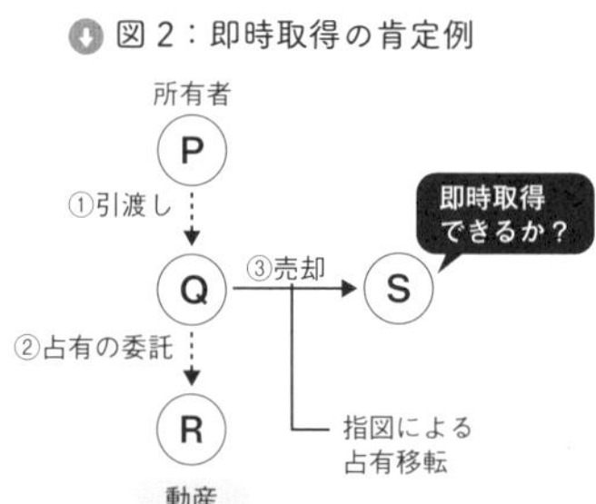

解除と登記

1. 問題の所在

［判例 **05**］では，「取消しと登記」というテーマについて学んだが，これとよく似たものとして，「解除と登記」というテーマがある。とはいえ，契約の解除については，債権各論（契約法）で学ぶことになるため，本書の読者のなかには，解除についてよく知らない方も少なくないかもしれない。そこで，もう一歩先のテーマとして，ここで，解除と登記についてふれておきたい。

まずは，土地の売買契約（555 条）を例にして，解除とは何かを紹介しておこう。売主が契約どおりに土地を引き渡して登記を移転したにもかかわらず，買主が期日になってもその代金を支払わない場合，売主は，民法が定める要件を満たせば，売買契約を解除することができる（541 条・542 条)。解除により，売買契約は終了する。

問題となるのは，その後始末である。まず，買主が負う代金債務のように，履行されていない債務（未履行債務）は，解除により消滅する。買主は，代金を支払わなくてよくなるということである。他方，売主は，すでに土地を引き渡して登記も移転してしまっているが，この土地はどうなるのであろうか。判例・通説は，解除による契約消滅の効果は，契約成立時にさかのぼって生じると解している（直接効果説）。つまり，契約は最初からなかったことになるので，売主から買主への土地の所有権移転もなかったことになり，買主は売主に土地を返還しなくてはならない。545 条 1 項本文が定める解除による原状回復義務は，このことを指すと解されている。

2. 解除前の第三者

次に，解除と第三者との関係を検討する。売買契約が解除される前に，買主が，土地を第三者に売ってしまっていたらどうであろうか。解除によって，さかのぼって買主が無権利者になるとすれば，第三者も，土地の所有権を取得することができず，第三者が害されることになる。そのため，545 条 1 項ただし書は，解除により第三者の権利を害することはできないと定めている。この規定は，解除の遡及効を制限し，第三者を保護するものと解されている。つまり，上記の具体例でいえば，売主が土地の売買契約を解除したとしても，第三者は，土地の所有権を失うことはない。

ただし，判例は，第三者が保護されるためには，第三者が登記を備えている必要があるという（2 つとも合意解除の事案であるが，最判昭和 33・6・14 民集 12 巻 9 号 1449 頁，最判昭和 58・7・5 判時 1089 号 41 頁)。最高裁は，この場面にも 177 条が適用され，第三者は登記を備えない限りは保護されないとする。これに対して，学説は，登記が必要であるという結論には賛成しつつも，177 条の適用には疑問を呈する。なぜなら，解除の効果を遡及効と理解するのであれば，買主は解除の結果，無権利者となるのであり，177 条が適用される場面とは異なるからである。そこで，学説は，この場面では，第三者は権利保護資格要件として，登記を備える必要があると説明する。

3. 解除後の第三者

では，売主が売買契約を解除した後，土地の登記名義を回復する前に，買主が第三者に土地を売ってしまった場合はどうか。判例は，解除により，土地の所有権が売主に復帰するとみて（復帰的物権変動)，これを第三者に対抗するためには，売主が登記を備える必要があるとした（下図参照。最判昭和 35・11・29 民集 14 巻 13 号 2869 頁〔百選Ⅰ-52〕。なお，この判例では，土地の売主が，契約解除後に，買主に対して抹消登記手続を求める訴訟を提起しており，その旨の予告登記があったにもかかわらず，第三者が登場したという事案が問題になった)。

学説は，「復帰的物権変動」という説明が，解除の遡及効という理解と相容れないと批判しており，この点は，「取消しと登記」の場合と共通である（［判例 **05**］解説Ⅳ参照)。この学説は，売主に登記を放置したといった帰責性がある場合には，94 条 2 項類推適用により，善意（無過失）の第三者を保護するべきであるとする。

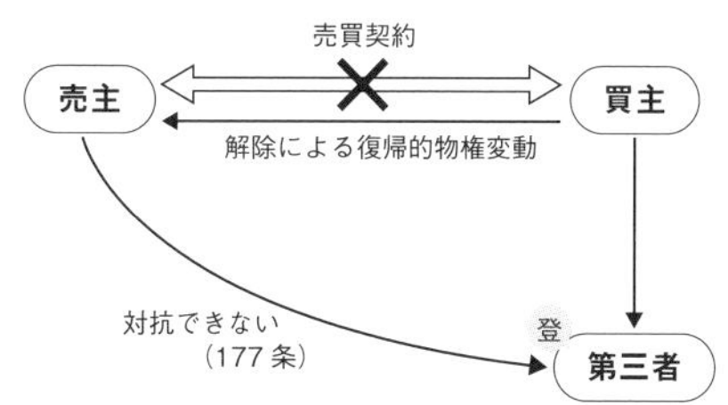

Step Up
もう一歩先へ

令和３年不動産登記法改正等——相続と登記

1．所有者不明土地の発生の予防

所有者不明土地とは，不動産登記簿により，所有者がただちに判明しない，または判明しても連絡がつかない土地をいう。所有者不明土地が発生する原因の１つとして，所有権の登記名義人が死亡して相続が開始しているにもかかわらず，その者が所有権の登記名義人となっていることが挙げられる。そこで，令和３年不動産登記法改正等では，所有者不明土地の発生の予防という観点から，相続登記の申請が義務づけられる（2）とともに，その負担軽減策が講じられた（3や4など）。

2．相続登記の申請の義務づけ

Ｐが死亡した。相続人は，子Ａ・Ｂ・Ｃである。Ｐの遺産には，Ｐを所有権の登記名義人とする甲土地があった。⑴ Ａ・Ｂ・Ｃは，Ｐが死亡した日に，それぞれ甲土地を相続したことを知った。⑵ ⑴の２年半後，Ａ・Ｂ・Ｃの間で，Ａが甲土地の所有権を取得する旨の遺産分割協議がされた。

⑴では，Ａ・Ｂ・Ｃは，甲土地について，相続により各々法定相続分である３分の１に応じた共有持分を取得している。そこで，Ａ・Ｂ・Ｃは，「自己のために相続の開始があったことを知り，かつ，当該所有権を取得したことを知った日」，ここではＰが死亡した日から３年以内に，各々登記申請義務を負う（不登76条の２第１項前段）。Ａ・Ｂ・Ｃは，法定相続分での相続登記を申請することによって，その登記申請義務を履行することができる。この登記は，Ａ・Ｂ・Ｃの共有持分の割合を各々３分の１とするＰからＡ・Ｂ・Ｃへの相続を原因とする所有権移転登記である。この登記では，Ａ・Ｂ・Ｃ全員を権利者とする登記がされる。この登記は，登記権利者Ａ・Ｂ・Ｃの単独申請によっておこなう（不登63条２項）。この場合には，そのうちの１人が，保存行為（民252条５項）として，これを申請することができる。そして，たとえば，Ａが法定相続分での相続登記を申請し，その登記がされたときは，ＢやＣもその登記申請義務を負わなくなる（不登76条の２第３項）。

⑵では，Ａは，遺産分割の日から３年以内に，遺産分割の結果を反映した登記を申請する義務を負う（同条１項前段）。他方で，Ｂ・Ｃは，⑴での登記申請義務を負わなくなる。法定相続分での相続登記がされた後，⑵と異なり，Ａ・Ｂ・Ｃの間で，甲土地について，Ａが５分の４，Ｂが５分の１の共有持分を取得する旨の遺産分割協議がされたとき（以下「⑵の修正ケース」という）は，法定相続分を超えた取得者Ａのみが，遺産分割の結果を反映した登記を申請する義務を負う（同条２項）。

登記申請義務を負う者が正当な理由がないのにその申請を怠ったときは，その者は，10万円以下の過料に処せられる（不登164条１項）。

3．相続人申告登記

⑴において，Ａ・Ｂ・Ｃは，法定相続分での相続登記の申請ではなく，相続人申告登記の申出によって，その登記申請義務を履行することもできる（不登76条の３第２項）。相続人申告登記は，権利変動を公示する一般の登記ではなく，相続の開始と相続人とされる者とを報告的に公示する簡易な登記である。この登記は，申出をした相続人についてのみされる。Ａのみが相続人申告登記の申出をし，その登記がされたとしても，ＢやＣがその登記申請義務を負わなくなるわけではない。

⑵では，Ａは，相続人申告登記の申出によっては，遺産分割の結果を反映した登記を申請する義務を履行することができない（同項括弧書）。相続人申告登記がされた後，⑵の修正ケースがあったときは，法定相続分を超えた取得者であるかどうかにかかわらず，つまりＡ・Ｂ双方が，前記の登記を申請する義務を負う（同条４項）。

4．相続登記に関する登記手続の簡略化

⑵について，従来の不動産登記実務の運用では，Ａは，遺産分割の結果を反映した登記をするため，①法定相続分での相続登記がされていないときは，ＰからＡへの相続を原因とする所有権移転登記を単独で申請し，②法定相続分での相続登記がされているときは，Ｂ・ＣからＡへの遺産分割を原因とする持分移転登記をＢ・Ｃとの共同で申請することとされていた。この運用は，次のように見直されている。すなわち，Ａは，②について，更正登記を単独で申請することができる。更正登記は，登録免許税の負担が軽い（不動産１個につき，1000円）。その登記原因は，性質上は，「錯誤」である（不登２条16号）ものの，わかりやすさ等の観点から，「遺産分割」とするものとされている。

Introduction

3

Contents

所有権

ぼくのおじいちゃんちは，農家。おじいちゃんの作るお米は，すごくおいしいんだよ。そういえば，おじいちゃんは，余分な農地を売ろうとしているんだけど，「法律があって色々面倒だ」ってぐちをこぼしていたな。自分の土地なのに，なんで自由に売れないんだろう？

1．所有権の内容と制限

206条によれば，所有権とは，物を自由に使用・収益・処分することができる権利である。しかし，所有権も，社会の中に存在する権利である以上，政策の実現や他人の権利の尊重のために，一定の制約を受けることがある。206条も，「法令の制限内において」という制約をつけている。たとえば，農地法3条は，農地の所有権を移転するには，原則として農業委員会の許可を得なければならないと定めており，エンピツくんのおじいさんのいう「色々な面倒」とは，このことを指す。農地法は，農家の地位の安定や農業生産の増大によって，食料の安定供給を確保するという政策目的から，農地の所有者の処分の自由などを制約している。

このほかにも，1条3項により，権利の濫用となるような所有権の行使は禁じられる（[総則・判例 **01**] 参照)。また，民法の相隣(そうりん)関係の規定による制約もある。209条～238条には，隣地の使用や通行に関する規定，水流に関する規定，土地の境界に関する規定が置かれている。これらの規定により，土地の所有者は，他人の土地のために自らの土地の利用を制約されることがある〔判例 **12**〕。

2．所有権の取得

(1) さまざまな所有権取得原因

では，人は，どのようにして所有権を取得するのであろうか。民法には，さまざまな取得原因が定められているが，これらのうち，売買や相続による所有権取得については，物権変動の問題としてすでに学んだ〔判例 **03**〕〔判例 **04**〕〔判例 **06**〕。

(2) 添付

所有権取得に関するルールが特に難しいのは，添付(てんぷ)による場合である。添付とは，所有者が異なる2つ以上の物が結合して分割できなくなった場合（付合，加工）などを指す。このとき，誰に所有権が帰属するかなどについて規定がある（242条～248

条)。たとえば，A が所有する建物を B に賃貸していたところ，B が建物を増築した場合，増築部分の所有権は，誰に帰属するか，といったことが問題になる〔判例 **13**〕。

(3) 金銭所有権

なお，金銭の所有権には，取得の場面などで普通の所有権とは異なるルールが適用される。この点については，〔判例 **14**〕で学ぶ。

3. 共有

(1) 単独所有と共同所有

1 つの物を 1 人の人が所有する場合(単独所有)だけではなく，1 つの物を複数の人が所有することもある(共同所有)。共同所有の場面では，共同所有者の中でトラブルが生じた場合に，それをどう処理するのか，そして，外部の者との間でトラブルが生じた場合に，誰がそれを処理するのか，といった問題があることから，単独所有よりも複雑なルールが必要になる。

(2) さまざまな共同所有

一口に共同所有といっても，1 つの物を複数の人が所有する場面は，多様である。

たとえば，大学のサッカーサークル(法人格はない)で，メンバーから会費を集めて，ボールを購入したという場面では，メンバーがボールを共同所有していると言えよう。しかし，「所有している」といっても，各メンバーは，勝手にボールを使ったり処分したりできるわけではないし，サークルを脱退するときに，自分の分のボールをもらえるわけでもなかろう。ここでは，サークル(団体)のルールによって，メンバー(構成員)一人ひとりの物に対する権利は，大幅に制約されている。

これに対して，団体とは関係のない共同所有の場面もある。たとえば，甲不動産を所有する A が死亡し，A の子である B・C が甲不動産を相続し，2 人の共同所有となったという場面がある。また，上で学んだ添付により，共同所有の状態が生じることもある。民法は，このような場面を「共有」と呼び，249 条以下に規定を置いている。

(3) 共有の内部関係

共有をめぐるルールは，大きく 2 つに分けることができる。

1 つは，共有者の中で問題が生じたときに，それをどう解決するかについてのルールである。共有物に変更を加えたい場合に，どうすればよいのかについての規定(251 条)等がある。本書では，ある共有者が，他の共有者に対して，不動産の明渡請求をすることができるかという問題を取り上げる〔判例 **15**〕。また，共有物を分割する場合に，どうするのかについても学ぶ〔判例 **16**〕。

(4) 共有の外部関係

もう 1 つは，外部関係に関するルールである。たとえば，共有物である不動産に不法占有者がいる場合に，誰が明渡請求をすることができるのか，共有物である不動産について虚偽の登記がある場合に，誰がそれを是正することができるのか，といったことが論じられている。

12 公道に至るための他の土地の通行権

最高裁平成18年3月16日判決(民集60巻3号735頁)

事案をみてみよう

Xは，千葉県船橋市に1万7000 m^2 あまりの土地（甲土地）を所有している。甲土地は，西側に川の堤防があり，東側から北側を公共施設である緑地，南側を第三者が所有する土地に囲まれており，北側の一部で市道に接している。ところが，土地の形状から（図1参照），甲土地から徒歩で市道に至ることはできるものの，自動車を使おうとすると，軽自動車であっても切り返しをしなければ出入りをすることができない状況にある。Y（千葉県）が所有する土地（乙土地）を通行することができれば，スムーズに自動車で市道に至ることができる。

図1

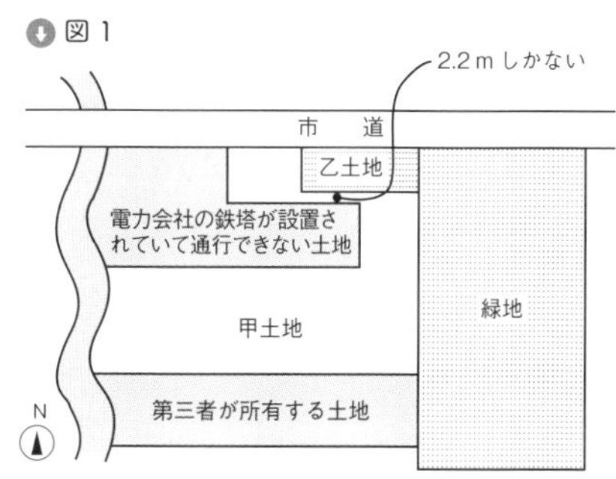

そこで，Xは，Yに対して，210条が定める公道に至るための他の土地の通行権（以下「210条通行権」）を有することの確認を求めて訴えた。[*1]

*1 そもそも，この辺一帯は，昭和46年ごろまでは農地であったが，緑地の東側に住宅地（Aニュータウン）が造成されることになり，甲土地は，残土処理場として利用された。その後，甲土地は，野球グラウンドとして，船橋市に賃貸された。この時期には，緑地の中に東側のニュータウンに通じる道路があり，残土を運搬するダンプカーや野球グラウンドに行く自動車が通行していた。平成11年になって，Xは，甲土地を墓地として造成することを計画した。ところが，これに対して，Aニュータウンの住民から反対運動が起こった。そこで，Yは，緑地内の道路を歩行者専用道路とし，平成12年には，道路の入口にポールを立て，自動車が通行できないようにしてしまった。これによって自動車で公道に出ることができなくなったXが，乙土地の通行権の確認を求めて訴えたのが本件である。

読み解きポイント

甲土地のように，徒歩で公道に至ることができる土地について，自動車の通行を目的とする210条通行権は認められるか。また，認められる場合があるとして，自動車の通行権が認められるか否かは，どのようにして判断されるのか。

判決文を読んでみよう

「210条通行権は，その性質上，他の土地の所有者に不利益を与えることから，その通行が認められる場所及び方法は，210条通行権者のために必要にして，他の土地のために損害が最も少ないものでなければならない（民法211条1項）。」

「現代社会においては，自動車による通行を必要とすべき状況が多く見受けられる反面，自動車による通行を認めると，一般に，他の土地から通路としてより多くの土地を割く必要がある上，自動車事故が発生する危険性が生ずることなども否定することができない。したがって，自動車による通行を前提とする210条通行権の成否及びその具体的内容は，他の土地について自動車による通行を認める必要性，周辺の土地の状況，自動車による通行を前提とする210条通行権が認められることにより他の土地の所有者が被る不利益等の諸事情を総合考慮して判断すべきである。」

この判決が示したこと

① 徒歩で公道に至ることができる土地についても，自動車の通行を前提とする210条通行権が認められる場合もある。

② 自動車による通行を前提とする210条通行権の成否およびその具体的内容は，（ⅰ）自動車による通行を認める必要性，（ⅱ）周辺の土地の状況，（ⅲ）他の土地の所有者が被る不利益等の諸事情を総合考慮して判断する。

解説

Ⅰ．210条通行権の概要

1 ▸▸ 210条

210条は，「他の土地に囲まれて公道に通じない土地の所有者は，公道に至るため，その土地を囲んでいる他の土地を通行することができる」と定めている。この条文の「他の土地に囲まれて公道に通じない土地」のことを，袋地と呼ぶ。そして，「その土地を囲んでいる他の土地」のことを，囲繞地といい，平成16年改正（民法の現代語化）前の民法下では，210条通行権のことを，囲繞地通行権と呼んでいた（図2参照）。

210条通行権の趣旨は，袋地の活用にある。ある土地を持っていたとしても，公道に至ることができないとすれば，その土地で生活することもできないし，農業等に使うこともできない。つまり，袋地は，何の利用価値もない土地になってしまう。このような事態を避けるために，民法は，210条通行権を認めて，袋地を活かそうとしている。[*2] 以上のように，袋地の活用が目的であることから，210条通行権は，囲繞地の所有者が通行を拒んでいる場合にも認められる。本件でも，YがXの通行を拒んでいるにもかかわらず，最終的には，Xの通行権が認められた。

2 ▸▸ 211条

210条は，通行権の成立について定めている一方，続く211条は，どのような内容の通行権が認められるかを定める。211条1項は，「通行の場所及び方法は……通行権を有する者のために必要であり，かつ，他の土地のために損害が最も少ないものを選ばなければならない」と定めている。211条1項によれば，210条通行権の内容は，通行の必要性や囲繞地所有者の不利益を考慮して決まることがわかる。

Ⅱ．210条の袋地とは

1 ▸▸ 2つの考え方

210条の袋地がどのような土地のことを指すのかについては，2つの考え方がある。

図2の袋地のように，全く公道に接していない土地（絶対的袋地）のみが210条の袋地であり，公道に通じる通路がある場合には，それがどんなに不便なものであっても，袋地ではないという考え方もある（絶対主義）。

しかし，判例や学説は，この考え方を採用していない。たとえ，公道に至る通路があるとしても，土地をその用途に応じて利用するために不十分であれば（図4），袋地にあたり（相対的袋地），210条通行権が認められることがあるのである（相対主義）。

図2

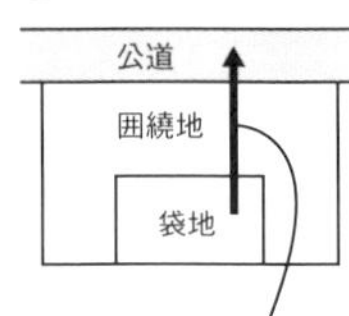

＊2｜通行地役権

民法には，210条通行権のほかに，他人の土地を自己の土地の便益のために通行することができる「通行地役権」という権利がある。この2つは，どう違うのか。

通行地役権は，民法が定める地役権の一種である。地役権は，原則として，承役地（便益を供する土地）の所有者との合意があって初めて設定される権利である。この点が，210条通行権との大きな違いである。また，通行地役権は，当事者の合意により自由に設定されるものであるから，要役地（便益を受ける土地）が，袋地でなくとも，設定できる。たとえば，図3のような場面で，駅へ行く近道のために，通行地役権が設定されることもある。この点も，210条通行権との違いであり，この場面では，210条通行権は認められない。

図3

図4

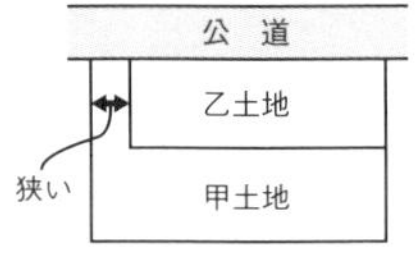

たとえば，古い判例では，採石場において，公道に至る通路があるものの傾斜が急で石材を搬出することができない，という事案において，石材を容易に搬出することができる経路で囲繞地通行権が認められた（大判昭和13・6・7民集17巻1331頁）。つまり，採石場という土地の用途からすれば，石材の搬出ルートがないという状態は，袋地と同じことなのである。*3

2 ▸▸ 本判決の意義

相対主義によると，ある土地が210条の袋地にあたるかどうかは，土地の位置関係だけでは決まらない。土地の用途，すなわち，その土地を活用するためにどのような態様の通行が必要かという要素が，袋地の判断に加わってくる。この要素は，民法の条文の構造からすれば，211条で，210条通行権の内容を決める際に考慮されるはずのものである。このような条文の構造にもかかわらず，本判決は，210条通行権の成否を判断するにあたって，211条を参照している。また，210条通行権の成否を判断する基準として，通行の必要性や囲繞地所有者の不利益等の要素を挙げている。

以上のように，本判決は，相対主義のもとでの通行権の成否の判断は，通行権の内容の判断と重なり合うことを示したという意義を有しているといえよう。

Ⅲ. 自動車の通行権

1 ▸▸ 210条をめぐる現代的問題

自動車が普及した現代においては，徒歩で公道に至ることができる場合にも，自動車の通行を前提とした210条通行権が認められるかが問題となる。

本件では，Xは，甲土地に墓地を作ることを計画しており，建墓や墓参のために自動車用の通路が必要であると主張したのに対して，Yは，公共交通機関を利用し徒歩で墓参すればいいではないかとの反論をしている。差戻控訴審では，墓石の搬入等のためにトラックが必要であること，また，自家用車が普及しており墓地利用者が自動車を使用する蓋然性が高いことが指摘され，210条通行権が認められた。

2 ▸▸ 判断基準

しかし，自動車で公道に至ることができれば便利だからといって，いつでも自動車の通行権が認められるわけではない。自動車の通行を引き受ける囲繞地の所有者の負担も少なくないからである。そのため，本判決以前の下級審裁判例も，通行権の成否をめぐって分かれていたが，本判決は，最高裁として，自動車による通行を前提とする囲繞地通行権の成否およびその具体的内容を決めるための基準を示したという意義を有している。最高裁は，(i) 自動車による通行を認める必要性，(ii) 周辺の土地の状況，(iii) 囲繞地の所有者が被る不利益等の諸事情を総合考慮して判断する，とした。

3 ▸▸ 本件の事情

では，本件において，これらの事情は，どのように考慮されたのか。差戻控訴審では，1で紹介した通行の必要性に加えて，囲繞地所有者が被る不利益が検討された。乙土地を自動車が通行することで，緑地の景観保護，環境対策等の目的が損なわれるかどうか，周辺の通行量が増え，交通事故や渋滞が発生するかどうか等が問題となったが，差戻控訴審は，いずれも否定し，210条通行権が認められる結果となった。

*3｜210条通行権の否定例

もちろん，相対主義によっても，不便な土地が袋地であると認められない場合もある。たとえば，以下のような判例がある。建築基準法43条1項は，都市計画区域または準都市計画区域内にある建築物の敷地は，原則として，2m以上道路に接しなくてはならないと定めている（これを「接道要件」と呼ぶ）。そのため，接道要件を欠く土地に（前頁図4参照），建物を新築または増築しようとしても，建築確認を受けることができず，事実上，建物の新築または増築ができないことになる。このような土地のために，囲繞地通行権が認められるかが問題となったが，最高裁は，通行権を否定した。210条は，袋地のために往来通行に必要不可欠な通路を確保することが目的であるのに対して，建築基準法43条は，避難または通行の安全を確保することを目的としており，条文の趣旨・目的が異なるため，ある土地が接道要件を満たさないという一事をもって，ただちに囲繞地通行権が認められるわけではないというのである（最判昭和37・3・15民集16巻3号556頁，最判平成11・7・13判時1687号75頁）。

13 建物の増改築と付合

最高裁昭和44年7月25日判決(民集23巻8号1627頁)　▸百選Ⅰ-69

事案をみてみよう

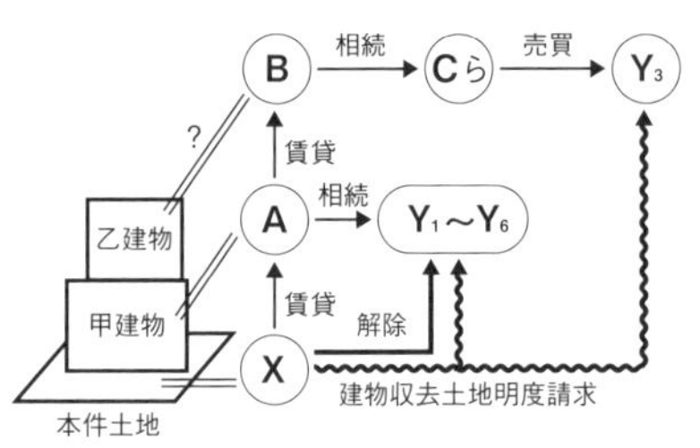

Aは，Xから，Xが所有する本件土地を建物所有の目的で賃借し，本件土地の上に甲建物（木造平家建居宅13坪＝約43 m^2）を建築した。その後，Bは，Aから，Aが所有する甲建物の一部を賃借し，甲建物の屋上に乙建物を建築した（乙建物がどのようなものであったのかについては，判決文(1)を参照)。Xは，Bが乙建物を増築することについて，Aがこれを承諾していたとしている。

Aが死亡したため，本件土地の賃借権と甲建物の所有権とは，Aの相続人 Y_1〜Y_6 に承継された。そこで，Xは，Y_1〜Y_6 に対し，AからBへと無断で乙建物の敷地部分の賃借権が譲渡され，または同部分が転貸されたとして，612条2項の規定にもとづいて敷地賃貸借契約を解除し[*1]，本件土地の所有権にもとづいて甲建物を収去して本件土地を明け渡すよう求めた。また，Bの相続人であるCらは，乙建物について所有権保存登記を備えた。乙建物については，即日，売買を原因とするCらからAの相続人の1人である Y_3 への所有権移転登記がされている。そこで，Xは，Y_3 に対し，本件土地の所有権にもとづいて乙建物を収去して本件土地を明け渡すよう求めた。

＊1｜賃借権の無断譲渡または賃借物の無断転貸

賃借人(A)が賃貸人(X)の承諾を得ずに賃借権を譲渡したり，賃借物を転貸したりした場合において，第三者(B)に賃借物を使用または収益させたときは，賃貸人は，賃貸借契約を解除することができるとされている(612条2項)。

読み解きポイント

① 建物賃借人Bが建物賃貸人Aの承諾を受けて甲建物を増改築した場合において，増改築部分である乙建物は，Bの所有に属するか(解説Ⅰ)。

② 建物賃借人にとっては，増改築部分が自分の所有に属するとされたほうが有利なようにみえる。しかし，本件では逆に，建物賃借人Bの相続人から増改築部分である乙建物を承継した Y_3 は，建物賃貸人Aから甲建物を承継した Y_1〜Y_6 とともに，乙建物が甲建物に付合し[*2]，当初からAが乙建物の所有権を取得していたとしている。このような争い方になったのは，なぜか(解説Ⅱ)。

＊2｜付合

付合とは，所有者の異なる数個の物が結合して，1個の物になったと認められる場合をいう。付合は，所有権取得原因の1つである。これには，①不動産の付合(242条)と，②動産の付合(243条)とがある。本件では，不動産の付合(①)が問題となっている。

判決文を読んでみよう

(1)「本件乙建物は，甲建物の一部の賃借人Bが昭和33年以前に自己の費用で甲建物の屋上に構築したもので，その構造は，4畳(じょう)半の部屋と押入(おしいれ)各1箇からなり，外部への出入りは，甲建物内の6畳間の中にある梯子(はしご)段を使用するほか方法がないものである」。「そうとすれば，乙建物は，既存の甲建物の上に増築された2階部分であり，その構造の一部を成すもので，それ自体では取引上の独立性を有せず，建物の区分所有権の対象たる部分にはあたらないといわなければなら」ない。

(2)「たとえＢが乙建物を構築するについて右甲建物の一部の賃貸人Ａの承諾を受けたとしても，民法242条但書の適用はないものと解するのが相当であり，その所有権は構築当初から甲建物の所有者Ａに属したものといわなければならない。」

(3)「乙建物についてＢの相続人らであるＣら名義の所有権保存登記がされていても，このことは右判断を左右するものではない。」

(4)「したがって，乙建物がＢによって構築されたことをもって，他に特段の事情の存しないかぎり，その敷地にあたる部分の賃借権が同人に譲渡または転貸されたことを認めることができない」。

この判決が示したこと

建物の増改築部分に外部への独立の出入口がないときは，その部分は，区分所有権の対象となる部分にあたらない。そして，建物賃借人が建物賃貸人から増改築をすることについて承諾を受けていたとしても，建物賃借人は，242条ただし書の「権原」（以下たんに「権原」という）によって増改築部分の所有権を留保することができない。したがって，増改築部分の所有権は，付合により，建物の所有者である建物賃貸人がこれを取得する（同条本文）。

解説

Ⅰ. 不動産の付合

1 ▸▸ 区分所有権の対象となる部分と付合

不動産の所有者は，その不動産に従として付合した[*3]物の所有権を取得する（242条本文）。この場合には，付属物は，その不動産の一部となるからである。そして，建物が増改築された場合において，増改築部分が区分所有権[*4]の対象となる部分にあたらないときは，その部分は，建物に付合すると考えられている。そこで，本判決では，増改築部分が区分所有権の対象となる部分にあたるかどうかが問題となった。[*5]

区分所有権の対象となる部分にあたると認められるためには，増改築部分が，①構造上の独立性と，②利用上の独立性とをともに満たさなければならない（建物区分1条）。①とは，その部分を他の部分から隔離する設備があることである。また，②については，外部への独立の出入口が必要であるとされる。本件では，乙建物から外部へと出入りするためには，甲建物の内部の一室を通らなければならなかった。そこで，判決文 (1) は，乙建物が区分所有権の対象となる部分にあたるとはいえないとした。[*6]したがって，乙建物は，甲建物に付合することとなる。

2 ▸▸ 建物賃貸人の承諾と「権原」

もっとも，242条ただし書によれば，建物賃借人Ｂが「権原」にもとづいて建物を増改築したときは，その部分の所有権は，Ｂに留保されるはずである。しかし，判決文 (2) は，本件においては，同条ただし書の「適用はない」とした。この部分につ

＊3｜不動産の付合の判断基準

「従として付合」する（242条本文）とは，一般に，付属物を分離復旧することが社会経済上不利益となる場合をいうとされている。たとえば，苗木が土地に植えられたときは，その苗木は，その土地に付合する。

＊4｜区分所有権

マンション等の1棟の建物の一部が，建物区分所有法１条が定める要件を満たしているとき（本文の次の段落を参照）は，その部分を独立の所有権の目的とすることができる。その所有権のことを，「区分所有権」（建物区分2条1項）という。

＊5｜権利変動と登記

本件では，乙建物について，Cらの所有権保存登記がされていた。しかし，登記は，権利変動があるときに，その権利変動を公示するものであって，権利変動がないときに，登記どおりの権利変動を生じさせるものではない。したがって，Cらの所有権保存登記がされていることは，Cらが乙建物について独立の所有権を取得しているかどうかの判断を左右しない（判決文 **(3)**）。

＊6｜区分所有権の対象となる部分にあたる増改築部分

本件とは異なり，増改築部分が区分所有権の対象となる部分にあたることを認めたものとして，最判昭和38･10･29民集17巻９号1236頁がある。

いては，次の２つの読み方が示されている。

(1) 「権原」の解釈

「権原」とは，付属物の所有権を留保する権利であるとされる。建物賃借権は，建物賃借人が賃借物である建物を使用・収益させてもらう権利であって，増改築部分の所有権を建物賃借人に取得させるものではない。したがって，建物賃借権は，「権原」にあたらない。では，建物賃貸人が建物賃借人に増改築を承諾したときは，どうか。承諾の趣旨は，建物賃借人が増改築をしても，用法違反（616条・594条１項）を理由とする債務不履行にあたらない点にあるのが通常である。いいかえると，建物賃貸人は，通常，増改築部分の所有権を建物賃借人に取得させる意思をもっていない。本件においても，特段の事情がない以上，AがBに増改築を承諾したことは，「権原」にあたらないというのが，第１の読み方である。[*7]

＊7｜承諾にもとづく「権原」

これに対し，建物賃貸人が建物賃借人に増改築を承諾した場合において，増改築部分は，「権原によって」原家屋に付属させた独立の建物であるとしたものとして，前掲最判昭和38・10・29がある。

(2) 強い付合と弱い付合

242条ただし書の規定は，(a) 付属物が不動産の構成部分となって独立性を失った場合（強い付合）ではなく，(b) 付属物がなお不動産からの独立性を保っている場合（弱い付合）にしか適用されないと理解するのが一般である。この理解によれば，乙建物が甲建物に「強く」付合しているとき（(a)）は，「権原」があるかどうかは，問題とならない。[*8] 第２の読み方によれば，本件は，この強い付合のケースにあたるため，同条ただし書の規定が適用されなかったものととらえられる。

＊8｜区分所有権の対象となる部分と付合の類型

前掲最判昭和38・10・29は，増改築部分が区分所有権の対象となる部分にあたることを認めつつ（＊6），同部分は，「権原」にもとづく付属物であるとした（＊7）。この判例は，増改築により弱い付合（本文の(b)）が生じていることを前提とするものであると考えられる。そもそも付合が生じていないのであれば，「権原」があるかどうかは，問題とならないからである。

Ⅱ．本件紛争の実体――敷地賃貸借契約の解除の可否

本件の直接の争点は，建物の増改築が敷地賃借権の無断譲渡または敷地の無断転貸にあたり，612条２項の規定にもとづく敷地賃貸借契約の解除権（＊1）が生ずるかどうかであった（判決文 (4)）。付合の成否は，その前提問題に位置づけられる。すなわち，①乙建物が甲建物に付合するならば，Aは，Bに自分が所有する建物の一部を転貸したにとどまる。判例によれば，建物の転貸は，敷地の転貸をともなわない（大判昭和８・12・11大審院裁判例７巻民277頁）。したがって，Xは，612条２項の規定にもとづいて敷地賃貸借契約を解除することができない。これに対し，②乙建物がBの所有に属するならば，Xに無断でAからBへと敷地賃借権の譲渡または敷地の転貸がされたこととなる。本件において建物賃借人側（Y_3）が，建物賃貸人＝土地賃借人側（Y_1～Y_6）とともに，本件増改築が①のケースにあたり，付合が成立すると主張したのは，そのためである。

もっとも，本件が②のケースにあたったとしても，Xが当然に，612条２項の規定にもとづいて敷地賃貸借契約を解除することができたわけではない。賃借人が賃貸人に無断で賃借権の譲渡または賃借物の転貸をしたとしても，背信行為と認めるに足りない特段の事情があるときは，解除が認められないからである（最判昭和28・9・25民集７巻９号979頁［債権各論・判例**09**］）。これに対し，①のケースであっても，敷地の転貸が生ずるとする見解がある。それによれば，本件のような紛争は，昭和28年判決に示された考え方（これを「信頼関係破壊の法理」という）によって解決され，付合の成否は，その法理における「特段の事情」の一要素に位置づけられることとなる。

14 金銭所有権

最高裁昭和39年1月24日判決(判時365号26頁) ▸百選Ⅰ-73

事案をみてみよう

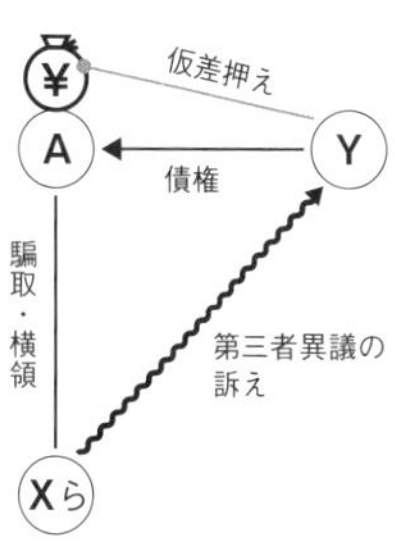

衣類品の小売販売業を営んでいたAは，経営不振のため，X_1〜X_4に対する衣料品の売買代金債務を弁済することができなかった。そこで，XらとAとの間で，Aの債務を弁済する方法について，Aは，Xらに対し，債務の全額を弁済するまで営業の全部を譲渡し，その営業による利益を債務の弁済にあてる一方，Xらは，事実上経営に従事するAに対し，総売上金の1割に相当する金員を生活費として交付することなどが合意された。この合意にもとづき，X_1を代表者，X_2を会計担当者として，営業がされていた。

その後，YのAに対する金銭債権について，仮差押[*1]命令が発せられ，執行吏(り)[*2]がAの店舗において仮差押えの執行をした。Aは，執行吏に対し，約17万円[*3]の現金（以下「本件現金」という）を，自分の銀行口座から払い戻した金であるとして提出した。ところが，本件現金は，Aが，X_1から商品の仕入資金をもらってくるようにいわれたとしてX_2から騙(だま)し取った約11万円に，店舗の売上金から横領した約6万円を加えたものであった。そこで，Xらは，Yに対し，本件現金の所有権がXらに属することを理由として，仮差押えの執行の排除を求め，第三者異議の訴えを提起した[*4]。

読み解きポイント

本件現金は，AがXらから騙取(へんしゅ)・横領したものである。そのため，本件現金の所有権がなおXらに属していると考えるならば，Xらは，第三者異議の訴えによって，Yの仮差押えの執行の排除を求めることができる。他方で，本件現金は，仮差押えの執行がされた段階で，Aが占有していたものである。この占有により，本件現金の所有権がAに属することとなったと考えるならば，Xらは，第三者異議の訴えによって，Yの仮差押えの執行の排除を求めることができない。本判決は，金銭所有権の帰属について，どちらの考え方をとったのだろうか。

判決文を読んでみよう

「金銭は，特別の場合を除いては，物としての個性を有せず，単なる価値そのものと考えるべきであり，価値は金銭の所在に随伴(ずいはん)するものであるから，金銭の所有権者は，特段の事情のないかぎり，その占有者と一致すると解すべきであり，また金銭を現実に支配して占有する者は，それをいかなる理由によって取得したか，またその占

*1｜仮差押え
金銭債権について，その強制執行をすることが不可能または著しく困難になるおそれがあるときに，債務者がその財産を処分するのを禁止する措置のこと。

*2｜執行吏
執行官の旧称

*3｜貨幣価値
現在の貨幣価値に換算すると，約97万5000円である。

*4｜第三者異議の訴え
強制執行の目的物について所有権その他目的物の譲渡または引渡しを妨げる権利をもつ第三者は，その強制執行の不許(ふきょ)（許可しないこと）を求めるため，債権者に対して第三者異議の訴えを提起することができる（現行法でいうと，民執38条）。この訴えは，本件のような保全執行についても認められる（民保46条）。

有を正当づける権利を有するか否かに拘わりなく，価値の帰属者即ち金銭の所有者とみるべきものである」。「11 万円余は X_2 から交付をうけたとき，6 万余円は着服横領したとき，それぞれ A の所有に帰し X らはその所有権を喪失した」。

この判決が示したこと

金銭の所有者は，特段の事情がない限り，その占有者と一致する。

*5｜物権的価値返還請求権説①――総論

これに対し，学説では，物権的価値返還請求権説とよばれる見解が主張されている。この見解は，金銭について，物所有権と価値所有権とを区別するものである。それによれば，物所有権は，Qに属するものの，価値所有権は，Pにとどまるとされる。

*6｜物権的価値返還請求権説②――優先効

物権的価値返還請求権説（*5）によれば，Xらは，価値所有権にもとづいて，第三者異議の訴えによってYの仮差押えの執行の排除を求めることができる。つまり，本判決とは反対の結論がとられることとなる。

*7｜物権的価値返還請求権説③――追及効

物権的価値返還請求権説（*5）によれば，Pは，Rが悪意・重過失であるときは（有価証券の善意取得〔520条の5など〕を参照），価値所有権にもとづいて，その価値の返還を求めることができる。この請求権は，物権的請求権に相当するものである。したがって，Pは，その価値について優先効をもつ（*6）。これに対し，昭和49年判決によれば，Pは，不当利得返還請求権者である。したがって，Pは，Rの一般債権者の地位しかもたない。

解説

Ⅰ．金銭所有権をめぐる問題

1 ▸▸ 原則――「金銭占有者＝金銭所有者」説

本判決によれば，金銭については，通常の物とは異なり，原則として，「占有あるところに所有権あり」というルールが適用される。この考え方は，「金銭占有者＝金銭所有者」説とよばれるものである。金銭は，原則として，物としての価値をもたず，価値そのものであると考えられる。そして，その価値がだれに属するかは，その金銭がだれのところにあるかによって定まる。したがって，金銭の所有者は，特段の事情がない限り，その占有者と一致する。たとえば，P が Q に 1 万円札 100 枚を盗まれたときは，Q がその 1 万円札 100 枚の占有を取得した時に，Q がその所有権を取得する。そのため，P は，Q に対し，所有権にもとづいてその 1 万円札 100 枚の引渡しを求めるのではなく，不当利得を理由としてそれに相当する価値（100 万円）の返還を求めることとなる[*5]。Q は，盗んだ 1 万円札 100 枚とは別の 1 万円札 100 枚を引き渡すことによっても，その債務の弁済をすることができる。

(1)　優先効の問題――本件

このような考え方にたつと，本件では，Y の仮差押えの執行がされた段階で，本件現金の所有権は，その占有者である A に属していたこととなる。他方で，X らは，A に対し，不当利得返還請求権しかもたない。そのため，X らは，第三者異議の訴えによって Y の仮差押えの執行の排除を求めることができないとされた[*6]。X らは，不当利得返還請求権者であるため，動産執行の申立てをしたとしても，本件現金から配当を受けることができるのは，債権者平等原則に従い，配当を受ける A の債権者たちとの間で債権額に応じて按分比例した額にとどまることとなる。

(2)　追及効の問題――騙取金による弁済

先に挙げた例において，Q が P から盗んだ 1 万円札 100 枚とは別の 1 万円札 100 枚を引き渡すことによって，Q の R に対する 100 万円の金銭債務を弁済したとする。Q には，めぼしい財産がない。P は，R に対し，不当利得を理由として，100 万円の返還を求めることができるか。判例によれば，社会観念上，P の金銭で R の利益を図ったと認められるだけの連結がある場合において，R が悪意であるか，善意であっても重過失があるときは，P の R に対する不当利得返還請求が認められる[*7]（最判昭和 49・9・26 民集 28 巻 6 号 1243 頁［債権各論・**Chapter Ⅱ**　もう一歩先へ］〔百選Ⅱ-71〕）。

2 ▸▸ 例外――「特段の事情」

本判決によれば，金銭に関する「占有あるところに所有権あり」のルールは，「特段の事情」があるときは，適用されない。具体的には，次のようなケースである。

①物としての金銭　高値で取引される古銭等の所有者は，その古銭等をだれかに盗まれても，その所有権を失わない。そのような古銭等は，物としての価値をもっている以上，通常の物と同じように取り扱われるべきだからである。

②他人のために保管されている金銭　共同相続人の一人が相続開始時にあった金銭を相続財産として保管しているときは，その金銭は，これを保管している相続人の単独所有ではなく，共同相続人の共有に属する（最判平成4・4・10家月44巻8号16頁〔百選Ⅲ-67〕）。有力な見解は，他人のために（相続財産として）保管されている金銭であることが，前記のルールの適用を排除する「特段の事情」にあたるととらえている。

Ⅱ. 預金債権をめぐる問題――本件に関連する判例

1 ▸▸ 保険料専用口座

損害保険会社Pの代理店Qが，保険契約者から収受した保険料のみを入金する目的で金融機関Rに開設した普通預金口座の預金債権について，同債権は，Pではなく，Qに属するとした判例がある（最判平成15・2・21民集57巻2号95頁〔百選Ⅱ-64〕）。平成15年判決は，その理由づけとして，①預金契約を締結したのは，Qであること，②「P代理店Q」という口座名義は，Pを預金者として表示するものではないこと，③Qは，Pから預金契約の締結の代理権を授与されていないこと，④口座の管理者は，Qであったことに加え，⑤「預金の原資〔Qが保険契約者から収受した保険料〕は，Qが所有していた金銭にほかならない」ことを挙げている。

平成15年判決が⑤のように解する根拠として挙げているのは，「占有あるところに所有権あり」のルールである。[*8] もっとも，平成4年判決について，有力な見解は，他人のために保管されている金銭であることが，このルールの適用を排除する「特段の事情」にあたるととらえていた（Ⅰ2②）。この考え方によれば，平成15年判決の事案においても，「特段の事情」があったとみる余地がある。Qが保険契約者から保険料を収受したのは，Pのためだからである。そうであるとすると，QがPのために保険契約者から収受した保険料の所有権は，Pに属することとなる。

*8｜受任者の受領した金銭の所有権の帰属
平成15年判決によれば，「受任者（Q）が委任契約によって委任者（P）から代理権を授与されている場合，受任者（Q）が受け取った物の所有権は当然に委任者（P）に移転するが，金銭については，占有と所有とが結合しているため，金銭の所有権は常に金銭の受領者（占有者）である受任者（Q）に帰属し，受任者（Q）は同額の金銭を委任者（P）に支払うべき義務を負う」とされる。

2 ▸▸ 誤振込み

PがQ銀行に対して振込みを依頼した場合において，Pが振込先を誤り，R銀行のSの普通預金口座と指定したため，その口座に入金記帳がされた。その後，Sの一般債権者Tが，誤振込みのあったSのRに対する預金債権を差し押さえた。Pは，第三者異議の訴えによってTの強制執行の排除を求めることができるか。判例によれば，このような第三者異議の訴えは，認められない（最判平成8・4・26民集50巻5号1267頁［債権各論・判例**13**］〔百選Ⅱ-63〕）。Sは，Rに対して預金債権を取得する一方，Pは，Sに対して不当利得返還請求権を取得するにすぎない。平成8年判決の結論は，騙取・横領された現金について第三者異議の訴えを否定した本判決と，バランスがとれたものであると考えられている。

15 共有者間の明渡請求

最高裁昭和41年5月19日判決（民集20巻5号947頁） ▶百選Ⅰ-70

事案をみてみよう

指物師を業とする[*1]Aは，家業の後継者であるYを，Aが所有する建物（以下「本件建物」という）に無償で居住させていた。AとYとの間には，使用貸借契約（以下「契約①」という）が成立していた。その後，Aは，Yとの間で，Aが死亡するまでの間，YがAに対して毎月2万円ずつ仕送りをしたときは，AからYへと本件建物を譲渡する旨の契約（以下「契約②」という）をした。しかし，Yは，数か月間仕送りを続けただけで，その後の仕送りを止めてしまった。そこで，Aは，契約②を解除した。また，契約①も，Aが解約したため，終了した。Aが死亡したため，本件建物は，妻X_1，子X_2〜X_8・Yに共同相続され，各人は，本件建物について，当時の法定相続分（図）に応じた共有持分を取得した。X_1〜X_8は，Yに対し，本件建物の明渡しを求めた。

A — 妻 X_1 1/3 1/2
子 Y 1/12 1/16　子 X_2〜X_8 7/12 7/16

X_1 1/3 1/2 + X_2〜X_8 7/12 7/16
= 11/12 15/16 多数持分権者
明渡請求
Y 1/12 1/16 少数持分権者

※青字：当時の法定相続分
黒字：現在の法定相続分（参考）

＊1｜指物師
机・箪笥・箱など，板を差し合わせて作られた器具を，指物という。指物師とは，指物を作る職人のことである。Aは，桑樹匠とよばれる桑材を用いた指物師の巨匠であった。

読み解きポイント

本件建物を占有しているYが本件建物について有する共有持分は，12分の1にとどまる。これに対し，X_1〜X_8は，本件建物について12分の11の共有持分を有している。この場合において，多数持分権者X_1〜X_8は，少数持分権者Yに対し，当然に建物の明渡しを求めることができるのか。

判決文を読んでみよう

(1) 「共同相続に基づく共有者の一人であって，その持分の価格が共有物の価格の過半数に満たない者（以下単に少数持分権者という）は，他の共有者の協議を経ないで当然に共有物（本件建物）を単独で占有する権限を有するものでない」。

(2) 「他方，他のすべての相続人らがその共有持分を合計すると，その価格が共有物の価格の過半数をこえるからといって（以下このような共有持分権者を多数持分権者という），共有物を現に占有する前記少数持分権者に対し，当然にその明渡を請求することができるものではない。けだし，このような場合，右の少数持分権者は自己の持分によって，共有物を使用収益する権限を有し，これに基づいて共有物を占有するものと認められるからである。」

(3) 「従って，この場合，多数持分権者が少数持分権者に対して共有物の明渡を求めることができるためには，その明渡を求める理由を主張し立証しなければならない」。

この判決が示したこと

① 多数持分権者であっても，共有物を占有している少数持分権者に対し，当然には，共有物の明渡しを求めることができない。
② 多数持分権者が少数持分権者に対して共有物の明渡しを求めるためには，「明渡を求める理由」を主張・立証しなければならない。

解説

Ⅰ. 少数持分権者による共有物の占有・その1――総論[*2]

1 ▸▸ 共有物の明渡請求

各共有者は，その持分に応じて，共有物の「全部」を「使用」することができる（249条1項）。このルールは，各共有者に対し，共有物を占有する正当な権原を認めるものであると考えられる。そのため，各共有者が共有物を占有しているときは，少数持分権者であっても，その占有は，正当な権原にもとづくものとされる。そこで，本判決は，多数持分権者であっても，共有物を占有している少数持分権者に対し[*3]，当然には，共有物の明渡しを求めることができないとした（判決文 (2)）。

もっとも，本判決によれば，多数持分権者が「明渡を求める理由」を主張・立証したときは，共有物の明渡請求が認められる（判決文 (3)）。たとえば，共有物の管理に関する事項（252条1項前段）として，遺産分割がされるまで建物を空き家にしておくことを過半数[*4]により決定していた。この場合において，少数持分権者がこの決定に反して共有物を占有しているときは，「明渡を求める理由」があるといえる。

2 ▸▸ 使用の対価の償還請求

このように，少数持分権者であっても，当然に共有物を明け渡さなければならないわけではない。もっとも，少数持分権者が共有物の全部を使用する権限を有するのは，「その持分に応じた」範囲に限られる（249条1項〔判決文 (1) も参照〕）。したがって，多数持分権者は，共有物を使用する少数持分権者に対し，別段の合意がある場合を除き，その持分を超える使用の対価を償還するよう請求することができる（令和3年改正民法249条2項）。

Ⅱ. 少数持分権者による共有物の占有・その2――特別な事例

一般論としては，Ⅰで述べたルールがあてはまるとしても，次の1・2に掲げる事例については，特別な考慮が必要なのではないかが問題となる。

1 ▸▸ 占有が先行していた事例

Yは，本件建物の管理に関する事項について過半数の決定がされていたにもかかわらず，これに反して本件建物を占有した（Ⅰ1）のではなく，相続開始時においてすでに本件建物を占有していた。この場合において，本件建物の管理に関する事項として，Yの占有を認めないことが過半数により決定されたときは，その決定があることは，「明渡を求める理由」にあたるのか。

＊2｜条文の引用方法

本解説の内容は，①平成30年民法（相続法）改正，②令和3年民法改正とかかわる。本解説では，①の改正後の民法の条文には，平成30年改正民法と付けて，②の改正後の民法の条文には，令和3年改正民法と付けて，それぞれ引用をおこなう。
もっとも，①②の改正により内容が変更されていない条文は，なにも付けずにこれを引用する。また，①②の改正により内容が変更されているものの，本解説との関係では，その変更が重要でない条文は，①②の改正前の状況を説明するときを含め，なにも付けずにこれを引用する。

＊3｜共有者の一部の者から共有物の占有使用の承認を受けた者

共有者の一部の者から共有物の占有使用の承認を受けた者は，「現にする占有がこれを承認した共有者の持分に基づくものと認められる限度で共有物を占有使用する権原を有する」。したがって，この場合についても，本判決のルールが適用される（最判昭和63・5・20判時1277号116頁）。すなわち，共有者の一部の者から共有物の占有使用の承認を受けた者に対し，それ以外の共有者は，当然には，共有物の明渡しを求めることができない。

＊4｜過半数の決定

過半数とは，半分を超えることである。そのため，決定に賛成した者の持分の価格が，共有物全体の価格の2分の1にとどまるときは，過半数の決定を得たとはいえない。

(1) 令和３年民法改正前の状況

令和３年民法改正前は，このことを否定する考え方もあった。(a) 共有一般の解釈として，共有者の一人が共有物を占有している場合において，それ以外の共有者が共有物の明渡しを求めることは，共有物の現状を動かすものであるため，共有物の変更（251条）にあたると考えられる。そうでないとしても，(b) 遺産共有固有の解釈として，次のように解すべきである。遺産共有は，遺産分割によって解消される[*5]。遺産分割は，906条の規定する基準[*6]にもとづいて，特別受益や寄与分を考慮した具体的相続分に応じてされるものである。そこで，遺産共有が遺産分割によって解消されるまでは，共有物の現状を動かさないほうが望ましい。

(2) 令和３年民法改正後の状況

令和３年民法改正は，この問題について次の解決を与えている。まず，(a) 共有一般については，共有者が共有物の管理に関する事項についての過半数の決定にもとづかずに共有物を占有しているときは，その共有者を保護する必要性が高いとはいえない。そこで，共有物の管理に関する事項は，「共有物を使用する共有者があるときも」，過半数により決定することができる（令和３年改正民法252条１項後段[*7]）。次に，(b) 遺産共有も，共有一般とその性質を異にするものではない（最判昭和30・5・31民集9巻6号793頁）。そこで，共有一般に関する規定は，原則として，遺産共有について適用される。(a) に掲げた規定も，遺産共有について適用されるものとされている。この場合には，法定相続分（相続分の指定があるときは，指定相続分）をもって，各相続人の共有持分とする（令和３年改正民法898条２項）。本件でいえば，本件建物の管理に関する事項としてＹの占有を認めないことが過半数により決定されたときは，その決定があることは，「明渡を求める理由」にあたる。

2 ▸▸ 占有者が被相続人と同居していた事例等

判例によれば，まず，①共同相続人の一人が相続開始前から被相続人の許諾を得て，遺産に属する建物において被相続人と同居をしていたときは，特段の事情がない限り，被相続人と同居の共同相続人との間において，相続開始時を始期とし，遺産分割時を終期とする使用貸借契約関係を生じさせる合意が成立していたものと推認される（最判平成8・12・17民集50巻10号2778頁〔百選Ⅲ-63〕）。次に，②内縁の夫婦がその共有する不動産を居住または共同事業のために共同で使用していたときは，特段の事情がない限り，両者の間において，その一方が死亡した後は他方がその不動産を単独で使用する旨の合意が成立していたものと推認される（最判平成10・2・26民集52巻1号255頁）。さらに，③平成30年民法（相続法）改正は，①を参考として，配偶者短期居住権の制度（平成30年改正民法1037条）を創設した。

①の推認が及ぶときは，占有している共同相続人は，使用貸借契約にもとづいて，②の推認が及ぶときは，占有している内縁配偶者は，共有者間の合意にもとづいて，③の制度によれば，占有している配偶者は，その権利にもとづいて，それぞれ無償で単独使用をすることができる。そのため，これらの共有者は，それ以外の共有者から共有物の明渡請求を受けたとき（Ｉ1）に，これを拒むことができるだけでなく，使用の対価の償還請求を受けたとき（Ｉ2）にも，これを拒むことができる。

＊5｜遺産共有の解消方法

遺産共有の解消は，共有物分割によってではなく，遺産分割によってこれをしなければならないものとされている（最判昭和62・9・4家月40巻1号161頁，令和3年改正民法258条の2第1項）。この扱いは，共有一般に関する規定が遺産共有について適用されるという原則（**(2)**）の例外にあたる。

＊6｜906条の規定する基準

906条の規定によれば，遺産分割は，「遺産に属する物又は権利の種類及び性質，各相続人の年齢，職業，心身の状態及び生活の状況その他一切の事情を考慮して」これをするものとされる。

＊7｜承諾を要するとき

共有物の管理に関する事項についての過半数の決定にもとづいて，共有物を使用する共有者がある場合において，その決定を変更等する決定がその共有者に特別の影響を及ぼすべきときは，その承諾を得なければならないものとされている（令和3年改正民法252条3項）。本件では，そのような過半数の決定にもとづいてＹが本件建物を使用していたとは，考えられない。

16 全面的価格賠償の方法による共有物分割

最高裁平成8年10月31日判決(民集50巻9号2563頁) ▸百選Ⅰ-72

事案をみてみよう

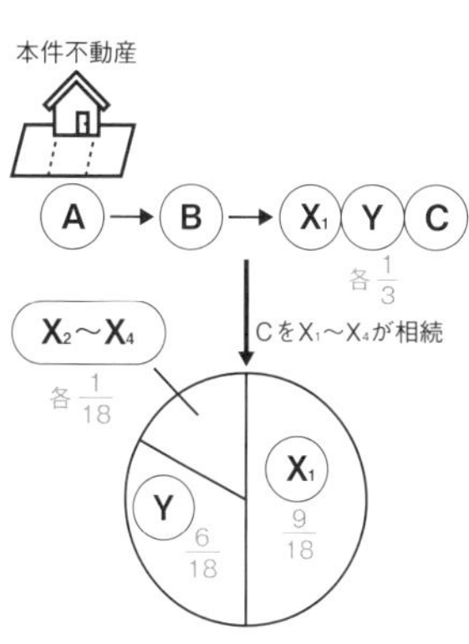

争いの対象となった不動産は，3筆の土地とその地上建物（以下「本件不動産」）である。本件不動産はAが所有していたが，Aはこれを B 信用組合に譲渡した。その後，Aの子である X_1 および Y と，X_1 の夫であり，かつ A の養子であるCが，本件不動産をBから共同で買い受けて，各3分の1の割合で共有するようになった。Cが死亡し，妻 X_1 と子 X_2・X_3・X_4 が法定相続分に従ってCを共同相続した。この結果，本件不動産の共有持分は，X_1 が18分の9，X_2・X_3・X_4 が各18分の1，Yが18分の6となった。

本件不動産の鑑定評価額は約830万円である。また，現在，本件不動産にはYが居住し，隣接する建物で薬局を営んでいる。

X_1〜X_4 は，それぞれ別の地に居住しており，本件不動産の使用を望んではいない。Xらは，Yが本件不動産の分割協議に応じなかったため，その分割を求める本件訴えを起こし，分割方法として，競売による分割（代金分割）を希望した。[*1*2]

読み解きポイント

共有者は，他の共有者に対して，原則としていつでも，共有物を分割して，共有関係を解消するよう求めることができる（256条1項本文）。協議によって共有物を分割するときは，その方法に制限はなく，共有者は，自由な取決めをすることができる。協議が調（ととの）わないときは，共有者は，258条に基づいて裁判所に共有物の分割を請求することができる。裁判上の分割方法は，令和3年改正前の258条2項によれば，現物分割（共有物そのものを等分）を原則とし，現物分割が不可能であり，またはそれによって著しく物の価値を減じてしまうときは，裁判所は共有物の競売[*3]による代金分割（競売を通じて共有物を金銭に換え，その金銭を等分）を命じることとなっていた。

本件不動産は，3筆の土地とその上の1棟の建物であるため，現物分割することができない。裁判所は，民法の規定どおりに，代金分割を命じるべきであろうか。

判決文を読んでみよう

「共有物分割の申立てを受けた裁判所としては，現物分割をするに当たって，持分の価格以上の現物を取得する共有者に当該超過分の対価を支払わせ，過不足の調整をすることができる〔最大判昭和62・4・22民集41巻3号408頁参照〕のみならず，当該

＊1｜共有物分割と遺産分割

かりに本件が，Cの相続人であるX_1〜X_4だけの争いであったならば，906条以下に基づく遺産分割がされることとなる。共有物の分割では共有者同士が無関係であることを前提に，共有する「物」のみに着目して分割することが基本となるのに対し，遺産分割では遺産である「物」（および権利）だけでなく相続する「人」を十分に配慮した分割が必要となる（906条参照）。これを実現するため，907条2項に基づく遺産分割請求がされた場合について，家事事件手続法194条以下が多様な分割方法を規定する（なお，本判決が下された当時は，家事事件手続法ではなく，家事審判規則に遺産の分割方法が定められていた）。ところが，本件ではYという相続人でない者が共有者の1人として存在するため，258条の共有物分割が必要となる。

＊2｜共有物分割訴訟の特殊性

共有物分割訴訟は，形式的形成訴訟（実質は非訟事件であるが，形式は形成訴訟。詳しくは，民事訴訟法のテキストを参照のこと）であり，裁判の当事者である共有者は分割の方法を具体的に指定する必要はないし，裁判所はその主張に拘束されない（最判昭和57・3・9判時1040号53頁）。ただし，本判決は，裁判所が分割方法を決定するにあたって，共有者の希望に耳を傾けなければならないという。

＊3｜形式競売

共有物を分割するための競売は，いわゆる形式競売である（民執195条）。強制執行や担保不動産競売のように，債権の回収を目的とするものではない。（優先弁済権のない）留置権に基づく競売も形式競売にあたる。

＊4｜現物分割のバリエーション

本判決以前の判例は，現物分割のバリエーションを増やす傾向にあり，複数の共有物を一括して各共有者の単独所有とする一括分割や，共有物の一部のみを切り分けて，これを分割請求をした共有者の単独所有とし（離脱型の一部分割），反対に分割請求を受けた共有者の単独所有とする（追出し型の一部分割）といったものを認めるようになっていた。

共有物の性質及び形状，共有関係の発生原因，共有者の数及び持分の割合，共有物の利用状況及び分割された場合の経済的価値，分割方法についての共有者の希望及びその合理性の有無等の事情を総合的に考慮し，当該共有物を共有者のうちの特定の者に取得させるのが相当であると認められ，かつ，その価格が適正に評価され，当該共有物を取得する者に支払能力があって，他の共有者にはその持分の価格を取得させることとしても共有者間の実質的公平を害しないと認められる特段の事情が存するときは，共有物を共有者のうちの一人の単独所有又は数人の共有とし，これらの者から他の共有者に対して持分の価格を賠償させる方法，すなわち全面的価格賠償の方法による分割をすることも許されるものというべきである。」

⇩ この判決が示したこと ⇩

①共有物を共有者のうちの特定の者に取得させるのが相当であり，かつ，そうしたとしても，②共有者間の実質的公平を害さない特段の事情があるときは，全面的価格賠償による分割（共有者のうちの一部が共有物を取得し，他の共有者には持分価格に相当する金銭を支払う）をすることができる。

解説

Ⅰ．従来の判例・学説

裁判所の命じる分割が一部の共有者に肩入れするものであることは，あってはならない。令和3年改正前258条2項は，共有者全員で等しく物か金を分け合う分割方法を提示することで共有者間の公平の確保を図っていた。かつての通説は，共有者間で分け合うものが異なる（一部の者が物を得て，他の者は金を得る）のは不公平であるとの考えから，現物分割と代金分割以外の分割を否定していた。判例（最判昭和30・5・31民集9巻6号793頁）もこの立場にあると考えられていた。

ところが，本判決が引用する昭和62年判決は，弾力的に現物分割をするために，部分的価格賠償を認めた。すなわち，現物分割をするにあたって，各共有者の取得する現物の価格に過不足が生じるときは，持分の価格以上の現物を取得する共有者に超過分の対価を支払わせて過不足の調整をすることも現物分割の一態様として許されるとの立場を示した。

Ⅱ．全面的価格賠償を認めることの意味

昭和62年判決は，あくまでも現物分割の方法にバリエーションをもたせたにすぎない。[＊4] 本判決は，さらに一歩進んで，民法の規定からは認めがたい全面的価格賠償を認めた。これは，共有者間で分け合うものが異なるから，一見すると，不公平な分割方法である。なぜ，これを許す必要があるのか。

民法が直接に規定する代金分割によっても，Yが共有物の単独所有者となる手立てはある。競売でYが買受人となればよい。その後，Yが支払った競売代金が他の共有者であるX_1〜X_4に与えられるから，わざわざ全面的価格賠償という条文にない分

割方法をとる必要はないように思えるかもしれない。

しかし，競売をするには手間・時間・費用がかかる。そして，競売であるからには，Y は，他の買受希望者よりも高値で買受けを申し出る必要がある。常に単独所有者になれるわけではないのである。全面的価格賠償によるのであれば，Y は，確実に単独所有者になることができる。本件不動産と隣接建物を生活と仕事の本拠とする Y にしてみれば，より確実性の高い分割方法を望むであろう。

もっとも，実際には，代金分割のための競売が行われたとして，Y は，相場どおりの値段での買受けの申出をしたならば，単独所有者になれる公算はかなり高い。競売での売却価格は市場価格よりも低いことを通例とするからである。Y は，代金分割であれば，より低額の金銭の支払によって本件不動産の単独所有者になれる可能性さえあるのである。競売代金が安ければ，損をするのは代金の分配を受ける他の共有者 X らである。X らが共有物分割によって金銭さえ得られれば十分であるというのであれば，X らにとっても，代金分割よりも，全面的価格賠償のほうがより多くの金銭を得られる可能性が高く，望ましいはずである。[*5]

このように，全面的価格賠償は，各共有者で同じもの（物と金銭のどちらか一方）を分け合わないから形式的には不公平な分割方法であるとしても，共有者全員の利益に適(かな)うため，これを認めたほうがよいケースは存在する。

＊5｜代価分割を願う合理的でない理由

それでも共有者の一部が他の共有者に単独所有を認めたがらないことはよくある。その多くの場合において，自分以外の共有者に単独所有を認めるのが癪(しゃく)に障(さわ)るといった感情的な理由がある。

Ⅲ. 全面的価格賠償が許される場合

本判決は，①諸般の事情を総合的に考慮して共有物を特定の共有者に取得させるのが相当であり，かつ，②共有者間の実質的公平を害さないと認められる特段の事情があるときは，全面的価格賠償が許されるとする。形式的な不公平は，相当性と実質的な公平性から許容されるというのである。

ただし，本判決は，②の特段の事情の有無を判断する基準として提示した，共有物を取得する Y が他の共有者 X らの持分価格に相当する金銭（約 830 万×12/18＝約 550 万円）を支払う能力があるかどうかを確定する必要があるとして，原審への差戻しを命じた。なお，最高裁は，本判決の後，②の特段の事情の存否を審理判断することなく，ただちに競売による代金分割を命じることは違法であるとの判断を示してもいる（最判平成 9・4・25 判時 1608 号 91 頁[*6]）。

＊6｜遺産分割における全面的価格賠償との違い

共有物の分割方法として全面的価格賠償が認められるかどうかを考えるにあたっては，共有者間の公平とは別の次元の問題もある。すなわち，遺産分割における多様な分割は，家庭裁判所調査官による調査や調停の前置に支えられている側面があることは否めない。これに対して，共有物分割にはそれらの支えがない。その差を大きいと評価するのであれば，全面的価格賠償の否定に傾く。

Ⅳ. 令和 3 年改正 258 条

令和 3 年民法・不登法改正により，258 条は，2 項の 1 号と 2 号とで，賠償分割を現物分割と並ぶ原則的な分割方法として並べるようになった。賠償分割は，従来，価格賠償と呼ばれてきたものである。しかし，この改正は，裁判所が常に賠償分割を選択できるということまで予定するものではない。共有者の中に賠償分割に反対する者がいるにもかかわらず，賠償分割を選ぶことができるのは，本判決が示した相当性と実質的公平性がある場合に限られる。

Step Up

もう一歩先へ

占有権

1. 占有権とは

民法は,「占有権」を物権の一種に位置づけている。占有権とは，物を事実上支配している状態を保護する権利である。占有権は，それ以外の物権と異なり，物の価値を支配する物権ではない。また，占有権以外の物権は，物の価値の支配を正当化するものであるのに対し，占有権を有するかどうかと，その占有が正当な権原にもとづくかどうかとは，別の問題であるとされる。この意味において，占有権は，特殊な性格をもっている。

民法によれば，占有権は,「自己のためにする意思をもって物を所持すること」，つまり物を占有することによって取得される（180 条)。この要件は，①物の所持と，②自己のためにする意思とに分けられる。①とは，物を事実上支配することをいう。ここでいう事実上の支配は，物理的な意味での支配とはかならずしも一致しない。そのような支配があるかどうかは，法的評価にもとづいて判断される。以下では，物理的な意味での支配がなくても，占有が肯定された判決（2）と，物理的な意味での支配があっても，占有が否定された判決（3）とを，それぞれ一つずつ取り上げよう。

2. 最判昭和 27・2・19 民集 6 巻 2 号 95 頁

X は，Y に対し，本件家屋の占有を奪われたとして，占有回収の訴え（200 条）により本件家屋の明渡しを求めた。もっとも，X は，本件家屋を実際に使っていたわけではない。それどころか，X 方が本件家屋の隣であったため，その鍵も閉めていなかった。そこで，Y は，物の所持の要件を満たさないため，本件家屋について X の占有権が成立しないなどとして争った。本判決は，Y の主張を退けて，X の請求を認めたものである。

「論旨は，X は右家屋に錠をかけてその鍵を所持するとか標札や貼紙などで X が現に占有することが第三者にもわかるようにしておくとか，いうような方法を講じなかった，と指摘する。しかし，さような手段を執らなかったからとて，必ずしも所持なしとは言えない」。また,「論旨は，……右家屋の裏口には外部からの侵入を防ぐに足る何らの措置も講じてなかったというのだから，たとい X 方が隣家であっても，所持があったとは言い得ない，と主張する。しかし X 方が隣家であるため，問題の家屋の裏口を常に監視して容易に侵入を制止し得る状況であり，現に Y らの侵入に際し X の妻女が制止した事実を原判決が認めたような次第であって，X に本件家屋の所持があったと言い得る」。

本判決は，本件家屋について，X に占有回収の訴えによる保護を与えるべきであるかどうかを考慮して，本件の事実関係のもとで，所持の範囲を広くとらえたものであると考えられる。

3. 最判昭和 35・4・7 民集 14 巻 5 号 751 頁

X は，Y_1 に対し，X が所有する本件家屋を賃貸していた。その後，Y_1 が賃料の支払を怠ったため，X は，Y_1 との間の賃貸借契約を解除した。Y_1 の使用人である Y_2 は，本件建物に居住している。そこで，X は，Y_1 と Y_2 とに対し，本件家屋の明渡しおよび賃料相当額の損害金の支払を求めた。原審は，Y_1 だけでなく，Y_2 に対しても，X の請求を認めた。これに対し，本判決は，原判決のうち，Y_2 に関する部分を破棄して差し戻した。

「原判決は，……『Y_2 は，Y_1 の使用人として占有しているというのであるから，反証のないかぎり Y_1 と共同して占有しているものと認める』旨判示している。しかしこれとても前示 1 審判決の摘示事実によれば，『Y_1 の使用人として本件家屋に居住しているに過ぎない』とあって，必ずしも占有の事実を認めたものとは解されないばかりでなく，使用人が雇主と対等の地位において，共同してその居住家屋を占有しているものというのには，他に特段の事情があることを要し，ただ単に使用人としてその家屋に居住するに過ぎない場合においては，その占有は雇主の占有の範囲内で行われているものと解するのが相当であり，反証がないからといって，雇主と共同し，独立の占有をなすものと解すべきではない」。

本件家屋について，Y_2 の占有を否定することは，Y_2 に本件家屋の明渡しおよび賃料相当額の損害金の支払の負担を負わせないという意味をもつ。この文脈において，使用人として家屋に居住する者には，特段の事情があるときを除いて，占有を認めるべきではないとしたのが，本判決である。使用人のように，他人の占有を補助するにすぎず，自分の占有が認められない者を，占有補助者とよぶ。占有補助者に占有が認められない理由は，独立の所持がないからであるなどと説明されている。

Chapter II

担保物権

本章で学ぶこと

1. 抵当権
2. 留置権・先取特権
3. 非典型担保

担保物権は，債権の担保を目的とする物権である。債権者は，本来，債務者がさらに債務を負い，またはめぼしい財産を他人に譲渡したために，強制執行をしても債権を十分に回収することができなくなるリスクを負う。担保物権の優先弁済的効力と追及効は，それらのリスクを緩和する（66 頁参照）。また，債権者としては，そもそも強制執行に多大な手間や時間をかけること自体，避けられるならば避けたいところであるが，担保物権の留置的効力は，その回避に資する（97 頁参照）。

担保物権には民法に規定のある典型担保と民法では予定されていない非典型担保がある。

典型担保のうち，設定契約に基づいて成立するものを約定担保物権という。質権と抵当権があるが，**1** では抵当権に関する判例を紹介する。質権はあまり利用されておらず，判例の数は多くないので，本書では説明を省略する。

典型担保には，民法の定める要件をみたすことで成立する法定担保物権もある。留置権と先取特権がこれに当たる。**2** では，それらに関する代表的な判例を解説する。

非典型担保には譲渡担保と所有権留保があり，**3** はそれらに関する判例を扱う。通常，仮登記担保も非典型担保の 1 つに数えられるが，仮登記担保法という特別法が制定されたことで判例の展開が落ち着いたため，本書では取り扱わない。

Introduction

1

Contents

抵当権

いつか庭付きの一軒家に住みたいな。銀行でローンを組めばなんとかなるかな。ローンを組むときは，買った家に抵当権という物権を設定しなければいけないらしいんだけど，そんな物権を設定したら家を銀行に引き渡さなければいけないんだっけ？　お金の返済が終わらなければ買った家に住めないというのでは困るなぁ……。

1. はじめに

抵当権は，典型担保の１つであり，設定契約によって不動産（土地や建物）に設定される約定（やくじょう）担保物権である（369条１項）。抵当権を取得した者を抵当権者といい，その設定をした者を抵当権設定者という。抵当権が設定された不動産は目的不動産や抵当不動産と呼ばれることがある。

抵当権は非占有担保である。すなわち，その設定がされても，目的不動産の占有は，設定者のもとにとどめられるのであって，抵当権者に移されはしない。このため，抵当権には留置（りゅうち）的効力（→97頁参照）がない。抵当権は，優先弁済的効力（抵当権者が他の債権者に優先して弁済を受けることを許す効力）によって債権を担保する。

抵当権の多くは，債務者によって設定される（図１参照）。しかし，自らは債務を負わない者も抵当権を設定することが可能であり，この場合の設定者を物上保証人と呼ぶ（図２参照）。また，債務者によって抵当権が設定された不動産が譲渡されたとしても，抵当権者は，抵当権の追及効により，その譲受人のもとで抵当権を行使することができる。この場合において，抵当権という負担の付いた不動産を取得した者を第三取得者という（図３参照）。

2. 抵当権の効力の及ぶ範囲

抵当権が土地や建物に設定されたとして，その効力は土地や建物の本体以外の物のうちの何にまで及ぶか。370条本文は付加一体物にまで及ぶと定める。では付加一体物とは何か。［判例 17］がこの問題を扱う。

また，372条が抵当権につき304条を準用するため，抵当権は物上代位によって代位物にも及ぶ。とはいえ，抵当権が非占有担保であることからすると，使用収益の対価である賃料から抵当権者が優先弁済を受けることは許されないようにも思える。ところが，［判例 18］は，それを肯定する。

物上代位権については，それがいつまで行使することができるのかが問題となる。〔判例 19〕は，物上代位の目的債権が譲渡された後においても抵当権者が物上代位することができるかどうかを問う。

3. 抵当権の効力（抵当権に基づく物権的請求権）

抵当権は物権である。したがって，抵当権者は，物権的請求権を行使することができる。その行使が許されるには抵当権の侵害がなければならないが，その有無を考えるにあたっては抵当権の特殊性に応じた検討が必要となる。〔判例 20〕は，抵当不動産を賃借権に基づいて占有する者の排除を請求することの可否を扱う。また，〔判例 21〕は，抵当不動産から搬出された動産の原状（げんじょう）回復を請求することの可否を問題とする。

4. 法定地上権

抵当権が行使されて抵当不動産が競売に付された結果，土地と建物の所有者が別人になることがある。388 条は，このような場合に法定地上権を成立させることで，建物の所有者に敷地利用権を与えて，建物の存続を図る。

法定地上権の成立要件は，①土地に建物が存在すること，②土地と建物が同一の所有者に属すること，③土地と建物の両方または一方に抵当権が設定されたこと，④抵当権の実行によって土地と建物の所有者が別人になったことである。〔判例 22〕と〔判例 23〕はそれぞれ，①と②の要件の充足にかかわる問題を取り扱う。

5. 共同抵当における配当

共同抵当とは，同一の債権を担保するために複数の不動産に抵当権が設定された場合をいう。392 条は，後順位抵当権者のために配当につき一定の工夫を施している。〔判例 24〕は，目的不動産が債務者と物上保証人に帰属する場合における 392 条の解釈問題を扱う。

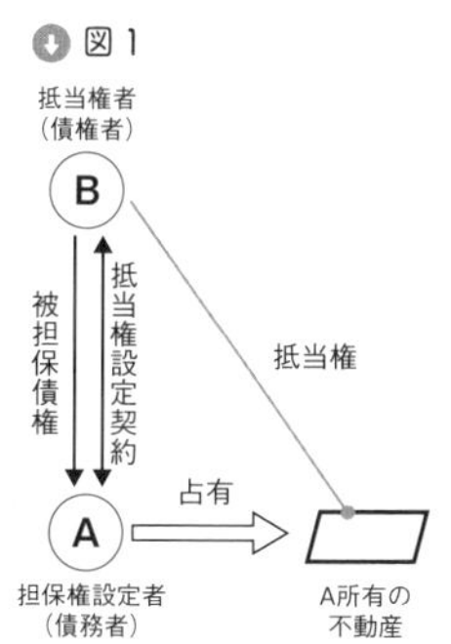

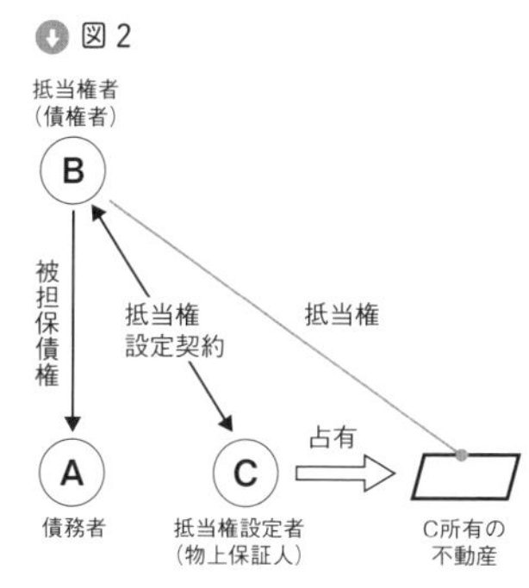

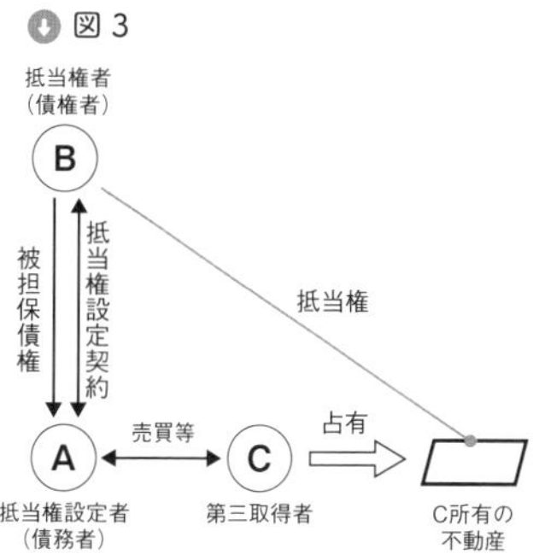

17 抵当権の効力の及ぶ範囲
──従物

最高裁昭和44年3月28日判決(民集23巻3号699頁)　▶百選Ⅰ-81

事案をみてみよう

Xは，Aとの間の継続的取引に基づいて取得する債権の担保として，Bが所有する宅地に根抵当権の設定を受けた。この宅地には根抵当権の設定前から庭木が植えられており，また庭石や石灯籠(いしどうろう)が備えられていた。根抵当権が設定されてから2年半後，Bの債権者Yがそれらの庭木・庭石・石灯籠に対する強制執行を申し立てた。そこで，Xは，第三者異議の訴え[*1]を起こした。

読み解きポイント

① 宅地に設定された抵当権の効力は，宅地上に存在する庭木や庭石等にも及ぶか。及ぶとすれば，抵当権者は，無担保の債権者がそれらを対象とする強制執行に着手したときは，その排除を請求できる。

② 抵当権の効力が庭木や庭石等に及ぶとして，抵当権の登記が直接に公示するのは，宅地に抵当権が存在することだけである。その登記とは別に，庭木や庭石等に抵当権の効力が及んでいることの公示は求められないのか。求められるとすると，抵当権者は，公示を欠く庭木や庭石等につき抵当権の効力が及ぶことを，それらを対象とする強制執行手続に着手した債権者に対抗できなくなる。[*2]

判決文を読んでみよう

「本件石灯籠および取り外しのできる庭石等は本件根抵当権の目的たる宅地の従物であり，本件植木および取り外しの困難な庭石等は右宅地の構成部分であるが，右従物は本件根抵当権設定当時右宅地の常用のためこれに付属せしめられていたものであることは，原判決の適法に認定，判断したところである。そして，本件宅地の根抵当権の効力は，右構成部分に及ぶことはもちろん，右従物にも及び〔大連判大正8・3・15民録25輯(しゅう)473頁参照〕，この場合右根抵当権は本件宅地に対する根抵当権設定登記をもって，その構成部分たる右物件についてはもちろん，抵当権の効力から除外する等特段の事情のないかぎり，民法370条により従物たる右物件についても対抗力を有するものと解するのが相当である。そうとすれば，Xは，根抵当権により，右物件等を独立の動産として抵当権の効力外に逸出するのを防止するため，右物件の譲渡または引渡を妨げる権利を有するから，執行債権者たるYに対し，右物件等について

＊1｜第三者異議の訴え

債務者以外の者(第三者)の財産に対する強制執行が開始されて第三者の権利が違法に侵害された，といった場合のように強制執行手続が実体法上の正当性を欠くことがある。強制執行の対象財産につき所有権その他目的物の譲渡または引渡しを妨げる権利を有する第三者は，債権者に対して第三者異議の訴えを提起して強制執行の排除を求めることが許されている(民執38条1項。本判決の当時は旧民訴549条)。抵当権は，非占有担保権である。だから，抵当権者は，原則として第三者異議の訴えを起こすことはできない。しかし，本件のように，強制執行によって目的物の担保価値が減少してしまうときは，その例外が妥当すると考えられている。

＊2｜177条の「第三者」

単なる一般債権者は，177条にいう第三者に当たらない。しかし，物権取得者は，自らが登記を備える前に差押えを行った債権者に対しては自己の権利を対抗することができない(最判昭和39・3・6民集18巻3号437頁〔百選Ⅲ-80〕等)。

の強制執行の排除を求めることができるとした原判決（その引用する第一審判決を含む。）の判断は正当である。」

この判決が示したこと

① 抵当権の効力は，目的不動産の構成部分（付合物）だけでなく，設定時に存在した従物にも及ぶ。

② 目的不動産に関して登記された抵当権は，目的不動産そのものや構成部分，さらには原則として従物についても対抗力を備える。

解説

Ⅰ．抵当権の効力が及ぶ範囲

抵当権の効力は，目的不動産に付加して一体となっている物（付加一体物）に及ぶ（370条本文）。では，どのような物が付加一体物に当たるのか。

不動産の構成部分となっている物，つまり付合物[*3]（242条本文）が付加一体物に当たることについては異論がない。本件石灯籠や取り外しの困難な庭石等は付合物である。抵当権の効力は，370条本文により，それらに及ぶ。本判決もそう述べている。

従物[*4]は付加一体物に当たるか。当たるとすれば，抵当権の効力が従物に及ぶことの根拠条文は，370条本文になるはずである。しかし，本判決が引用する前掲大連判大正8・3・15は，抵当権の効力がその設定時に存在した従物に及ぶことの根拠条文として87条2項を引いていた。すなわち，主物である不動産に抵当権が設定されると，従物にも抵当権が設定された扱いになるから，これにも抵当権の効力が及ぶという考え方をとっていることを示唆していた。

この考え方によると，抵当権が設定された後に備え付けられた従物にその効力を及ぼすことは難しい。そこで，後の学説は，そのような見方に反対し，従物も付加一体物に当たるとの立場を支持するようになり，これが今の通説となっている。

本件における争いの対象は，設定時に存在した従物だけである。古い判例と現在の通説のどちらからでも，抵当権の効力は，従物である石灯籠や庭石等に及ぶことを肯定できる。いずれが最高裁の立場であるのかは，――本判決は従物に関する対抗力について370条を指摘することで通説への同調をうかがわせるが――本判決以後の判例でも明らかにされていない。

Ⅱ．抵当権の及ぶ従物に関する公示

付合物や従物について，独自の公示が行われるべきか。付合物は，すでに土地や建物の一部になっている。したがって，目的不動産に関する登記があれば，抵当権が付合物にも及ぶことは公示されていると考えてよい。独自の登記は不要である。本判決は，これを当然の結論とみたうえで，従物についても同様とする。本件の石灯籠や庭石といった動産については独自の公示方法がない[*5]ことからすると，そう考えるしかない。

＊3｜不動産の付合

付合には，動産の付合と不動産の付合がある。とくに後者は，ある動産が不動産と合わさることにより，物としての独立性を失い，不動産の一部になることをいう。たとえば，土砂が土地に合わさると，土砂はその土地の一部になり，付合があったといえる。

＊4｜従物

ある物が同じ所有者に属しているとして，一方の物が他方の物の経済的効用を高める関係にある場合がある。効用が高められる側を主物といい，高める側を従物という（87条1項）。たとえば，家屋（主物）の和室に敷かれた畳が従物にあたる。従物は，物としての独立性を失っていない。ここに付合物との違いがある。

従物は，主物よりも経済的価値が低いのが普通である。しかし，常にそうとは限らない。最判平成2・4・19判時1354号80頁は，ガソリンスタンド用の建物に抵当権が設定された事案において，建物の4倍以上の価値をもつ地下タンクを従物とみて，これに抵当権の効力が及ぶことを認めた。

＊5｜独自の公示方法

庭木は，明認（めいにん）方法という独自の公示が不可能ではない。実は，Y は，X がこれを行っておくべきであったと主張していた。これに対して，本判決は，付合物である庭木については，これが求められないというのである。

なお，茶室といった別個に不動産登記をすることができる従物（主物は母屋（おもや））について，実際にその登記が行われている場合にまで本判決の射程を及ぼすことには否定的な見方が有力である。

18 抵当権に基づく賃料への物上代位

最高裁平成元年10月27日判決（民集43巻9号1070頁） ▸百選Ⅰ-83

事案をみてみよう

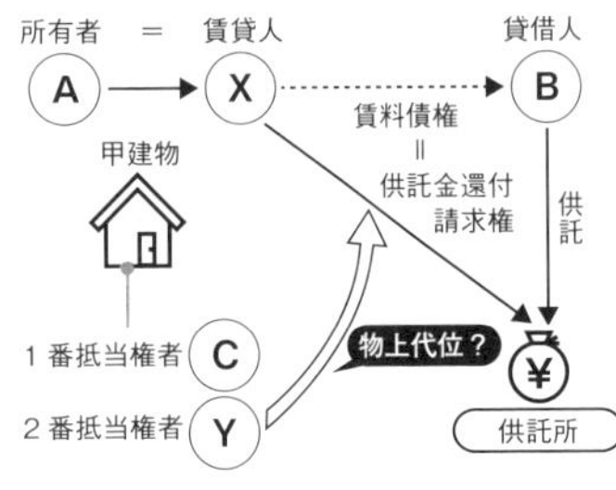

Aは，Bに賃貸していた甲建物にCのための1番抵当権とYのための2番根抵当権を設定し，それぞれ登記をした。その後，Aが甲建物をXに譲渡したため，XがAの賃貸人の地位を承継した。[*1]

Cが抵当権の実行を申し立て，競売開始決定がされたことから，Bは以後の賃料を供託した。すると，Yは，372条および304条に基づいて供託金還付請求権を差し押さえ，かつ転付命令を得て，供託金の還付を受けた。

Xは，Yによる供託金の取得には法律上の原因がないとして，不当利得（703条）を理由にその返還を求めた。

*1｜関連判例

賃借権につき対抗要件が備えられている場合において，目的不動産が譲渡されると，賃貸借契約に基づく賃貸人の地位は，不動産の譲受人に移転する（605条の2第1項。605条の3も参照）。

読み解きポイント

抵当権者は，抵当不動産の賃料に物上代位することができるか。これが認められるならば，抵当権者は，賃料債権に代わる供託金還付請求権からも債権の弁済を受けることができる。[*2]そうだとすると，Yによる供託金の取得には法律上の原因があることとなるから，Xは，その返還を求めることができない。

*2｜関連判例

本判決の引用する昭和45年判決は，仮差押解放金が供託された後に，抵当権者がその取戻請求権に物上代位することの可否が争われた事案において，372条・304条の規定の趣旨から，これを肯定していた。本判決は，【賃料債権への代位が可能＝供託金還付請求権への代位が可能】と解しており，本解説でもこれを前提とする。

判決文を読んでみよう

「抵当権の目的不動産が賃貸された場合においては，抵当権者は，民法372条，304条の規定の趣旨に従い，目的不動産の賃借人が供託した賃料の還付請求権についても抵当権を行使することができるものと解するのが相当である。けだし，民法372条によって先取特権に関する同法304条の規定が抵当権にも準用されているところ，抵当権は，目的物に対する占有を抵当権設定者の下にとどめ，設定者が目的物を自ら使用し又は第三者に使用させることを許す性質の担保権であるが，抵当権のこのような性質は先取特権と異なるものではないし，抵当権設定者が目的物を第三者に使用させることによって対価を取得した場合に，右対価について抵当権を行使することができるものと解したとしても，抵当権設定者の目的物に対する使用を妨げることにはならないから，前記規定に反してまで目的物の賃料について抵当権を行使することができないと解すべき理由はなく，また賃料が供託された場合には，賃料債権に準ずるものとして供託金還付請求権について抵当権を行使することができるものというべきだからである。

そして，目的不動産について抵当権を実行しうる場合であっても，物上代位の目的となる金銭その他の物について抵当権を行使することができることは，当裁判所の判例の趣旨とするところであり〔最判昭和45・7・16民集24巻7号965頁参照〕，目的不動産に対して抵当権が実行されている場合でも，右実行の結果抵当権が消滅するまでは，賃料債権ないしこれに代わる供託金還付請求権に対しても抵当権を行使することができるものというべきである。」

この判決が示したこと

抵当権者は抵当不動産の賃料に物上代位することができる。

解説

Ⅰ．文理解釈

304条が先取特権の物上代位性を規定しており，これを372条が抵当権に準用する。そのまま読み替えると，抵当権者は「……賃貸……によって〔抵当不動産の所有者〕が受けるべき金銭」である賃料に物上代位できることとなる。本当にそう考えてよいのか。[*3]

Ⅱ．否定説

抵当権は，抵当権者に目的不動産の占有を移さないで，その使用収益権を設定者にとどめる非占有担保権である（369条）。また，抵当権は，目的不動産の交換価値（典型的には競売代金として具体化する）のみを支配する価値権であり，使用価値を設定者に留保する。これらの性質論からは，抵当権者が物上代位によって賃料という使用収益の対価に手出しすることを認めにくい。

さらに，本判決以前の学説の多数は，物上代位は本来の目的物に対して担保権を行使できなくなった場合に限って，その価値代償物に効力を及ぼす制度である，と解していた。この見方によると，目的物の滅失または損傷によって生じる損害賠償金や保険金は価値代償物に当たり，これらへの物上代位は許されるが，目的不動産が賃貸されても抵当権者はなおもその不動産の競売を求めることができるから，賃料は価値代償物に当たらず，これへの物上代位は許されないこととなる。

ただし，これらの論拠から賃料への物上代位を否定する論者の多くは，本判決が下された当時の旧371条1項ただし書[*4]が，実行着手後の抵当権の効力は「果実」にも及ぶと定めていたことから，抵当権が実行に着手された後に限り，旧371条1項ただし書に基づいて法定果実である賃料にも抵当権の効力が及ぶと理解していた。

Ⅲ．本判決の立場・肯定説

上記のように否定説が有力に唱えられていたにもかかわらず，本判決は，肯定説をとる。その理由として次の指摘をする。304条は，非占有担保権である先取特権につき賃料への物上代位が可能であることを直接に規定する。このことからすれば，抵当

＊3｜同種の問題

売買代金への物上代位も，文理解釈からは認められる。ところが，多くの学説がこれを否定している。詳細は，手もとの教科書を確認されたい。

＊4｜平成15年の担保・執行法改正前の371条1項

「前条ノ規定ハ果実ニハ之ヲ適用セス但抵当不動産ノ差押アリタル後又ハ第三取得者カ第381条〔滌除（てきじょ）権者への実行の通知〕ノ通知ヲ受ケタル後ハ此限ニ在ラス」

＊5｜付加的物上代位

賃料を抵当不動産の交換価値の一部とみることには納得がいかないが，本判決のため，賃料への物上代位を肯定せざるをえない。このような考えにある論者は，損害賠償金や保険金を想定して論じられてきた価値代償物に対する代位を代替的（代償的）物上代位と呼び，これとは別の類型として，賃料といった収益に対する付加的（派生的）物上代位を新たに認めることで，特に否定説の側から唱えられていた物上代位の制度趣旨について見方を変えようとしている。

権が非占有担保権であることは，必ずしも抵当権者による賃料への物上代位の否定につながらない。

価値権性はどうか。本判決はこれに触れないが，肯定説にたつ学説には，賃料が目的不動産の交換価値のなしくずし的実現であると説明するものがあった。すなわち，抵当不動産に賃借権があると，その売値は下がり，交換価値の減少が生じる。賃料はその穴埋めをするものであり，交換価値の一部とみることができる。だから，かりに物上代位を価値代償物にしか認めない立場にたったとしても，価値権である抵当権をもつ者が価値代償物である賃料に物上代位することを認める余地はある。[*5]

旧371条1項にいう「果実」に法定果実も含まれるとの否定説の側からの主張についていえば，反対に，それが天然果実に限られるとみるのが伝統的な判例の立場であった。すなわち，旧371条1項は「前条」である370条を受ける例外規定の体裁をとることで，370条によれば付加一体物として抵当権の効力が及びうる天然果実について，実行の着手があるまでそれに抵当権の効力が及ばないことを明らかにする規定であるとされていた（大判大正2・6・21民録19輯(しゅう)481頁）。かえって，学説においては，法定果実である賃料には物上代位によって抵当権の効力を及ぼすことができることを根拠に旧371条に関する判例の立場を支持する見方さえあった。本判決は，そのような学説の理解になじみやすい。[*6]

Ⅳ. 本判決以後の展開

土地の価格は永遠に上昇し続けるという土地神話が妥当した時代は，賃料から債権をちまちまと回収することなど見向きもされず，賃料への物上代位の可否という問題は，理論上の争いという意味合いが大きかった。ところが，賃貸用不動産が増え，また，特にバブル期に賃料の高騰が生じた。そして，本判決の後すぐにバブルが崩壊する。抵当権者は，抵当不動産を競売に付して債権の全額をただちに回収することが困難となったのである。すると，金融機関は，地価はやがてもとに戻るという淡い期待と，利息さえ回収可能な債権であれば不良債権扱いされなかったという事情により，賃料から利息相当額だけでも回収して急場をしのごうと，本判決の認めた物上代位に大いに注目した。以上の事情から，ごく短い期間のうちに賃料への物上代位をめぐる判例が数多く生まれる。

また，371条は，平成15年の担保・執行法改正によって，被担保債権の不履行後は抵当権が天然果実だけでなく，法定果実にも及ぶことを明らかにする規定に改められる。こうして，同改正で新設された担保不動産収益執行制度（民執180条2号）に371条という実体法上の根拠が与えられることとなった。制定法上，抵当権者が担保不動産収益執行によって賃料からも債権を回収することが承認されたからには，非占有担保性や価値権性を理由に賃料への物上代位を否定することはいっそう困難となった。むしろ，371条は賃料に関する物上代位の根拠にもなるとの理解が現在，有力になりつつある。この立場によれば，抵当権が賃料にも及ぶことは371条で明らかにされているところ，[*7]372条および304条は，抵当権者が賃料から債権を回収するための具体的な手段の1つとして物上代位制度を用意していることとなる。

＊6｜賃料への物上代位を肯定する実質的論拠

抵当権に基づく賃料への物上代位を肯定するために本判決が提示する論拠は，消極的である。実質論で考えるならば，次のようにいえよう。すなわち，賃料といった収益も設定者に留保されるべきであるとしても，抵当権の被担保債権が弁済期にあるのであれば，抵当権者は競売によって設定者から所有権を奪うことさえできる。以後，設定者は賃料を得ることができなくなるのだから，被担保債権の弁済期がある場合におけるその収益権能は必ずしも保護に値しない。その一方で，物上代位を許すと，設定者の責任財産を目減りさせて一般債権者に不利益をもたらすといった問題も生じる。一般債権者その他の第三者の利益状況も，物上代位を許すかどうかの判断の決め手となるのである。しかし，一般債権者等の保護は，いかなる要件のもとであれば賃料への物上代位が許されるのか，という問題のなかで検討すればたりる（その具体例が［判例**19**］や，その解説において紹介する諸判例である）。全面的に賃料への物上代位を否定する必要はなく，一般論としては，これを肯定してよい。

＊7｜有力説の射程

本文で紹介する有力説も，賃料以外の代位物（たとえば損害賠償金）に抵当権の効力が及ぶことの根拠は372条・304条に求める。賃料に限って，371条の改正が372条・304条の解釈に影響を及ぼすと理解しているのである。

19 抵当権に基づく物上代位と債権譲渡

最高裁平成10年1月30日判決（民集52巻1号1頁）　▶百選Ⅰ-84

事案をみてみよう

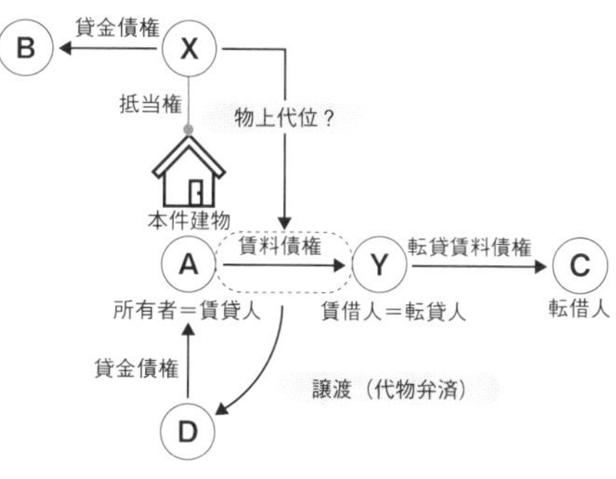

Xは，A所有の建物（以下「本件建物」）について，平成2年9月，抵当権の設定を受け，その登記を経由した。この抵当権の被担保債権は，XがBに対して有する30億円の貸金債権である。平成3年3月，Bは，約定利息の支払を怠ったため，その貸金債務に関する期限の利益を失った。[*1]

Aは，もともと本件建物を複数の賃借人Cらに賃貸していたが，その賃料として合計約700万円の支払を毎月受け，また，敷金として合計約3000万円を受け取っていた。Aは，平成5年1月，本件建物の全部を〔期間の定めなし／賃料月額200万円／敷金1億円／譲渡転貸自由〕という約定でYに貸し与え，また，Cらは，Yから転貸を受けることになった。同年4月，Aは，Dから7000万円の貸付けを受け，その代物弁済として，Yに対して向こう3年間に生ずる賃料債権をDに譲渡し，Yは，確定日付のある証書によってこの譲渡を承諾した。その後，Xは，抵当権の物上代位権の行使として，AがYに対して取得する平成5年7月から平成6年3月分までの賃料債権の差押えを申し立てた。第1審はXによる物上代位を認めたが，控訴審はこれを認めなかった。

＊1｜期限の利益の喪失

抵当権は，被担保債権の弁済期が到来するまで実行することができない。ところが，債権者と債務者との間で期限の利益の喪失に関する特約があり，これに基づいて債務者が期限の利益を失うと（たとえば，割賦（かっぷ）払債務につき割賦金の弁済を1度でも遅れたときは，債権者は債務者に対してただちに債権全額の弁済を請求できるという内容の特約があったところ，債務者が割賦金の弁済を怠った），抵当権の被担保債権の弁済期がただちに到来することとなる。以後，抵当権者は，抵当権を実行し，または物上代位によって債権を回収することができる。

読み解きポイント

304条1項ただし書によれば，担保権者が物上代位をするためには，賃料等の代位物の「払渡し又は引渡し」の前に差押えをしなければならない。債権譲渡は，「払渡し又は引渡し」に当たるか。当たるとすれば，債権譲渡がされると，抵当権者は，当該債権につき物上代位をすることができなくなる。当たらないとして，抵当権者は債権譲渡後にも物上代位をすることができるとすれば，これは，いかなる根拠によるのだろうか。

判決文を読んでみよう

(1)　「民法372条において準用する304条1項ただし書が抵当権者が物上代位権を行使するには払渡し又は引渡しの前に差押えをすることを要するとした趣旨目的は，主として，抵当権の効力が物上代位の目的となる債権にも及ぶことから，右債権の債務者（以下「第三債務者」という。）は，右債権の債権者である抵当不動産の所有者

（以下「抵当権設定者」という。）に弁済をしても弁済による目的債権の消滅の効果を抵当権者に対抗できないという不安定な地位に置かれる可能性があるため，差押えを物上代位権行使の要件とし，第三債務者は，差押命令の送達を受ける前には抵当権設定者に弁済をすれば足り，右弁済による目的債権消滅の効果を抵当権者にも対抗することができることにして，二重弁済を強いられる危険から第三債務者を保護するという点にあると解される。」

(2) 「右のような民法 304 条 1 項の趣旨目的に照らすと，同項の『払渡又ハ引渡』には債権譲渡は含まれず，抵当権者は，物上代位の目的債権が譲渡され第三者に対する対抗要件が備えられた後においても，自ら目的債権を差し押さえて物上代位権を行使することができるものと解するのが相当である。

けだし，（一）民法 304 条 1 項の『払渡又ハ引渡』という言葉は当然には債権譲渡を含むものとは解されないし，物上代位の目的債権が譲渡されたことから必然的に抵当権の効力が右目的債権に及ばなくなるものと解すべき理由もないところ，（二）物上代位の目的債権が譲渡された後に抵当権者が物上代位権に基づき目的債権の差押えをした場合において，第三債務者は，差押命令の送達を受ける前に債権譲受人に弁済した債権についてはその消滅を抵当権者に対抗することができ，弁済をしていない債権についてはこれを供託すれば免責されるのであるから，抵当権者に目的債権の譲渡後における物上代位権の行使を認めても第三債務者の利益が害されることとはならず，（三）抵当権の効力が物上代位の目的債権についても及ぶことは抵当権設定登記により公示されているとみることができ，（四）対抗要件を備えた債権譲渡が物上代位に優先するものと解するならば，抵当権設定者は，抵当権者からの差押えの前に債権譲渡をすることによって容易に物上代位権の行使を免れることができるが，このことは抵当権者の利益を不当に害するものというべきだからである。」

⇩ この判決が示したこと ⇩

債権譲渡は，304条1項ただし書にいう「払渡し又は引渡し」に当たらない。差押えは，債権の譲受人という第三者と抵当権者との間の優劣を決める基準とならない。抵当権者は，抵当権の設定登記を経た後に債権譲渡がされたときは，譲受人への弁済がまだされていない限り，物上代位をすることができる。

解説

Ⅰ．債権譲渡は「払渡し又は引渡し」に当たるか

物上代位の目的債権が譲渡されると，抵当権者は物上代位をすることができなくなるのではないか。本判決に先行する最判昭和 60・7・19 民集 39 巻 5 号 1326 頁（［判例 **26**］〔百選Ⅰ-78〕）等が動産先取特権につき傍論で債権譲渡後の物上代位を否定していた。

債権譲渡が 304 条 1 項ただし書にいう「払渡し又は引渡し」に当たるか，との問いが肯定されるのであれば，このことのみから動産先取特権と抵当権の両方について債権譲渡後の物上代位は許されないとの結論が導かれる。しかし，本判決は，その問いを否定する（判決文(2)(一) 参照)。このため，動産先取特権と抵当権とで違う結論をとる可能性が開かれている。

Ⅱ. 差押えの趣旨

前掲最判昭和60・7・19は，差押えの趣旨として，目的債権の特定性の保持と第三債務者および第三者が不測の損害を被ることの防止という視点を提示していた。本判決は，抵当権者による差押えは，主として第三債務者を保護するために求められるという（第三債務者保護説)。また，このことから，差押えの前に債権を譲り受けていた第三者（D）よりも，抵当権者（X）の保護を優先する（判決文(1)参照)。

抵当不動産に関する賃料債権を譲り受けようとする第三者は，登記をみれば，その債権に抵当権が及ぶことを認識することができる。第三者の保護は，登記によって果たされているのである（判決文(2)(三)。［判例**26**］の解説Ⅱを参照)。そこで，抵当権に基づく物上代位のための差押えの意義として第三債務者の保護がクローズアップされる。判決文(2)(二）が，この点を論じる。より具体的には次のとおりである。

DがAから賃料債権を譲り受け，その対抗要件が備えられているとする。この賃料債権の債務者であるY（第三債務者）にしてみれば，抵当権の登記があっても，それだけでは実際に抵当権者Xが物上代位をする意向をもっているのかを知りようがない。物上代位権はいつまでも行使されないかもしれない。そこで，Yは，差押命令の送達を受けるまでは，債権の譲受人であるDに弁済すればよい。また，Yは，差押命令の送達を受けてはじめて，Xの物上代位権行使の意向を知る。差押えによって債権譲渡と物上代位の競合が明らかになった後は，供託をして賃料債務を免れることができるようになるのである。かりに，差押えがなくても，つまり，Yの知らないうちに，ある時からDへの弁済が禁じられ，弁済したとしてもこれをXに対抗できなくなるというのでは，Yに二重弁済の危険を課すことになる。差押えはこれを防ぐ。

本判決の後，最判平成17・2・22民集59巻2号314頁は，物上代位の目的債権が譲渡され，第三者対抗要件が備えられた場合における動産売買先取特権者による物上代位を正面から否定する。これによって，抵当権と動産先取特権とで物上代位のために求められる差押えの趣旨が異なることが明らかにされる（［判例**26**］の解説Ⅱを参照)。

Ⅲ. 関連判例

最判平成元・10・27民集43巻9号1070頁（［判例**18**］）以後，賃料債権と抵当権の物上代位をめぐる判例は急増したが，本判決はそのうちの1つである。

1 ▸▸ 抵当権に基づく物上代位の拡大傾向とその歯止め

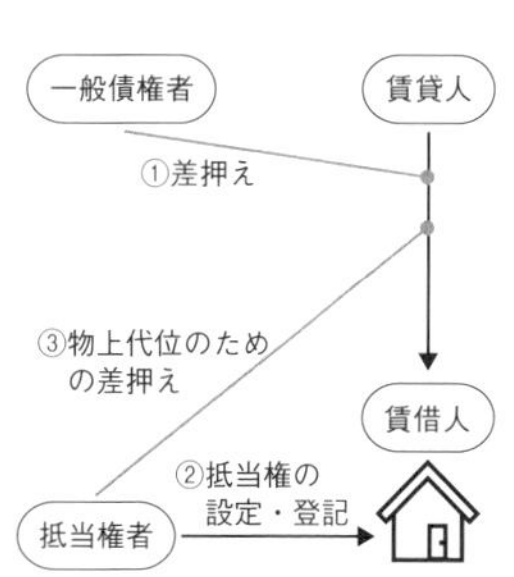

本判決のほか，最判平成10・3・26民集52巻2号483頁は，賃料債権に関して一般債権者による差押えと物上代位のための差押えが競合した事件で，一般債権者の差押命令が抵当権設定登記よりも先に送達されたときは，抵当権者は配当を受けられないとする。この判例は，裏を返せば，抵当権の設定登記さえ先行し

ていれば，その後に一般債権者の差押えがあったとしても，抵当権者はなお物上代位をすることができることを認めるものである。[*2] また，最判平成 13・3・13 民集 55 巻 2 号 363 頁は，抵当権者が物上代位のために賃料債権を差し押さえた後は，抵当不動産の賃借人は，抵当権設定登記後に賃貸人に対して取得した債権を自働債権とする賃料債権との相殺をもって抵当権者に対抗することができないという。この判例も，抵当権設定登記の先行のみから，賃借人による相殺を否定して，抵当権者の物上代位を許すのである。

＊2 転付命令と抵当権に基づく物上代位

金銭債権を差し押さえた債権者の多くは，転付命令を得るという次の段階に進むことで自己の債権の回収を図ろうとする。転付命令とは，金銭債権に対する強制執行における換価方法の1つであり，転付命令を得た債権者は，差し押さえた債権の移転を受けることで代物弁済を受けた場合に似た満足を得ることができる（民執159条・160条）。転付命令は，債権が譲渡された場合と同じく，債権の移転を生じさせる。このことに着目すれば，転付命令の送達後でもこれに先立って設定登記を経ている抵当権者は，なお物上代位をすることができるとの結論が本判決から導かれそうである。しかし，最判平成14・3・12 民集56巻3号555頁は，次の理由から，これを否定する。すなわち，抵当権者が物上代位をするためには，自ら差押えをする必要がある。その一方で，転付命令が確定すると，執行手続は終了する。抵当権者も含め，他の債権者は差押えその他の権利行使をすることができなくなるのである。抵当権者は，差押えをすることができない以上，物上代位をすることができない。

このように抵当権者を優遇する判例が続いた。しかし，その後，この傾向に歯止めをかける判例が現れる。最判平成 14・3・28 民集 56 巻 3 号 689 頁は，抵当権設定登記後に賃貸借契約が結ばれ，抵当権者が未払賃料債権への物上代位権を行使しようとした事案において，敷金の充当によって未払賃料が当然に消滅することを理由に，これを否定した。賃借人は抵当権の設定登記後に敷金返還請求権を取得するのだから，前掲最判平成 13・3・13 によれば，敷金返還請求権と未払賃料債権の「相殺」は許されず，抵当権者による未払賃料債権への物上代位が肯定されることになりそうである。だが，最高裁は，敷金返還請求権と未払賃料債権については相殺が問題とならないから，平成 13 年判決とは異なる解決が図られるべきであるとする。すなわち，敷金は，賃借人が負う賃料その他の賃貸借契約上の債務を担保するために賃貸人に交付される金銭である。その返還義務は賃貸借契約が終了し，賃貸目的物の返還があった時に，賃借人に残債務があるときはこれを控除し，なお残額があることを条件としてその残額につき発生する（なお，622 条の 2 第 1 項参照）。未払賃料債権は，敷金の充当によって当然に（相殺のように当事者の意思表示がなくとも）消滅するため，物上代位の目的債権が存在しないこととなり，抵当権者は物上代位権を行使することができない，というのである（さきに説明したように，前掲最判平成 10・3・26 は，一般債権者が差押えをしたにすぎないときは抵当権者の物上代位を許すが，一歩進んで，転付命令が発された後は，前掲最判平成 14・3・12〔＊2 参照〕により，物上代位は許されない。前掲最判平成 14・3・12 も，前掲最判平成 14・3・28 と同じく，物上代位の拡大傾向に対して歯止めをかける判例に位置づけることができる）。

2 ▸▸ 転貸賃料債権への物上代位

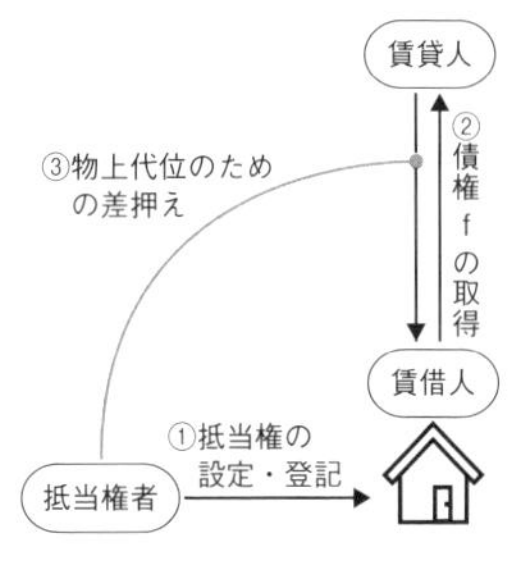

判決文 (2)（四）の実質論は，当時，抵当権者の債権回収を阻害する詐害的な賃貸借契約が横行していたことから，これを懸念して付け加えられたものであろう。本件における A・Y 間の賃貸借契約もかなり怪しい（安い賃料・高い敷金・譲渡転貸の自由〔[判例 **20**]＊2 参照〕）。本判決の後，最決平成 12・4・14 民集 54 巻 4 号 1552 頁は，転貸賃料債権（本件で言えば，Y が C に対して有する債権）への物上代位の可否が争われた事案で，原則としてこれを否定した。しかし，この判決は，抵当不動産の賃借人と所有者とを同視できるような場合においては物上代位が許されるとの例外にも言及する。本判決と同様の配慮によるものといえよう。

20 抵当権侵害①
――抵当不動産の占有

最高裁平成17年3月10日判決（民集59巻2号356頁） ▸百選Ⅰ-86

事案をみてみよう

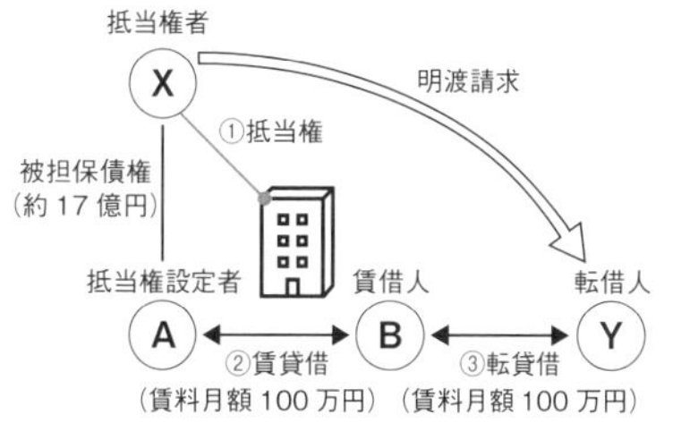

Xは，Aに対して有する約17億円の債権の担保のために，Aが所有する甲不動産につき抵当権の設定を受け，その旨の登記がされた（①）。このとき，Aが甲を賃貸する場合には，Xの承諾を得なくてはならないことを合意した。

ところが，Aは，甲を無断でBに賃貸し[*1]（②），Bも，Xの承諾を得ることなく，甲をYに転貸した（③）。なお，BとYの代表取締役は同一人物であり，また，Aの代表取締役は以前Yの取締役を務めた人物であった。

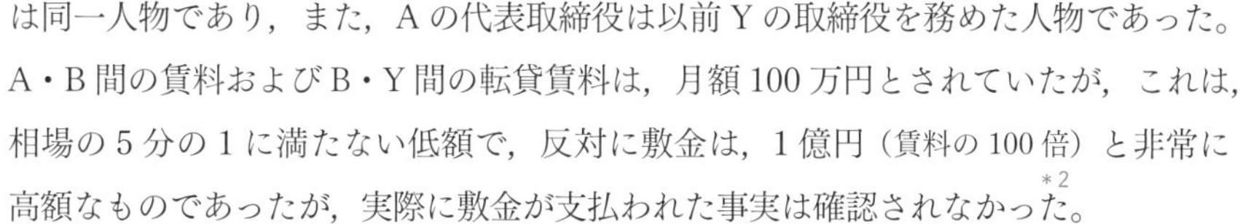

A・B間の賃料およびB・Y間の転貸賃料は，月額100万円とされていたが，これは，相場の5分の1に満たない低額で，反対に敷金は，1億円（賃料の100倍）と非常に高額なものであったが，実際に敷金が支払われた事実は確認されなかった[*2]。

Aが被担保債権の弁済を行わないため，Xは，甲につき競売を申し立てたものの，買い手が現れず競売手続は進行していない。そのようななかで，Aの代表取締役は，Xに対して，100万円と引き換えに本件抵当権を放棄するよう要求した。

Xは，Yに対して，抵当権に基づく妨害排除請求として本件建物の明渡しを請求した。また，抵当権侵害が不法行為であるとして，賃料相当額の損害金の支払を請求した。

読み解きポイント

① 抵当権は，目的物の占有を内容としない担保物権であるが，抵当権に基づく妨害排除請求は認められるか。

② 抵当権に基づく妨害排除請求が認められるとしても，本件のYは，賃借権という正当な権原に基づいて甲を占有している。そのような立場にあるYに対する妨害排除請求は認められるか。

③ 抵当不動産を抵当権者に対して明け渡すことが認められるか。

④ 占有により抵当権が侵害されている場合，抵当権者が不法行為に基づく損害賠償請求として，賃料相当額の支払を求めることができるか。

判決文を読んでみよう

「所有者以外の第三者が抵当不動産を不法占有することにより，抵当不動産の交換

＊1｜抵当不動産の賃貸借

Aは，Xとの合意に反して賃貸借契約を締結しているが，だからといって，この賃貸借契約が無効というわけではない。本判決当時の抵当権と抵当権設定登記後に締結された賃貸借契約との関係は，以下のように整理することができる。

まず，602条に定められた期間（建物3年，土地5年）を超えない賃貸借（短期賃貸借）は，抵当権者に対抗することができるとされていた（旧395条）。「対抗できる」とは，抵当不動産が競売に付されて，買受人が登場した後も，賃貸借契約が買受人に引き受けられる，すなわち，買受人との関係でも存続することをいう。

反対に，602条に定められた期間を超える賃貸借は，抵当権者に対抗できない，すなわち，抵当不動産の買受人に引き受けられないことになる。本件の賃貸借契約は，建物の賃貸借で，期間が5年と定められていたため，抵当権者に対抗できないものであった。

なお，短期賃貸借保護制度は，平成15年の担保執行法改正で廃止され，現行法には存在しない。現行法では，抵当権者の同意を得て，登記を備えた賃貸借のみが，その期間にかかわらず，抵当権者に対抗できるとされている（387条）。

＊2｜賃貸借契約締結による執行妨害

本件のA・B・Yは，なぜ，賃料が低額で敷金が高額な賃貸借契約を締結したのであろうか。

このような賃貸借契約の締結は，抵当権の執行妨害の手段の1つである。というのも，このような賃貸借は，抵当不動産の買受人にとって不利である。賃貸借が買受人に引き受けられる場合，買受人としては，低額な賃料を甘受しなくてはならず，また，賃貸借契約終了の際には，高額な敷金を返還しなくてはならない。そのため，抵当不動産を買い受ける者がいないという事態が生じる。ただし，＊1で述べたように，本件の賃貸借は，買受人に引き受けられるものではない。とはいえ，賃料が低額であるため，抵当権者は，賃料債権に対する物上代位権を行使したとしても（［判例18］参照），不十分な弁済しか受けられないといった問題がある。やはり，本件賃貸借は，抵当権者にとって，不利なものであると評価することができる。

＊3｜占有権原

ここでの「占有権原」とは，抵当不動産を占有するための正当な権原のことをいう。Yが，不法占有者というわけではなく，賃借権という正当な権原にもとづいて抵当不動産を占有していることを指している。

価値の実現が妨げられ，抵当権者の優先弁済請求権の行使が困難となるような状態があるときは，抵当権者は，占有者に対し，抵当権に基づく妨害排除請求として，上記状態の排除を求めることができる〔最大判平成11・11・24民集53巻8号1899頁〕。そして，抵当権設定登記後に抵当不動産の所有者から占有権原[＊3]の設定を受けてこれを占有する者についても，その占有権原の設定に抵当権の実行としての競売手続を妨害する目的が認められ，その占有により抵当不動産の交換価値の実現が妨げられて抵当権者の優先弁済請求権の行使が困難となるような状態があるときは，抵当権者は，当該占有者に対し，抵当権に基づく妨害排除請求として，上記状態の排除を求めることができる……。なぜなら，抵当不動産の所有者は，抵当不動産を使用又は収益するに当たり，抵当不動産を適切に維持管理することが予定されており，抵当権の実行としての競売手続を妨害するような占有権原を設定することは許されないからである。

また，抵当権に基づく妨害排除請求権の行使に当たり，抵当不動産の所有者において抵当権に対する侵害が生じないように抵当不動産を適切に維持管理することが期待できない場合には，抵当権者は，占有者に対し，直接自己への抵当不動産の明渡しを求めることができるものというべきである。」

「抵当権者は，抵当不動産に対する第三者の占有により賃料額相当の損害を被るものではない……。なぜなら，抵当権者は，抵当不動産を自ら使用することはできず，民事執行法上の手続等によらずにその使用による利益を取得することもできないし，また，抵当権者が抵当権に基づく妨害排除請求により取得する占有は，抵当不動産の所有者に代わり抵当不動産を維持管理することを目的とするものであって，抵当不動産の使用及びその使用による利益の取得を目的とするものではないからである。」

⇩ この判決が示したこと ⇩

① 占有権原のある占有者に対しても，抵当権に基づく妨害排除請求が認められる。

② 上記妨害排除請求が認められるのは，ⓐ占有権原の設定に抵当権の実行としての競売手続を妨害する目的が認められ，ⓑその占有により抵当不動産の交換価値の実現が妨げられて抵当権者の優先弁済請求権の行使が困難となるような状態がある場合である。

③ 抵当不動産の所有者において抵当権に対する侵害が生じないように抵当不動産を適切に維持管理することが期待できない場合には，抵当権者への抵当不動産の明渡しが認められる。

④ 抵当権者は，抵当不動産に対する第三者の占有により賃料額相当の損害を被るものではない。

解説

Ⅰ．占有による抵当権侵害

1 ▸▸ これまでの最高裁判例

抵当権は，抵当不動産の占有を内容としない担保物権であり，その占有は抵当不動産の所有者にゆだねられている。そのため，かつての判例は，「抵当権者は，抵当不動産の占有関係について干渉し得る余地はないのであって，第三者が抵当不動産を権原により占有し又は不法に占有しているというだけでは，抵当権が侵害されるわけではない」と述べて，占有それ自体が抵当権侵害となることを否定していた（最判平成3・3・22民集45巻3号268頁)。

しかし，抵当不動産を占有する方法を用いた執行妨害が深刻化したこと等を背景に，最高裁は，本判決が引用する大法廷判決（最大判平成11・11・24民集53巻8号1899頁）をもってこの判断を変更した。平成11年判決は，抵当権が抵当不動産の交換価値から優先的な弁済を受けることを内容とする担保物権である点に着目する。このような観点からすれば，「第三者が抵当不動産を不法占有することにより，競売手続の進行が害され適正な価額よりも売却価額が下落するおそれがあるなど，抵当不動産の交換価値の実現が妨げられ抵当権者の優先弁済請求権の行使が困難となるような状態があるときは」，それが抵当権に対する侵害であると評価できるというのである。

2 ▸▸ 本判決の意義

上記のように，平成11年判決は，抵当不動産の不法占有が抵当権侵害にあたるとしたが，本判決は，この判断を一歩進めて，賃借人のように占有権原のある者による占有も抵当権侵害にあたる場合があることを認めた点に大きな意義がある。

ただし，本判決は，不法占有の場合と占有権原に基づく占有の場合とを区別している。前者の場合には，「抵当不動産の交換価値の実現が妨げられ抵当権者の優先弁済請求権の行使が困難となるような状態」という客観的要件のみで，抵当権侵害が認められる。これに対して，後者の場合には，「占有権原の設定に抵当権の実行としての競売手続を妨害する目的が認められ」るという主観的要件が加わる。このような要件により，抵当不動産の所有者の使用収益権と抵当権者の優先弁済権とのバランスが図られている。

本件では，①賃料が低額で敷金が高額な賃貸借契約が締結されたこと，②抵当権設定者（A），賃借人（B），転借人（Y）のすべてが系列会社であったこと，③抵当権設定者が被担保債権をほとんど弁済しないまま抵当権の放棄を求めたことなどの事実が認定されており，本件の賃貸借契約および転貸借契約が執行妨害目的であったことが強く推認される。本件とは異なり，このような事情がないにもかかわらず，賃貸借の存在により抵当不動産の価値が下がっているだけの場合には，抵当権侵害とは評価されないと考えられる。

Ⅱ. 抵当権者による妨害排除請求

1 ▸▸ 妨害排除請求の可否

占有により抵当権が侵害されているとして，抵当権者が占有者に対して，どのような請求ができるかが問題となる[*4]。

上記平成11年判決は，抵当権者の所有者に対する「抵当不動産を適切に維持又は保存するよう求める請求権」を保全するため，所有者の不法占有者に対する妨害排除請求権を代位行使[*5]する，という法律構成で明渡請求を認容していた。このような法律構成からすれば，賃借人・転借人は，占有権原に基づき抵当不動産を占有しているの

*4｜抵当権に基づく「返還請求権」？

物権的請求権には，返還請求権，妨害排除請求権，妨害予防請求権の3種類があり（［判例01］解説Ⅱ参照），所有権には，これら3つの請求権すべてが認められる。では，抵当権についてはどうか。抵当権は，不動産の占有を内容としない物権であることから，占有の回復を求める請求権である「返還請求権」は，認められないと考えられている。本件では，抵当権者に対する土地の明渡しが問題となっているが，これは，「返還請求権」ではなく，「妨害排除請求権」が行使されたものである。また，［判例21］では，抵当権者が，抵当権の効力が及ぶ動産を元の備付場所に戻すことを求めているが，これも，「返還請求権」ではなく，「妨害排除請求権」の行使として原状回復を請求したものと解することになる。

*5｜

423条によれば，債権者は，自己の債権を保全するため必要があるときは，債務者に属する権利を行使することができる（債権者代位権）。抵当権者は，抵当不動産の所有者に対して，担保価値維持請求権を有しており，これを保全するために，抵当不動産所有者が不法占有者に対して有する妨害排除請求権を代位行使するというのである。

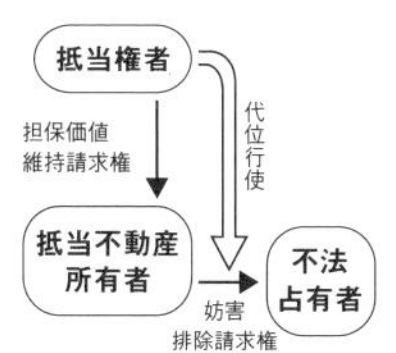

＊6｜傍論

傍論とは，判決に直接必要のない判示事項のことである。詳しくは序（2頁）を参照してほしい。

で，抵当不動産の所有者からの妨害排除請求は認められず，抵当権者がそれを代位行使することもできないことになる。他方，平成11年判決は，その傍論[＊6]で，抵当権に基づく妨害排除請求が認められる可能性を示唆していた。

本判決は，平成11年判決の傍論で示されていた抵当権に基づく妨害排除請求を正面から認めたという点で，重要な判例である。

2 ▸▸ 抵当権者に対する明渡しの可否

抵当権に基づく妨害排除請求として，抵当不動産の所有者ではなく，抵当権者に対する明渡しが認められるかどうかも問題となる。抵当権は，抵当不動産の占有を内容としない権利であることから，抵当権者に対する明渡しの根拠がはっきりしないからである。とはいえ，本件のように，抵当不動産所有者が，抵当権侵害に加担しているような場合には，所有者に対する明渡しを認めただけでは，紛争の解決にはつながらず，抵当権者に対する明渡しを認める必要性は高い。

上記平成11年判決においては，抵当権者に，抵当不動産所有者のために不動産を管理することを目的とした占有（管理占有）が認められ，これが，抵当権者に対する明渡しが認められる根拠となった。

本判決には，抵当権者に上記のような占有が認められる要件を明らかにしたという意義がある。本判決によれば，「抵当不動産の所有者において抵当権に対する侵害が生じないように抵当不動産を適切に維持管理することが期待できない場合」に，抵当権者に対する明渡しが認められるとした。

本件では，AがXとの合意に違反して賃貸借契約を締結したこと，Aの代表取締役がYの関係者であることが認定されており，Aが甲を適切に維持管理することは期待できそうにない。反対に，このような事情がない場合には，抵当権者に対する明渡しが認められない可能性があり，この判旨の射程を慎重に見極める必要があろう。

Ⅲ. 抵当権者による損害賠償請求

1 ▸▸ 賃料相当額の損害

本判決は，抵当不動産の占有者による抵当権侵害に基づき，賃料相当額の損害賠償請求が認められるかどうかについても判断を下している。本判決は，①抵当権者は，自ら抵当不動産を使用できないこと，②抵当権者は，民事執行法上の手続によらずに抵当不動産の収益を取得できないこと，③抵当権者が妨害排除請求の結果として取得する占有は，使用収益権を含まない管理占有にすぎないことを理由として，賃料相当額の損害賠償請求を否定した。

2 ▸▸ 損害賠償請求の可能性

たしかに，抵当権侵害の内容が，「抵当不動産の交換価値の実現が妨げられて抵当権者の優先弁済請求権の行使が困難となる」ことである以上，そこから生じる損害が，賃料相当額であるということには無理があろう。とはいえ，執行妨害などにより，抵当不動産の交換価値の実現が妨げられ抵当権者の優先弁済請求権の行使が困難となった結果として，抵当権者に損害が生じ，損害額を立証することができれば，そのような損害について，抵当権者による損害賠償請求が認められる余地は残されている。

21 抵当権侵害②
――動産の搬出

最高裁昭和57年3月12日判決(民集36巻3号349頁) ▸百選Ⅰ-87

事案をみてみよう

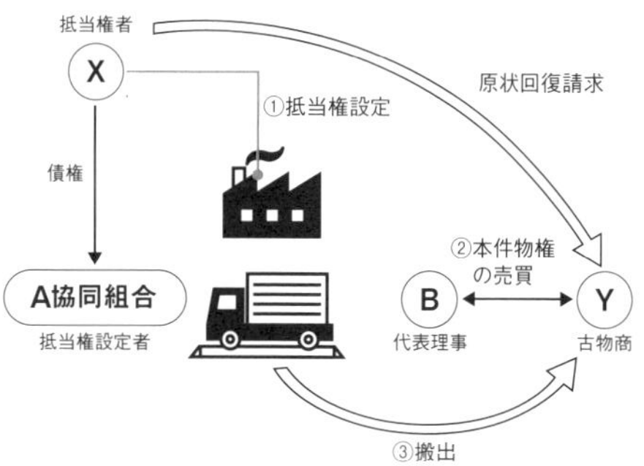

A協同組合は，XがAに対して有する債権を担保するために，Aが所有する工場の建物に抵当権を設定した（以下「本件抵当権」)。本件抵当権は，工場抵当法に定められた特別の抵当権であり[*1]，工場の建物に加えて，工場に備え付けられたトラックスケール[*2]（以下「本件物件」）やその他の機械類にも抵当権の効力が及んでいた。本件抵当権について，抵当権設定登記が行われ，その際に作成された目録には，本件物件も記載された[*3]。

ところが，Aの代表理事Bは，本件物件を自己の所有物であると偽って，古物商Yに売却してしまった。Yは，本件物件を工場から搬出し，占有している。そこで，Xは，本件抵当権に基づき，Yに対して，①本件物件の処分等の禁止，②本件物件を元の備付場所である工場に搬入することを求めて訴えた。

読み解きポイント

まず，本件の前提を確認しておこう。工場抵当法5条1項は，同法2条の規定により抵当権の効力が及ぶ物が第三取得者に引き渡された場合にも，抵当権を行使しうると定めている。つまり，第三取得者に引き渡された物についても抵当権の効力が及び，そのことを第三取得者に対抗できる。他方で，同法5条2項により，第三取得者には，即時取得（民192条）の可能性が認められるが，本件においては，控訴審でYの即時取得が否定された。つまり，本件においては，本件物件にXの抵当権の効力が及んでおり，それをYに対抗できることが前提である。

では，これを前提として，搬出された動産を元の工場に戻させることはできるか。抵当権の効力がどのようなものなのかが問題となる。

*1｜工場抵当
普通の抵当権においては，土地や建物（不動産）の付加一体物（370条）に抵当権の効力が及ぶが，工場抵当においては，工場の敷地や建物（不動産）の付加一体物に加えて，工場に備え付けられた機械，器具などの物（工場供用物）にも抵当権の効力が及ぶ（工場抵当法2条）。このようにして，抵当権者は，単なる土地や建物ではなく，経済的一体としての工場を担保にとることができる。

*2｜
トラックスケールとは，大型の秤（はかり）のことで，車両ごと，その積載物の重さを量ることができる機械である。

判決文を読んでみよう

「工場抵当法2条の規定により工場に属する土地又は建物とともに抵当権の目的とされた動産が，抵当権者の同意を得ないで[*4]，備え付けられた工場から搬出された場合には，第三者において即時取得をしない限りは，抵当権者は搬出された目的動産をもとの備付場所である工場に戻すことを求めることができるものと解するのが相当である。けだし，抵当権者の同意を得ないで工場から搬出された右動産については，第三者が即時取得をしない限りは，抵当権の効力が及んでおり，第三者の占有する当該動産に対し抵当権を行使することができるのであり（同法５条参照），右抵当権の担保価値を保全するためには，目的動産の処分等を禁止するだけでは足りず，搬出された目的動産をもとの備付場所に戻して原状を回復すべき必要があるからである。」

＊3｜工場抵当の対抗要件
工場抵当法によれば，工場供用物に抵当権の効力が及ぶことを第三者に対抗するためには，登記が必要である（工場抵当法３条１項）。具体的には，工場供用物のリスト（目録）が作成され（同条２項），その旨が，抵当権設定登記に記載される（工場抵当登記規則2条）。

⇩ この判決が示したこと ⇩

工場抵当の抵当権者は，搬出された工場供用物を元の備付場所に戻すよう求めることができる。

＊4｜
工場抵当法によれば，抵当権者の同意を得れば，工場供用物を抵当権の負担なく第三者に譲渡することができる（工場抵当法６条２項）。判旨のこの部分は，本件が，同項の場面ではないことを念頭に置いている。

解説

Ⅰ. 抵当権の効力が及ぶ範囲

1 ▸▸ 問題の所在

抵当権の効力は，抵当不動産の付加一体物にも及ぶとされているが（370条），付加一体物が抵当不動産から切り離され，そして，搬出されてしまった場合に，抵当権の効力がどうなるかは，民法には定められていない。具体的には，抵当権の設定された土地に生えている樹木が伐採（ばっさい）され，土地から運び出された場合に，伐木（ばつぼく）に抵当権の効力が及ぶかといった問題が論じられてきた。また，搬出物に抵当権の効力が及ぶとしても，そのことを第三者に対抗できるかも問題である。

有力な考え方によれば，搬出物には抵当権の効力が及ぶが，搬出された後に登場した第三者は，抵当権の存在を知ることができないため[＊5]，そのような第三者には，抵当権を対抗することができない。

＊5｜搬出物と第三者
たとえば，抵当不動産である土地に生えている樹木が伐採された場合，伐木が土地の上にある場合には，第三者としては，土地の登記を見ることで，伐木に抵当権の効力が及ぶことを知ることができる。ところが，伐木が搬出され，別の場所で販売されているような場合には，第三者は，その伐木に抵当権の効力が及ぶことを知ることができない。

2 ▸▸ 本件の特殊性

ただし，本判決は，上記の問題につき何らの答えも示していない。というのも，〔読み解きポイント〕で述べたように，工場抵当法は，目録に記載された工場供用物が工場から搬出されたとしても，抵当権の効力が及び，それを第三者に対抗できることを明文で定めている（工場抵当法５条１項）。つまり，本判決は，「抵当権の効力が及ぶ範囲」という問題については，工場抵当法の内容以上のことを述べていないのである。

Ⅱ. 搬出が抵当権侵害にあたるか

1 ▸▸ 問題の所在

次に検討すべきは，抵当不動産から付加一体物を搬出することが抵当権侵害にあたるか，という問題である。

もし，搬出物には抵当権の効力が及ばない，または，搬出物上の抵当権の効力を第三者に対抗できない，と考えるのであれば，搬出は，抵当権侵害にあたると言いやすい。搬出により，抵当権の効力が及ぶ範囲が狭くなってしまうからである。

反対に，搬出物にも抵当権の効力が及び，そのことを第三者に対抗できるとすれば，搬出は，抵当権者を害しないと考えることもできそうである。搬出により，抵当権の効力が及ぶ物の範囲が変わらないからである。[*6] では，どう考えるべきか。

2 ▸▸ 本判決の意義

この問題について，本判決は，ささやかな手がかりを与えてくれる。というのも，先述したように，本件物件は工場から搬出されたが，本件物件には抵当権の効力が及んでいる。[*7] それにもかかわらず，本判決は，搬出が抵当権侵害にあたることを前提として，抵当権者のために原状回復を認めたからである。

では，なぜ，搬出が抵当権侵害になるのか。本判決は，抵当権者に原状回復が認められる理由を，「抵当権の担保価値の保全」に求めている。反対からいえば，搬出物をそのままにしておけば，抵当権の担保価値が害される可能性があるということである。本件では，Yの即時取得が否定されたものの，たとえば，Yが本件物件を転売し転得者が即時取得することも考えられ，この場合には，抵当権の効力が及ぶ物が減ってしまう。このように，本件物件の搬出は，抵当権の担保価値を危険にさらす行為であり，その意味で，搬出を抵当権侵害であると評価できるのである。

*6｜搬出物についての抵当権実行

ただし，抵当権は民事執行法の規定に従って実行されるが，民事執行法は，抵当不動産から搬出された動産についての執行方法を定めていないことから，「搬出物に抵当権の効力が及ぶ」といってみても，抵当権者は，搬出物の担保価値に期待することはできない。その意味で，搬出行為は，まさに抵当権侵害であるということもできる。しかし，本件は，工場抵当の事案であることから，このような説明は妥当しない（*7参照）。

Ⅲ. 原状回復請求の可否

1 ▸▸ 問題の所在

最後に，抵当不動産からの搬出が抵当権侵害であり，搬出物に対して抵当権の効力が及ぶとして，抵当権者が搬出物を元の場所に戻させることができるかが問題となる。というのも，抵当権は，目的物の占有を内容としない権利であるから，抵当権者が，その占有に介入することができるか，との疑問が生じるからである。

2 ▸▸ 本判決の意義

本判決は，Ⅱ2で述べたような意味での「抵当権の担保価値の保全」のためには，「目的動産の処分等を禁止するだけでは足りず，搬出された目的動産をもとの備付場所に戻して原状を回復すべき必要がある」として，原状回復を認めた。たとえ，抵当権が目的物の占有と無関係に，その担保価値を把握する権利にすぎないとしても，担保価値を保全するために原状回復が不可欠であるというのである。

なお，普通の抵当権には，搬出物についての抵当権実行方法がないため（*6参照），本件の場合よりもさらに，原状回復の必要性が高い。本判決を根拠として，普通の抵当権においても，抵当権者が，搬出物の原状回復を求めることができると解される。

3 ▸▸ 本判決の特殊性

ただし，原状回復が認められる要件には注意が必要である。本判決は，「第三者において即時取得をしない限りは」との限定を付しているが，この限定は，普通の抵当権の場合には無関係であると解するべきである。なぜなら，本件は，工場抵当の事案であり，本判決は，第三者が即時取得をしない限りは，搬出物に抵当権の効力が及ぶという前提の下での判断であった。しかし，普通の抵当権においては，Ⅰ1で紹介した有力説によれば，第三者の即時取得を待たずに，搬出物につき抵当権の効力を主張できなくなる場合もある（立木の伐採者が，搬出後に，有過失の第三者に伐木を売却した場合）。この場合には，第三者が即時取得をしたわけではないが，搬出物につき抵当権の効力を主張できない以上，抵当権者による原状回復請求は認められないことになる。

*7｜工場抵当における抵当権実行

工場供用物については，工場の敷地や建物についての不動産競売の効力が及ぶこと，工場供用物のみを差し押さえることができないことなどが明文で定められている（工場抵当法7条）。つまり，本件においては，Xが抵当権の実行として不動産競売を行う場合には，工場建物に対する差押えの効力が本件物件にも及び，工場建物とともに競売に付されることになる。

22 法定地上権①——共同抵当建物の再築

最高裁平成9年2月14日判決（民集51巻2号375頁） ▸百選Ⅰ-89

 事案をみてみよう

共同抵当設定

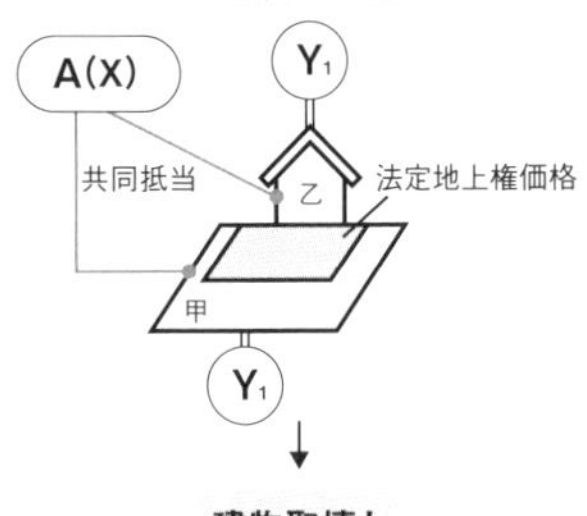

↓

建物取壊し

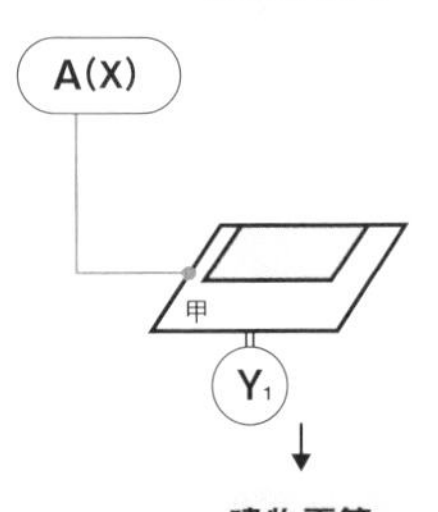

↓

建物再築

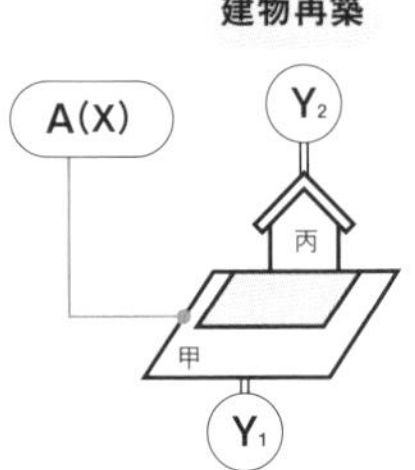

Aは，Y_1から，Y_1が所有する甲土地と甲土地の上の乙建物とについて共同根抵当の設定を受け，その旨の登記を備えた。その後，Y_1は，Aの同意を得て，乙建物を取り壊した。そのため，AおよびY_1は，甲土地の担保価値を更地として再評価し，本件根抵当権の極度額を増額した。甲土地は，Y_1からY_2へと期間5年で賃貸され，Y_2は，甲土地の上に新たに丙建物を建築した。他方で，Aは，本件根抵当権にもとづき甲土地の競売を申し立て，それによる差押えの登記がされた。その後，Xは，Aから，本件根抵当権と被担保債権とを譲り受けた。

Y_1とY_2との間の賃貸借は，短期賃貸借にあたる（602条2号）。短期賃貸借について，平成15年改正前民法（以下「改正前民法」という）395条は，次のように規定していた[*1]。短期賃貸借は，抵当権設定登記後に登記されたものであっても，抵当権者に対抗することができる（同条本文）。ただし，その賃貸借が抵当権者に損害を及ぼすときは，裁判所は，抵当権者の請求により，その解除を命ずることができる（同条ただし書）。そこで，Xは，Yらに対し，改正前民法395条ただし書の規定にもとづいて，本件短期賃貸借がXに損害を及ぼしているとしてその解除を求め，訴えを提起した。

☑ 読み解きポイント

丙建物のための法定地上権が成立するならば，Xの土地抵当権が把握する担保価値は，土地価格から法定地上権価格（図のグレーの部分）を除いた部分（これを底地（そこち）価格とよぶ）[*2]に相当する価値となる。そのため，本件短期賃貸借は，Xに損害を及ぼさない。Xの請求は，認められないこととなる。これに対し，丙建物のための法定地上権が成立しないならば，Xの土地抵当権が把握する担保価値は，法定地上権の負担を受けない土地価格（これを更地（さらち）価格とよぶ）に相当する価値となる。そのため，本件短期賃貸借は，Xに損害を及ぼす。Xの請求は，認められることとなる。

そこで，丙建物のための法定地上権が成立するかどうかが問題となった。法定地上権の成立要件は，①抵当権設定時に土地の上に建物が存在していたこと，②土地と建物とが同一の所有者に属していたこと，③土地と建物の一方または双方について抵当権が設定されていたこと[*3]，④競売により，土地と建物との所有者が別人になったことである（388条）。

＊1｜抵当権設定登記に後れる賃貸借

短期賃貸借制度は，平成15年改正によって廃止された。現行法によれば，抵当権設定登記に後れる賃貸借は，その期間を問わず，原則として，抵当権者に対抗することができない。賃借人保護の方策としては，抵当建物使用者の引渡しの猶予の制度（395条）と，抵当権者の同意の登記がある場合の賃貸借の対抗力の制度（387条）とが用意されている。

まず，②の要件を扱う。土地について抵当権が設定された場合において，土地と建物との所有者は，抵当権設定時に同一人であればよい（大判昭和8・10・27民集12巻2656頁）。その後に土地と建物との所有者が別人となり，建物のために土地について約定利用権が設定され，対抗要件が備えられたとしても，その時点は，抵当権設定登記がされた時点に後れるからである。本件では，抵当権設定時において甲土地と乙建物との所有者は，ともにY_1であった。そのため，再築された丙建物の所有者がY_2であったとしても，②の要件は，満たされる。

次に，本件では，土地と建物との双方について抵当権が設定されている。したがって，③の要件も，満たされる。

では，④の要件については，どうか。本件では，甲土地は，まだ競売による売却がされていないから，④の要件を満たさない。したがって，法定地上権は，成立しない。もっとも，本件では，法定地上権の成否は，改正前民法395条ただし書の規定の要件を満たすかどうかを判断するために，かりに④の要件を満たしたならば法定地上権の成立が認められるか，というかたちで争われている。このように，④の要件を満たさないために，実際には成立していないものの，評価のうえで成立したものとされる法定地上権のことを，「評価上の法定地上権」とよぶことがある。

そうであるとすると，問題として残るのは，①の要件である。建物が再築されたケースにおいても，①の要件を満たすのか。

判例によれば，本件において，抵当権が甲土地のみについて設定されていた（土地個別抵当事例）とすると，抵当権設定時に乙建物が存在していた以上，その後に乙建物が取り壊され，丙建物が建築されたとしても，法定地上権は，成立する（大判昭和10・8・10民集14巻1549頁，最判昭和52・10・11民集31巻6号785頁。もっとも，その内容について基準となるのは，原則として乙建物であるとされる）。では，抵当権が甲土地と甲土地の上の乙建物とについて共同抵当として設定されていた場合（共同抵当事例）も，この場合と同じように，法定地上権が成立するのか。

＊2｜底地価格

法定地上権価格は，地域によって違いがあるものの，土地価格のおおよそ7割～8割で算定されるといわれる。これによれば，底地価格は，土地価格と比較すると，その2割～3割程度となる。

＊3｜「土地又は建物」の意義

388条は，「土地又は建物」について抵当権が設定された場合と定めている。もっとも，土地または建物のいずれか一方について抵当権が設定された場合と，本件のように，土地と建物との双方について抵当権が設定された場合とによって，法定地上権の成否を区別する理由はない。また，388条のもとの文言は，「土地又ハ建物ノミ」であった。現行法において「土地又は建物」とされているのは，平成16年改正によって「ノミ」が削除されたためである。そこで，ここでの「又は」は，and／orの意味であるとされている。

判決文を読んでみよう

(1) 「所有者が土地及び地上建物に共同抵当権を設定した後，右建物が取り壊され，右土地上に新たに建物が建築された場合には，新建物の所有者が土地の所有者と同一であり，かつ，新建物が建築された時点での土地の抵当権者が新建物について土地の抵当権と同順位の共同抵当権の設定を受けたとき等特段の事情のない限り，新建物のために法定地上権は成立しない」。

(2) 「けだし，土地及び地上建物に共同抵当権が設定された場合，抵当権者は土地及び建物全体の担保価値を把握しているから，抵当権の設定された建物が存続する限りは当該建物のために法定地上権が成立することを許容するが，建物が取り壊されたときは土地について法定地上権の制約のない更地としての担保価値を把握しようとするのが，抵当権設定当事者の合理的意思であり，抵当権が設定されない新建物のために法定地上権の成立を認めるとすれば，抵当権者は，当初は土地全体の価値を把握していたのに，その担保価値が法定地上権の価額相当の価値だけ減少した土地の価値に限定されることになって，不測の損害を被る結果になり，抵当権設定当事者の合理的な意思に反するからである。」

(3) 「このように解すると，建物を保護するという公益的要請に反する結果となることもあり得るが，抵当権設定当事者の合理的意思に反してまでも右公益的要請を重視すべきであるとはいえない。」

この判決が示したこと

土地と建物とについて共同抵当が設定された場合において，その後に建物が再築されたときは，再築建物のための法定地上権は，特段の事情がない限り，成立しない。

解説

Ⅰ. 個別価値考慮説と全体価値考慮説

土地と建物とについて共同抵当が設定された場合において，その後に建物が再築されたときに，再築建物のための法定地上権が成立するかどうかについては，共同抵当によって把握される担保価値のとらえ方に応じて，2つの見解が主張されている。

1 ▸▸ 2つの見解

個別価値考慮説は，土地と建物とについて共同抵当が設定された場合において，建物抵当権は，「建物価格＋法定地上権価格」によって担保価値を把握する一方，土地抵当権は，「土地価格－法定地上権価格」（底地価格）によって担保価値を把握するととらえるものである。この考え方によれば，抵当権が土地のみについて設定された場合（土地個別抵当事例）と同じように（〔読み解きポイント〕参照），再築建物のための法定地上権の成立は，肯定されることとなる。

これに対し，全体価値考慮説によれば，共同抵当は，土地と建物との全体の担保価値を把握するためのものであることが重視される。これによると，建物の取壊しにより建物抵当権が消滅したときは，土地抵当権は，更地としての担保価値を把握するにいたるとみるべきであると考えられる。このようにとらえないと，抵当権者は，もともと把握していた担保価値から法定地上権価格に相当する価値を失うこととなってしまうからである。この見解によれば，再築建物のための法定地上権の成立は，否定されることとなる。

本判決がとったのは，後者の全体価値考慮説である（判決文(1)および(2)を参照）。

2 ▸▸ 両見解の対立点・相違点

(1) 共同抵当の構成

共同抵当とは，同一の債権のために数個の不動産について設定された複数の抵当権をいう（392条1項，不登83条1項4号・2項）。つまり，共同抵当が設定されても，1つの共同抵当権なるものが観念されるわけではない。そうであるとすると，共同抵当の構成からは，個別価値考慮説のほうが素直なようにみえる。この考え方は，土地抵当権が把握する担保価値と建物抵当権が把握する担保価値とを，それぞれ別に評価するものだからである。これに対し，全体価値考慮説によれば，建物抵当権が消滅した

＊4｜共同抵当の把握する担保価値

建物が存続している段階で，土地と建物とについての「共同抵当権」は，どのような構成のもとで「土地及び建物全体の担保価値を把握」している（判決文(2)）のか。本判決は，建物が存続している段階では，個別価値考慮説と同じように，建物抵当権は「建物価格＋法定地上権価格」により，土地抵当権は「土地価格－法定地上権価格」（底地価格）により，それぞれ別に建物・土地の担保価値を把握するものであるととらえている。「抵当権の設定された建物が存続する限りは当該建物のために法定地上権が成立する」とされているからである。

時に，建物抵当権の把握していた担保価値のうち，法定地上権価格に相当する価値が土地抵当権の把握していた担保価値に流れ込むこととなる[*4]。この担保価値の移動を正当化する理由として，本判決は，それが「抵当権設定当事者の合理的意思」（判決文(2)）に合致することを挙げている。全体価値考慮説によると，再築建物のための法定地上権が成立しないため，建物の保護という公益的要請に反するかもしれない。しかし，本判決によれば，「抵当権設定当事者の合理的意思に反してまでも右公益的要請を重視すべきであるとはいえない」（判決文(3)）とされる。

(2) 紛争の類型

再築建物のための法定地上権が成立すると考えると，共同抵当の設定者が，建物を取り壊してバラック[*5]を建てるといった行動にでるおそれがある。この場合には，建物抵当権は，建物が取り壊されたことで消滅する一方，土地は，土地抵当権にもとづきこれを競売しても，底地価格でしか売却されない。そのため，抵当権者が著しく害されることとなる。このような共同抵当の設定者の行動を抑止するためには，全体価値考慮説をとるほうが望ましい。本件も，抵当権の実行としての競売に対する妨害が疑われるケースであったとされる。他方で，地震により建物が倒壊したケース等では，再築建物のための法定地上権が成立しないと考えると，共同抵当の設定者は，建物を再築するために必要な融資を，再築建物を担保として受けることができなくなる。そのため，建物再築の促進という観点からは，個別価値考慮説のほうが適切であるとされる。このように，両見解の間には，解決すべきものとして想定されている紛争の姿にズレがある。

Ⅱ. 本判決の射程

1 ▸▸ 「特段の事情」とは

判決文(1)は，例外として法定地上権の成立が認められる「特段の事情」の例を挙げている。それは，「新建物の所有者が土地の所有者と同一であり，かつ，新建物が建築された時点での土地の抵当権者が新建物について土地の抵当権と同順位の共同抵当権の設定を受けた」場合である。この場合には，抵当権者は，土地と新建物との全体の担保価値を把握することとなる。したがって，新建物のための法定地上権の成立を認めても，抵当権設定当事者の合理的意思に反しないものと考えられる[*6]。

2 ▸▸ 土地個別抵当事例の処理

では，土地と建物とのうち，土地のみについて抵当権が設定された場合（土地個別抵当事例）において，その土地抵当権により，法定地上権価格に相当する価値を含む土地全体の担保価値を把握しようとしていたとみられるときは，どうか。具体的には，土地のみについて抵当権が設定されたのは，建物を取り壊し，あらためて建物を建築することが計画されていたからであり，再築された建物について抵当権を設定することが予定されていたケースである。裁判例のなかには，このようなケースにおいても，本判決の判断を推し進め，特段の事情のない限り，再築建物のための法定地上権は，成立しないとしたものがある（東京地判平成15・6・25金法1690号111頁[*7]）。

＊5｜バラック

ここでは，かりに作られた簡易な建物のこと。

＊6｜租税債権があるとき

もっとも，本文の引用部分にあたる場合であっても，新建物について設定された抵当権の被担保債権に優先する租税債権があるときは，新建物について先順位の担保権が設定されているときと，実質的に異ならない。そのため，「新建物に設定された抵当権の被担保債権に法律上優先する債権が存在するとき」は，「特段の事情」にあたらず，新建物のための法定地上権は，成立しないものとされている（最判平成9・6・5民集51巻5号2116頁）。

＊7｜個別の事例に特殊な意思を考慮すべきか

もっとも，このように考えると，1つひとつの事件について，抵当権設定当事者の意思を個別に探求しなければならなくなる。これでは，競売手続を円滑・迅速に進めるのが困難になりかねない。そのため，土地のみについて抵当権が設定された場合には，再築建物のための法定地上権は，成立するとみるべきであるとする見解が主張されている。この見解によれば，土地の上に建物がある場合において，抵当権にもとづく土地全体の担保価値の把握を望む当事者は，その意思を，共同抵当の設定というかたちで客観的・外形的にあらわさなければならない。本判決が重視しているのは，このような意味での抵当権設定当事者の合理的意思であるということとなる。

23 法定地上権②——後順位抵当権の設定

最高裁平成2年1月22日判決（民集44巻1号314頁）

事案をみてみよう

Aが所有する甲土地の上に，その子Bが所有する乙建物が建っていた。Cは，Dに対する債権を担保するために，AおよびBから，甲土地と乙建物とについて共同根抵当の設定を受け，その旨の登記を備えた。その後，Aが死亡したため，Bが甲土地の所有権を相続した。

Bは，乙建物を取り壊し，乙建物とは別に甲土地の上に建築していた丙建物を増築した。その後，Bは，甲土地について2番根抵当権・3番根抵当権・4番抵当権を設定し，それぞれその旨の登記を備えた。甲土地について1番根抵当権にもとづく競売手続が進められている間に，丙建物の一部が焼失した。そのため，Bは，Yに対し，その残部を取り壊して甲土地を賃貸し，Yは，甲土地の上に丁建物を建築した。他方で，Xは，甲土地の買受人[*1]となり，代金を納付して所有権を取得した。そこで，Xは，Yに対し，所有権にもとづいて，丁建物を収去して甲土地を明け渡すよう求めた。

1番抵当権設定

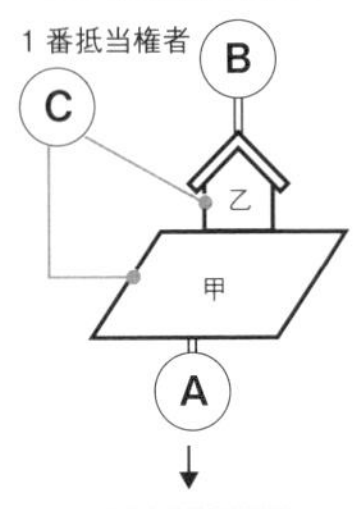

後順位抵当権設定

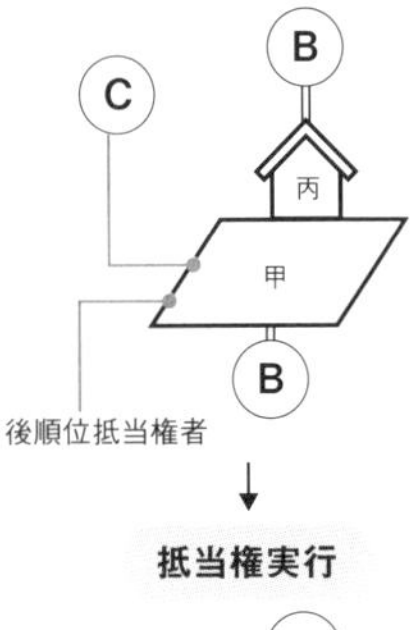

抵当権実行

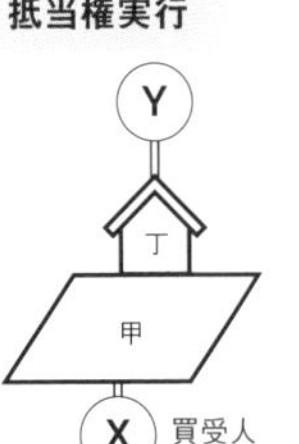

＊1｜買受人と競落人
本判決は，競落人（判決文(3)）という言葉を使っている。これに対し，民事執行法では，競落人は，買受人（民執79条・184条など）とよばれている。競落（判決文(1)）も，民事執行法では使われていない。競落人や競落という言葉は，民事執行法が制定される前の法律で使われていたものである。

読み解きポイント

① 法定地上権が成立するためには，抵当権設定時に土地と建物とが同一の所有者に属することが必要である（法定地上権の成立要件については，［判例**22**］）。

② 土地と建物との所有者が別人であるケースでは，約定利用権によって建物の存続を図ることができる。(a)土地について抵当権が設定された場合には，建物所有者が建物所有のための土地賃借権の設定を受け，建物の登記（借地借家10条）を備えていたときは，抵当権にもとづき土地が競売されたとしても，建物所有者は，土地賃貸借を抵当権者に対抗することができるため，土地賃借権により土地買受人からの建物収去土地明渡請求を拒むことができる。また，(b)建物について抵当権が設定された場合には，建物抵当権の効力は，建物所有者に属する土地賃借権にも及ぶ（従たる権利）。そのため，抵当権にもとづき建物が競売されたときは，建物買受人は，土地所有者の承諾を受ける（612条）か，承諾に代わる裁判所の許可を得れば（借地借家20条），土地賃借権を正当に取得することができる。このように，約定利用権によって建物の存続を図ることができる以上，法定地上権の成立は，認めるべきではない。

③ このことは，抵当権が設定された後に，土地と建物とのいずれか一方の所有権が他方の所有者に移転したため，抵当権が実行される時は，土地と建物との所有者が同一人である場合にも，同じようにあてはまる。このような場合には，(a)事例においても[*2]，(b)事例においても[*3]，土地賃借権は，混同の例外として

存続するからである。

④ 本件では，Cが土地について1番抵当権の設定を受けた時点では，土地と建物との所有者は，別人（AとB）であった。他方で，後順位抵当権が設定された時点では，土地と建物との所有者は，同一人（B）になっていた。したがって，1番抵当権を基準とするのであれば，法定地上権は，成立しない。これに対し，後順位抵当権を基準とするのであれば，法定地上権は，成立する。では，同一所有者の要件は，どの抵当権を基準として判断すべきなのか。

判決文を読んでみよう

(1) 「土地について１番抵当権が設定された当時土地と地上建物の所有者が異なり，法定地上権成立の要件が充足されていなかった場合には，土地と地上建物を同一人が所有するに至った後に後順位抵当権が設定されたとしても，その後に抵当権が実行され，土地が競落されたことにより１番抵当権が消滅するときには，地上建物のための法定地上権は成立しない」。

(2) 「けだし，民法388条は，同一人の所有に属する土地及びその地上建物のいずれか又は双方に設定された抵当権が実行され，土地と建物の所有者を異にするに至った場合，土地について建物のための用益権がないことにより建物の維持存続が不可能となることによる社会経済上の損失を防止するため，地上建物のために地上権が設定されたものとみなすことにより地上建物の存続を図ろうとするものであるが，土地について１番抵当権が設定された当時土地と地上建物の所有者が異なり，法定地上権成立の要件が充足されていない場合には，１番抵当権者は，法定地上権の負担のないものとして，土地の担保価値を把握するのであるから，後に土地と地上建物が同一人に帰属し，後順位抵当権が設定されたことによって法定地上権が成立するものとすると，１番抵当権者が把握した担保価値を損なわせることになるからである。」

(3) 「原判決引用の判例〔大判昭和14・7・26民集18巻772頁，最判昭和53・9・29民集32巻6号1210頁〕は，いずれも建物について設定された抵当権が実行された場合に，建物競落人が法定地上権を取得することを認めたものであり，建物についてはこのように解したとしても１番抵当権者が把握した担保価値を損なわせることにはならないから，土地の場合をこれと同視することはできない。」

この判決が示したこと

土地について設定された抵当権が実行された場合において，競売により消滅する1番抵当権が設定された時に土地と建物との所有者が別人であったときは，後順位抵当権が設定された時に土地と建物との所有者が同一人であったとしても，法定地上権は，成立しない。

＊2｜混同の例外①——(a)事例

520条ただし書の規定は，第三者の権利の目的が「債権」であることを要件としている。しかし，(a)事例では，土地抵当権は，賃借権ではなく，土地を目的としている。そのため，ここでは，同規定の適用は，問題とならない。これに対し，179条1項ただし書の規定では，(a)事例もカバーされている。同規定は，第三者の権利の目的が，他物権の目的である「物」である場合にも，適用されるからである。たしかに，賃借権は，他物権ではなく，債権である以上，同規定を直接適用することができない。しかし，対抗要件を備えた不動産賃借権には，同規定が類推適用されると考えられている（最判昭和46・10・14民集25巻7号933頁〔類推適用ではなく，準用を肯定したもの〕）。

＊3｜混同の例外②——(b)事例

(b)事例は，(a)事例とは異なり，520条ただし書と179条1項ただし書とのいずれの規定によっても対処することができると考えられる。たしかに，建物抵当権の「目的」は，建物であり，土地賃借権にはその「効力」が及んでいるにすぎない。したがって，厳密にいえば，債権（520条ただし書）や他物権（179条1項ただし書）が，第三者の権利の「目的」となっているわけではない。しかし，両規定の趣旨からは，いずれにせよ，混同の例外を認めてさしつかえないと解すべきである。

I. 後順位抵当権の設定・その1――土地抵当事例

1 ▸▸ 1番抵当権が競売時まで存続している場合

(1) 同一所有者の要件――本判決の判断

土地について複数の抵当権が設定され，1番抵当権が競売時まで存続している場合において，同一所有者の要件は，どの抵当権を基準として判断すべきか。1番抵当権者は，抵当権設定時に土地と建物との所有者が別人であったときは，法定地上権の負担を受けない価格によって土地の担保価値を把握している。そうであるとすると，後順位抵当権設定時に土地と建物との所有者が同一人であったとしても，法定地上権の成立を認めるべきではない。法定地上権の成立を認めると，「1番抵当権者が把握した担保価値を損なわせることになる」（判決文(2)）からである[*4]。そのため，本判決は，土地について複数の抵当権が設定されたときは，同一所有者の要件は，1番抵当権を基準に判断すべきであるとしている。

(2) 地上建物の存在の要件

本判決が示したルールは，同一所有者の要件だけでなく，地上建物の存在の要件についても，適用される。すなわち，更地（さらち）について抵当権が設定された場合において，その後にその土地の上に建物が建築されたときは，抵当権設定時に建物が存在していなかった以上，法定地上権は，成立しない（大判大正4・7・1民録21輯（しゅう）1313頁，最判昭和36・2・10民集15巻2号219頁）。このルールは，1番抵当権設定時に更地であったものの，後順位抵当権設定時はその土地の上に建物が建築されていた場合についても，適用される（最判昭和47・11・2判時690号42頁）。つまり，地上建物の存在の要件も，1番抵当権を基準に判断すべきであるものとされている。

2 ▸▸ 1番抵当権が競売時にすでに消滅している場合

では，1番抵当権設定時に土地と建物との所有者が別人であったものの，後順位抵当権設定時は土地と建物との所有者が同一人であった場合において，後順位抵当権者が抵当権にもとづき土地を競売したときに，1番抵当権が被担保債権の弁済や抵当権設定契約の解除によって消滅したため，後順位抵当権が最先順位になっていたら，どうか。判例によれば，このケースでは，法定地上権が成立するものとされる（最判平成19・7・6民集61巻5号1940頁〔百選Ⅰ-88〕）。たしかに，このように考えると，本判決のルールを前提に行動していた後順位抵当権者の期待が害されるおそれがある。しかし，後順位抵当権者としては，抵当権の消滅が生ずることを予測し，その場合における順位上昇の利益と法定地上権成立の不利益とを考慮して，担保余力[*5]を把握すべきであるとされている。また，すでに消滅している1番抵当権の設定時にさかのぼって法定地上権の要件を満たしているかどうかを調査しなければならないとすると，競売手続を円滑・迅速に進めるのが困難になると指摘されている。

1番抵当権がすでに消滅しているケースも含め，法定地上権の成立要件を満たすかどうかの基準となる「抵当権」（388条）を定義するならば，それは，「競売により消滅する最先順位の抵当権」（前掲最判平成19・7・6）であるということとなる。

＊4｜建物所有目的の地上権と土地賃借権

土地と建物との所有者が別人であったときは，建物所有目的の土地賃借権が設定されているのが通常である。

借地借家法は，建物所有目的の地上権と土地賃借権とを，「借地権」として同じように取り扱っている（借地借家2条1号）。そのため，対抗力の取得方法や存続期間・存続保障など，多くの点について両者に差異はない。そうであるとすると，土地抵当権者が建物所有目的の土地賃借権の負担を前提としているときは，法定地上権の成立を認めても，その抵当権者が把握した担保価値を損なうことは，ないようにもみえる。

もっとも，①地上権は，賃借権とは異なり（612条，借地借家19条・20条），土地所有者の同意や裁判所の許可がなくても，これを自由に譲渡することができ，また，②地上権は，これについて抵当権を設定することができるものとされている（369条2項）。これらの違いがあるために，地上権付きの建物のほうが，土地賃借権付きの建物よりも，高い価値をもつものと評価される。そのため，建物所有目的の土地賃借権を法定地上権に転換させると，土地抵当権者が把握した担保価値を損なうおそれが生ずる。

＊5｜担保余力

担保に入れられた物について，まだ残っている担保価値のこと。

Ⅱ. 後順位抵当権の設定・その２――建物抵当事例

1 ▸▸ 傍論の判断

本判決は，傍論として，土地について抵当権が設定されたケースとは異なり，建物について抵当権が設定されたケースでは，１番抵当権設定時に土地と建物との所有者が別人であったものの，後順位抵当権設定時は土地と建物との所有者が同一人であったときは，法定地上権は，成立するとしている。その理由は，建物抵当事例については，法定地上権の成立を認めても，「1番抵当権者が把握した担保価値を損なわせることにはならない」からである（判決文(3)）とされる。

2 ▸▸ 抵当権設定当事者の予期と抵当権者の利益

建物について１番抵当権を設定した当事者の予期によれば，土地について抵当権が設定されたケースと同じように，法定地上権は，成立しないとみるべきであるように思われる。１番抵当権設定時に土地と建物との所有者が別人であった以上，建物について法定地上権が成立することは，１番抵当権設定当事者が予期していなかったことであると考えられるからである。

これに対し，判決文(3)は，このような１番抵当権設定当事者の予期よりは，むしろ，１番抵当権者の利益に着目している。土地抵当事例において法定地上権の成立を認めると，土地について法定地上権の負担が課されることで，１番抵当権者の把握した担保価値が減少する。これに対し，建物抵当事例において法定地上権の成立を認めると，建物のための法定地上権の価値が付くことで，１番抵当権者の把握した担保価値が増加する。そのため，建物抵当事例では，土地抵当事例とは異なり，法定地上権の成立が認められると解すべきであるというのである。[*6]

*6｜抵当権設定当事者の合理的意思との関係

［判例**22**］は，法定地上権が成立するかどうかを判断するにあたって，「抵当権設定当事者の合理的意思」を重視していた。これに対し，判決文(3)は，抵当権設定当事者の予期よりも，抵当権者の利益を重視している。両者を整合的に読むならば，抵当権設定当事者の合理的意思は，抵当権者の利益を踏まえて解釈されるべきであって，合理的意思とたんなる予期とは，異なるものであるととらえることとなろう。

Ⅲ. 本件事案の特殊性

1 ▸▸ 親子・夫婦間の土地の利用

本件では，土地について１番抵当権が設定された時点で，土地所有者と建物所有者は，親と子であった。土地所有者と建物所有者との間に親子・夫婦の関係があったとしても，土地と建物との所有者が別人であるならば，土地について約定利用権を設定することは，可能である。そうである以上，競売がされた後の土地所有者と建物所有者との間の関係は，法定地上権のルールによってではなく，約定利用権のルールによって定められるべきであろう。そのため，土地と建物との所有者が別人である場合には，それぞれの所有者の間に親子・夫婦の関係があるときであっても，法定地上権は，成立しないものとされている（最判昭和51・10・8判時834号57頁）。

2 ▸▸ 共同抵当建物の再築

本件は，１番抵当権が土地と建物との共同抵当として設定された後に，建物が再築された事案である。しかし，この事情は，考慮する必要がない。土地と建物との所有者が別人である以上，共同抵当が設定されても，法定地上権は，成立しないからである。なお，同一人が所有する土地と建物とについて共同抵当が設定された場合についても，建物が再築されたときは，法定地上権の成立は，原則として否定されている（［判例**22**］）。

24 共同抵当
――物上保証人が所有する不動産の後順位抵当権者

最高裁昭和60年5月23日判決（民集39巻4号940頁） ▶百選Ⅰ-91

事案をみてみよう

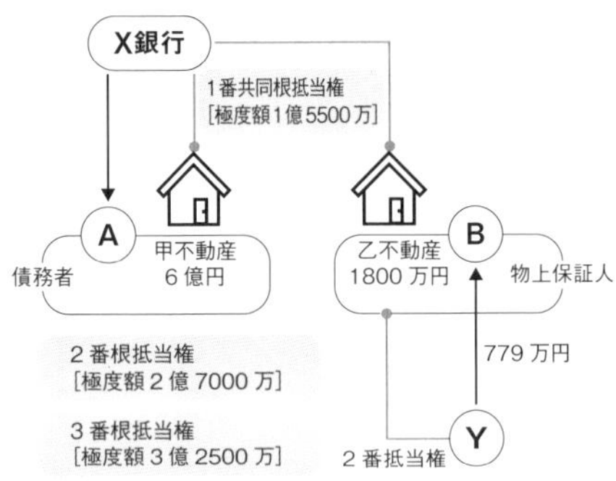

X銀行は，Aに対する債権を担保するために，Aが所有する甲不動産とB（物上保証人[*1]）が所有する乙不動産とを共同抵当の目的として，極度額1億5500万円の第1順位の根抵当権の設定を受けた[*2]。このとき，XとBは，物上保証人が弁済による代位によって取得する権利は，X・A間の取引が継続している限り，Xの同意がなければ行使しない旨を合意した（代位権不行使特約）。他方，Yは，Bに対して779万円を貸し付け，乙不動産に第2順位の抵当権の設定を受けた。さらに，Xは，極度額を2億7000万円として，甲不動産上に第2順位の，乙不動産上に第3順位の根抵当権の設定を受けた。また，極度額を3億2500万円として，甲不動産上に第3順位の，乙不動産上に第4順位の根抵当権の設定を受けた。

その後，Xは，第1順位の根抵当権の実行として，甲不動産および乙不動産につき競売を申し立てた。まず，乙不動産が，約1800万円で売却された。Xの被担保債権は，元本および遅延損害金を合わせて約11億円あり，乙不動産の売却代金は，全額X銀行に配当された。次に，甲不動産が6億円で売却された。執行裁判所は，まず，Xに約1億2600万円[*3]を，次に，Yに約1100万円（元本および遅延損害金）を，さらに，Xに約4億6000万円を配当しようとした。

これに対して，Xは，①物上保証人Bが代位により取得した第1順位の抵当権よりも，自らの第2順位・第3順位の根抵当権が優先する，②Bは代位権不行使特約を結んでいるため代位権を行使できず，Yもこれに拘束される等の理由から，異議を述べて訴えた。

＊1｜物上保証人

物上保証人とは，本件のBのように，他人が負う被担保債権を担保するために，自己が所有する財産に担保権を設定する者のことをいう。

物上保証人が債務者に代わって弁済を行った場合，物上保証人は，債権者に代位することができ（弁済による代位），債権者が債務者に対して有していた債権を行使することができる（499条）。これは，物上保証人所有の不動産が競売に付されて，売却代金から被担保債権が弁済された場合も同様である。そして，物上保証人は，代位によって，債権者が有していた担保権も行使することができる（501条1項）。弁済が一部にとどまる場合には，代位者は債権者とともに，弁済をした価格に応じて代位をすることができる。

読み解きポイント

本件は，債務者所有の不動産と物上保証人所有の不動産とが共同抵当の目的となっている場合において，物上保証人所有の不動産の売却代金が先に配当された異時配当の場面である（詳細については解説を参照のこと）。

このような場面で，債務者所有不動産の売却代金を配当するに際して，物上保証人所有不動産の後順位抵当権者と，債務者所有不動産の後順位抵当権者とでは，どちらが優先するかが問題となる。

また，本件では，物上保証人が，代位権不行使特約に合意していることから，物上保証人所有不動産の後順位抵当権者も，これに拘束されるかが問題となる。

判決文を読んでみよう

「共同根抵当の目的である債務者所有の不動産と物上保証人所有の不動産にそれぞれ債権者を異にする後順位抵当権が設定されている場合において，物上保証人所有の不動産について先に競売がされ，その競落代金の交付により一番抵当権者が弁済を受けたときは，物上保証人は債務者に対して求償権を取得するとともに，代位により債務者所有の不動産に対する一番抵当権を取得するが，物上保証人所有の不動産についての後順位抵当権者（以下「後順位抵当権者」という。）は物上保証人に移転した右抵当権から債務者所有の不動産についての後順位抵当権者に優先して弁済を受けることができるものと解するのが相当である〔最判昭和 53・7・4 民集 32 巻 5 号 785 頁参照〕。右の場合において，債務者所有の不動産と物上保証人所有の不動産について共同根抵当権を有する債権者が物上保証人と根抵当権設定契約を締結するにあたり，物上保証人が弁済等によって取得する権利は，債権者と債務者との取引が継続している限り債権者の同意がなければ行使しない旨の特約をしても，かかる特約は，後順位抵当権者が物上保証人の取得した抵当権から優先弁済を受ける権利を左右するものではないといわなければならない。けだし，後順位抵当権者が物上保証人の取得した一番抵当権から優先して弁済を受けることができるのは，債権者が物上保証人所有の不動産に対する抵当権を実行して当該債権の弁済を受けたことにより，物上保証人が当然に債権者に代位し，それに伴い，後順位抵当権者が物上保証人の取得した一番抵当権にあたかも物上代位するようにこれを行使しうることによるものであるが，右特約は，物上保証人が弁済等をしたときに債権者の意思に反して独自に抵当権等の実行をすることを禁止するにとどまり，すでに債権者の申立によって競売手続が行われている場合において後順位抵当権者の右のような権利を消滅させる効力を有するものとは解されないからである。」

最高裁は，以上のように述べて，甲不動産の売却代金を，第 1 順位で X に約 1 億 3700 万円，第 2 順位で Y に約 1100 万円，第 3 順位で X に約 700 万円，配当することとした。さらに残った額は，2 番根抵当権者，3 番根抵当権者として，X が配当を受けることとなった。

この判決が示したこと

① 上記のような場面（〔読み解きポイント〕参照）では，物上保証人所有不動産の後順位抵当権者が優先する。

② 後順位抵当権者は，物上保証人が締結した代位権不行使特約に拘束されない。

＊2｜共同根抵当

後述するように，共同抵当とは，1つの債権を担保するために複数の不動産にそれぞれ抵当権を設定することをいう。ただし，本件では，根抵当権が設定されていることから，正確にいえば，「1つの債権」という説明は当てはまらず，同じ範囲の被担保債権を担保するために，複数の根抵当権を設定する「共同根抵当」の場面であるといえよう。共同根抵当には，すべての不動産について極度額まで抵当権の優先権を行使できる累積共同根抵当と，合計して極度額までしか抵当権の優先権を行使できない純粋共同根抵当があるが，本件は，共同抵当の登記がされており，後者の場面である（398条の18参照）。純粋共同根抵当においては，通常の共同抵当と同様に，392条，393条の適用があるとされている（398条の16）。

＊3｜

X銀行の第1順位の根抵当権の極度額は1億5500万円であるところ，ここから，乙不動産の競売において受けた配当額1800万円，そして，Yに配当される1100万円を引いたのがこの金額である。

解説

I. 共同抵当における配当

1 ▸▸ 共同抵当とは

共同抵当とは，1つの被担保債権を担保するために，複数の不動産にそれぞれ抵当権を設定することをいう。

共同抵当には，いくつかのメリットがある。1つのメリットは，大きな額の被担保債権を担保したいが，債務者が，価値の低い不動産しか有していない場合にあらわれる。価値の低い不動産であっても，複数の不動産を所有していれば，それらを共同抵当の目的とすることで，大きな額の被担保債権を担保することができる。もう1つのメリットは，リスクの分散である。1つの不動産に抵当権を設定しただけでは，その不動産が滅失した場合に，被担保債権の担保がなくなってしまう。複数の不動産に抵当権を設定しておけば，不動産滅失のリスクに備えることができる。他にも，土地と建物のように，あわせて一定の価値を有する不動産をまとめて担保にすることができるといったメリットもある。

以上のようなメリットから，共同抵当は，実務上しばしば用いられるが，複数の不動産を担保にとることから生じる複雑な問題を抱えている。それは，抵当権実行に際して，誰が，どの不動産から，いくら配当を受けるか，という問題である。特に問題なのは，共同抵当が設定された不動産に，後順位抵当権者がいる場合である。さらに，この問題が難しくなるのは，抵当権が設定された不動産が，別々の所有者に帰属する場合であり，本判決ではこの問題が扱われた。

2 ▸▸ 債務者所有の不動産についての共同抵当

本件では，甲不動産が主債務者A所有の不動産であり，乙不動産が物上保証人B所有の不動産であった。とはいえ，上記のとおり，このような場面は，共同抵当の応用問題である。そこで，本判決を理解する前提として，両方の不動産を債務者Aが所有していた場合に，一体どのように売却代金が配当されるのかを考えておこう。

この問題については，392条が定めている。同条1項によれば，甲不動産と乙不動産とが同時に売却された場合（この場合を「同時配当」と呼ぶ），不動産の価額に応じて，各不動産がいくら被担保債権を負担するか決まる。本件では，甲不動産と乙不動産の価額の比は，約100対3なので，X銀行が有する被担保債権1億5500万円については，甲不動産から，約1億5050万円が配当され，乙不動産から，約450万円が配当されることになる。乙不動産の2番抵当権者であるYは，乙不動産の売却代金からXへの配当を引いた残額から被担保債権の弁済を受けることができる。

では，乙不動産が先に競売された場合（このように共同抵当の目的となっている不動産の競売の配当が同時に行われない場合を「異時配当」と呼ぶ）はどうか。1番抵当権者が，全額の配当を受けるので（392条2項前段[*4]），Yは，乙不動産の売却代金から配当を受けることができなくなってしまう。これでは，同時配当の場合と比べて，Yの地位が害されることになるので，392条2項後段は，Yが，甲不動産の売却代金について，Xに代位できることを定めている。つまり，Yは，甲不動産が競売に付された場合，

＊4｜392条2項前段の趣旨

1で述べたように，共同抵当にはリスクを分散するといったメリットがある。このようなメリットを生かすためにも，異時配当の場面で，先順位抵当権者は，被担保債権全額について優先権をもつと定められている。

＊5｜

ただし，本件では，XとBとの間に，代位権不行使特約が存在した点が問題となる。この点については，IIで説明する。

＊6｜債権者と物上保証人の代位との優劣

本判決は，この点について，本文で紹介していない部分で以下のように述べている。「弁済による代位は代位弁済者が債務者に対して取得する求償権を確保するための制度であり，そのために債権者が不利益を被ることを予定するものではなく，この担保権が実行された場合における競落代金の配当について債権者の利益を害するいわれはないからである」と。

なお，本判決のこの部分の内容は，平成29年民法（債権関係）改正に際して明文化された。現在の502条3項は，一部弁済による弁済代位の場面について，担保目的物の売却代金の配当等において，債権者が代位者に優先することを規定している。

その売却代金から，同時配当の場合と同じだけ配当を受けることができる。

3 ▸▸ 債務者所有不動産と物上保証人所有不動産の場合

次に，本件と同様に，甲不動産は債務者所有，乙不動産は物上保証人所有の場合に，どうなるかを見ていこう。

まずは，同時配当の場合である。このときに，2 の場合と同様に，392 条 1 項が適用され，1 番抵当権の被担保債権を，甲不動産および乙不動産が按分で負担することになるかが問題となる。物上保証人 B は，自らが借入れを行ったわけではなく，乙不動産が競売に付された場合には，債務者 A に求償できる立場にある（＊1 参照)。そのため，被担保債権を按分で負担させるべきではなく，まずは，債務者所有の甲不動産が被担保債権全額を負担するよう配当をすべきであるというのが通説的な考え方である。つまり，392 条 1 項は適用されない。本件でいえば，1 番抵当権の被担保債権である 1 億 5500 万円は，全額，甲不動産の売却代金から配当を受ける。その結果，乙不動産の売却代金については，2 番抵当権を有する Y が，最優先で配当を受けることができる。

以上を踏まえて，異時配当の場合を検討する。本件で問題となったように，乙不動産が先に競売に付された場合である。乙不動産が競売され，その売却代金から X が有する被担保債権が弁済されたため，物上保証人 B は，X に代位することができる（＊1 参照)。ただし，ここでは，X の被担保債権（1 億 5500 万円）全額が弁済を受けたわけではないため，X と B とが共同して，甲不動産上の抵当権を行使する[＊5]（502 条)。そして，弁済による代位の趣旨からして，X と B との間では，債権者である X が優先的に配当を受けることになる[＊6]。このとき，B が受け取ることになる配当は，乙不動産の競売から生じたものであるといえる。そのため，乙不動産の競売の結果として消滅してしまった抵当権の権利者である Y は，「あたかも物上代位するように」，甲不動産の競売において配当を受けることができるというのが本判決の判断である[＊7]。先述したように，本件には，392 条の適用がないため，この代位は，392 条 2 項の定める代位ではなく，また，X と B との関係で問題となる弁済による代位でもなく，抵当権にもとづく物上代位（372 条・304 条）である点に注意が必要である。

Ⅱ. 代位権不行使特約について

本件では，X と B との間に，代位権不行使特約が締結されていた。上記のように，Y が，B の取得する 1 番抵当権に物上代位するというのであれば，B が締結した代位権不行使特約の制約を受けるのではないかが問題となる。

本判決は，代位権不行使特約は，X の意思に反して B が抵当権を実行することを禁止するにとどまるとした。つまり，特約の趣旨は，乙不動産について先に抵当権実行があった場合において，B が弁済代位により取得した甲不動産の 1 番抵当権を行使して，X の意に反した抵当権実行を行うことを禁止することにあると解したのである[＊8]。そうであるとすれば，すでに甲不動産について X による抵当権実行が行われている本件には，特約の趣旨は当てはまらない。特約には，Y が取得した権利を消滅させるような効力は認められず，Y に対する配当が認められた。

＊7｜
つまり，甲不動産の売却代金のうちの1億5500万円については，Xが1億3700万円，Bが1800万円の配当を受けるはずのところ，物上代位により，Bが受け取るはずの1800万円につき，後順位抵当権者Y（2番抵当権者）が1100万円，X（3番根抵当権者）が残額の700万円の配当を受けることになる（〔判決文を読んでみよう〕の末尾部分参照)。

＊8｜
なお，本判決の時点での判例は，一部弁済をした代位者も，原則として，単独で担保権の実行をすることができるとしていた（大決昭和6・4・7民集10巻535頁)。しかし，このように解すると，本来の権利者である債権者が，担保権の実行の時期を選択することができないという不利益を受けることになる。それゆえ，平成29年民法（債権関係）改正に際して，判例の規律を変更し，新たな502条1項において，一部弁済をした代位者は「債権者の同意を得て，その弁済をした価額に応じて，債権者とともにその権利を行使することができる」と定められた。

Step Up

もう一歩先へ

抵当権の消滅

Chapter Ⅱ-1では，抵当権の効力や実行について学んできたが，最後に，抵当権が消滅する場面をみておこう。

1．物権に共通の消滅原因

抵当権も物権の1つなので，物権に共通の消滅原因によって消滅する。まず，目的物が滅失した場合には，抵当権も消滅する。また，抵当権の放棄や，混同（179条）などによっても消滅する。

2．担保物権に共通の消滅原因

担保物権に共通の消滅原因もある。担保物権は，被担保債権を担保するための物権であることから，被担保債権が消滅すると，担保物権も消滅する（付従性）。たとえば，弁済により被担保債権が消滅した場合などである。

また，抵当不動産につき，抵当権の実行としての競売や一般債権者による強制執行としての競売があった場合にも，その不動産に設定されていた抵当権がすべて消滅する（消除主義。民執59条1項）。ここでは，被担保債権が全額の満足を受けたかどうかにかかわらず，抵当権が消滅することになる。

3．抵当権と時効

抵当権の消滅に関して，特に議論があるのは，抵当権と時効との関係である。抵当権が時効により消滅するかどうかを考えてみよう。

166条2項は，債権または所有権以外の財産権は，権利を行使することができる時から20年間行使しないと，時効により消滅すると定めている。他方，396条は，抵当権は，債務者および抵当権設定者に対しては，被担保債権と同時でなければ，時効によって消滅しないと定めている。なぜなら，自らが債務を負っている者（債務者）や，自らが抵当権を設定した者（抵当権設定者）が，被担保債権を弁済していないのに，抵当権の消滅を主張するのは不当だからである。この2つの条文をあわせると，抵当権は，債務者および抵当権設定者との関係では，被担保債権が消滅しない限り時効消滅しないが，それ以外の者との関係では，20年間行使されなければ時効により消滅する，と読める。判例にも，後順位抵当権者や抵当不動産の第三取得者との関係では，抵当権が20年の消滅時効にかかると判示したものがある（大判昭和15・11・26民集19巻2100頁。ただし，後順位抵当権者についての判示は判決の事案とは関係がない傍論である）。

次に，397条をみてみよう。同条は，債務者または抵当権設定者でない者が抵当不動産について取得時効に必要な要件を具備する占有をしたときは，抵当権は消滅すると定めている。判例は，この条文を，抵当不動産の時効取得の反射として，抵当権が消滅するものと理解している。たとえば，Aから不動産の所有権を譲り受けたBが登記を備えない間に，Aから抵当権の設定を受けたCが抵当権設定登記を備えた場合，177条によれば，BはCに負ける（Cの抵当権はBに対抗できる）のであるが，その後，Bが不動産を時効取得すると，その反射としてCの抵当権が消滅するという（大判大正9・7・16民録26輯（しゅう）1108頁，最判昭和42・7・21民集21巻6号1643頁［総則・判例**26**］）。

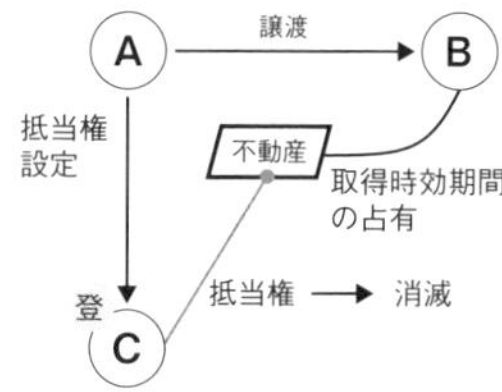

ただし，397条の占有者が，抵当権の存在を前提としている場合には，抵当権は消滅しない。具体的には，抵当不動産の第三取得者については（上記の例でいえば，AがCのために抵当権を設定し登記を備えた後に，抵当不動産をBに譲渡した場合），397条は適用されないとした判例がある（大判昭和13・2・12大審院判決全集5輯6号8頁，大判昭和15・8・12民集19巻1338頁）。しかし，第三取得者が抵当権設定につき悪意または有過失であっても，抵当権者に対して時効取得を主張しうるとした判例もある（最判昭和43・12・24民集22巻13号3366頁）。近時の判例は，占有者が抵当権の存在を「容認」していたといった特段の事情がない限り，抵当不動産の時効取得により，抵当権が消滅するとした（最判平成24・3・16民集66巻5号2321頁〔百選Ⅰ-55〕）。抵当権設定登記があっただけで，抵当権の存在を「容認」していたといえるわけではないと解され，397条の適用範囲については慎重な検討が必要である。

Introduction 2

Contents

留置権・先取特権

シャーペンくんから借りたパソコンが壊れていたんだ。シャーペンくんが「電気屋さんで修理してもらっておいて」と言ったから，そうしたんだけど，シャーペンくんは，ぼくが立て替えた修理代金を払ってくれないのに「パソコンを返せ」って言うんだ。それってずるくない？

1. 留置権

留置(りゅうち)権は，目的物の留置によって債権を担保する物権である。物の返還を拒むことを可能にすることで，その返還を望む債務者に心理的圧力を加え，債務を任意に履行することを促す（留置的効力）。留置権は，民法が定める要件がみたされることによって成立する法定担保物権である。

295条は，留置権の成立要件として，①債権者が他人の物を占有していること，②被担保債権が留置物に関して生じた債権であること，③被担保債権が弁済期にあること，④占有が不法行為によって始まっていないことを定める。

留置権の成立は，要件②のため，被担保債権と一定の関係性をもつ物についてのみ肯定される。その関係性は，通常，牽連(けんれん)関係（または牽連性）と呼ばれる。牽連関係の有無の判断は，解釈にゆだねられており，それをめぐっては多くの判例がある。〔判例 **25**〕は，その1つである。

2. 先取特権

先取(さきどり)特権も法定担保物権である。これには一般先取特権，動産先取特権および不動産先取特権がある。それぞれ，次の①～③の原因により生じた債権をもつ者のために法律上当然に成立し，債権者が当該債権につき優先弁済を受けることを可能とする。

① 一般先取特権：共益の費用，雇用関係，葬式の費用，日用品の供給（306条）
② 動産先取特権：不動産の賃貸借，旅館の宿泊，旅客または荷物の運輸，動産の保存，<u>動産の売買</u>，種苗(しゅびょう)または肥料の供給，農業の労務，工業の労務（311条）
③ 不動産先取特権：不動産の保存，不動産の工事，不動産の売買（325条）

〔判例 **26**〕は，以上のうち，動産売買先取特権（下線部参照）に基づく物上代位と一般債権者の差押えの優劣に関する判例である。

25 不動産の二重売買と買主の留置権

最高裁昭和43年11月21日判決(民集22巻12号2765頁)

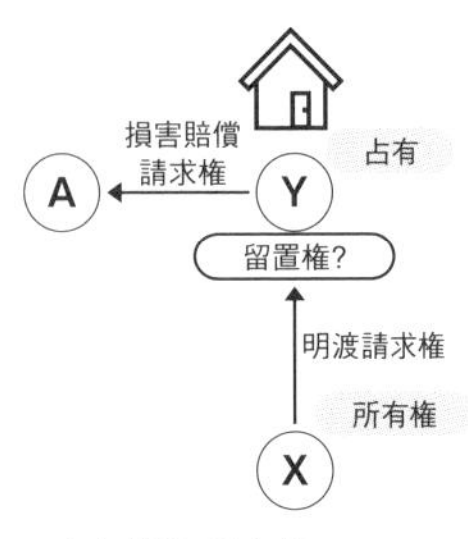

＊1｜建物所有権の帰属

本件ではAからYとXに不動産の二重譲渡が行われたと考えることができる(下図の矢印②③)。Yは，Xが先に登記を備えたため，177条により，建物の所有は諦めなければならない。

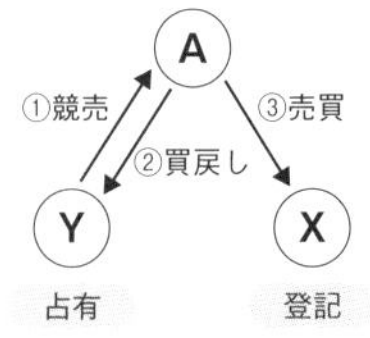

＊2｜Yの債権

Yは，もともと売主Aに対して移転登記請求権その他所有権の移転を目的とする債権を有していた。だが，この債権は，Xが登記を具備することにより履行不能となり，損害賠償請求権(415条)に変わる。

＊3｜他人物への留置権の成立

他人物に留置権が成立しないとすると，このことのみから本件でも留置権の成立が否定される。しかし，通説は，留置権が債務を負わない者の所有物に成立すること自体は認めている(商事留置権とは違う〔商521条参照〕)。

事案をみてみよう

本件建物は，もともとYが所有していたが，Aが競売によりこれを取得した。Yは，Aとの間で本件建物を買い戻す契約を取り付けることで，その占有を続けていた。ところが，Yがその代金を一部しか支払わなかったため，Aは，本件建物をXに譲渡した。その後，Xは，所有権移転登記手続を済ませたうえで，所有権に基づく建物の明渡しをYに求めた[＊1]。これに対して，Yは，Aから損害賠償の支払を受けるまで[＊2]本件建物を留置する権利を有すると主張して，Xの請求を拒んだ。第1審・控訴審ともにXの請求を認容したため，Yが上告(その理由は解説Ⅰ参照)。

読み解きポイント

不動産の二重譲渡がされた場合において，第2譲受人Xが先に登記の移転を受けると，第1譲受人Yは，所有権の取得をめぐる争いというレベルでは177条によりXに敗れる。では，この場合，YがAに対して有する損害賠償請求権を被担保債権とする留置権(295条1項)が成立するだろうか。これが成立するならば，Yは，次の①・②の形で負けの多くを取り返すことができる(「敗者復活」)。

Aが損害賠償をしてくれるのであれば，そもそも留置権など不要である。もっとも，Aが支払に素直に応じるとはかぎらない。Aが無資力である可能性さえある。しかし，留置権が認められると，①損害賠償債務の弁済がなければ物の引渡しを受けられないXが第三者弁済をしてくれるかもしれない(債務者以外の者への心理圧力効[＊3])。

また，留置権が成立すると，Yは，298条2項ただし書の「物の保存に必要な使用」をすることができる。つまり，②本件建物での居住を続けられる(大判昭和10・5・13民集14巻876頁)。

判決文を読んでみよう

「Y主張の債権はいずれもその物自体を目的とする債権がその態様を変じたものであり，このような債権はその物に関し生じた債権とはいえない旨の原審の認定判断は，原判決挙示の証拠関係に照らして首肯(しゅこう)できる。」

この判決が示したこと

177条に基づいて自己の所有権を第2譲受人に対抗することができない第1譲受

人が譲渡人に対して有する損害賠償請求権と譲渡の目的物である建物との間には牽連関係がないため，留置権は成立しない。したがって，第1譲受人Yは，第2譲受人Xからの明渡請求を拒むことができない。

解説

Ⅰ．牽連関係

留置権は，債権者が占有する「物に関して生じた債権」を被担保債権とするのでなければ成立しない（295条1項）。つまり，その成立には物と債権との間に牽連関係が必要である。一般に，牽連関係は，①債権が目的物自体から生じた場合，または，②債権が物の返還請求権と同一の法律関係や生活関係から生じた場合に存在するといわれる。

実は，Yは，上告理由において，自己の損害賠償請求権とXの返還請求権はAからXへの建物の譲渡（と登記の具備）という同一の法律関係から生じたものであるから，債権と本件建物との間に②の牽連関係があると主張していた。

しかし，本判決（および控訴審）は，①の牽連関係の不存在から留置権の成立を否定した。すなわち，①の例として，物に必要費や有益費が加えられることによって費用償還請求権（196条・608条）が生じた場合を挙げることができるが，このような場合と債権が物自体を目的とする場合とは区別しなければならない[*4]。そして，Yの損害賠償請求権はもともと物自体を目的とする債権が形を変えたものにすぎない（＊2参照）から牽連関係が新たに生じることもない，というのである。

Ⅱ．理由づけの適否

留置権によるYの敗者復活（前述）は認めがたい。先に登記を備えた者を保護するという177条のルールを実質的に維持するため，結論として留置権の成立を否定するべきである。学説は，このような価値判断から，最高裁がとる結論には反対しない[*5]。だが，物自体を目的とする債権が「物に関して生じた債権」に当たらないとの説明は，禅問答のようでわかりにくい。そこで，別の正当化が模索されることがある。

本判決の後，最高裁は，他人物売買の買主が留置権の成立を主張した事案において，次の理由からこれを否定した。他人物の売主は，目的物の返還を買主に請求することはできない。このため，買主は，目的物の返還を拒絶することによってその損害賠償請求権の履行を間接に強制することはできない。したがって，損害賠償請求権と売買目的物との間に牽連関係は存在しない（最判昭和51・6・17民集30巻6号616頁）。

現在の学説の多数は，この判例を踏まえ，本件のような二重譲渡の事案でも譲渡人Aには第1譲受人Yに対する返還請求権がなく，したがって，Yに留置権を認めることが損害賠償請求権の履行に向けたAへの心理圧力につながらないことに牽連関係を否定する理由を求めている。

＊4｜関連判例

大判大正11・8・21民集1巻498頁が，債権が物自体を目的とする場合には牽連関係は否定されると述べていた。事案は，Yが対抗要件を具備しないままAから賃借していた土地がXに譲渡され，XがYに不動産の明渡しを求めた（「売買は〔対抗力を有しない〕賃貸借を破る」）ところ，Yは賃借権の履行不能による損害賠償請求権を被担保債権とする留置権を主張した，というものであった。

賃借物を使用・収益させるという賃貸人の債務は物を留置することによって間接的に強制されはしない。留置権を認めても無意味であるからには，その成立は否定される。この結論を導くために，「賃借権という物自体を目的とする債権＝その不能により生じる損害賠償債権」について物との牽連関係も認められない。

＊5｜同様の価値判断をする判例

不動産の第1譲受人Yが，先に登記を備えた第2譲受人Xに対して債権侵害を理由とする不法行為責任を追及することができるのは，Xが背信的悪意者である場合に限られると考えられている（最判昭和30・5・31民集9巻6号774頁は単純悪意者の責任を否定）。また，第1譲受人Yは，第2譲受人Xが登記を了した場合には，第2譲渡を詐害行為として取り消すことができるとしても，自己への登記の移転を求めることはできないともいわれる（最判昭和53・10・5民集32巻7号1332頁〔債権総論・判例**16**〕〔百選Ⅱ-13〕）。これらの根底にも，177条のルールの潜脱は許されないとの価値判断がある。

26 動産売買先取特権に基づく物上代位

最高裁昭和60年7月19日判決(民集39巻5号1326頁) ▸百選Ⅰ-78

事案をみてみよう

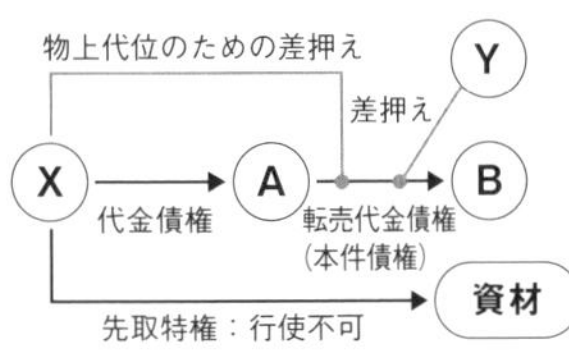

Xは，Aに溶接用の資材を売り渡した。Aが代金を支払わないまま，その資材をBに転売したところ，Aの債権者YがAのBに対する転売代金債権（以下「本件債権」）を差し押さえた[*1]。それから6日後，Xが本件債権を差し押さえ，その転付命令（[判例**19**] ＊2参照）も取得した。Bが本件債権の全額を供託すると，執行裁判所は，XとYらに対してその債権額に応じて平等に配分する内容の配当表を作成した[*2]。これに対して，Xは，自らの差押えと転付命令は物上代位権に基づくものであるから，Yよりも優先して配当を受けられるはずであるとして，配当表の変更を求める訴え（民執89条・90条）を提起した。

＊1｜実際の事案
実際にYがしたのは仮差押えであった。仮差押えがあると，後に本差押えがされることで，仮差押えの時点から差押えがあった扱いになる。このため，本件のようなケースでは差押えと仮差押えのどちらがあったのかで異なる結論は導かれないことから，本解説では，事案の単純化のため，差押えとする。

読み解きポイント

Xは，溶接用の資材という動産をAに売却することで，その資材につき，売買代金債権を被担保債権とする動産売買先取特権を取得する(321条)。もっとも，Xは，債務者Aが目的動産をBに転売して引き渡した後は，その先取特権を行使することができなくなる(333条)。その一方で，Xは，304条1項に基づいて，債務者Aが先取特権の目的物を売却することによってAが受けるべき金銭(売買代金)について先取特権を行使すること，つまり物上代位をすることができるようになる。

とはいえ，304条1項ただし書は，先取特権者は売買代金の払渡しの前に「差押え」をしなければ物上代位をすることができないと定める。本件のXは，差押えをしてはいるが，それよりも前に，Yによって差押えがされている。この場合においても，Xは，なおも物上代位によって本件債権から優先弁済を受けられるか。

判決文を読んでみよう

「民法304条1項但書において，先取特権者が物上代位権を行使するためには物上代位の対象となる金銭その他の物の払渡又は引渡前に差押をしなければならないものと規定されている趣旨は，先取特権者のする右差押によって，第三債務者が金銭その他の物を債務者に払い渡し又は引き渡すことを禁止され，他方，債務者が第三債務者から債権を取り立て又はこれを第三者に譲渡することを禁止される結果，物上代位の目的となる債権（以下「目的債権」という。）の特定性が保持され，これにより，物上代位権の効力を保全せしめるとともに，他面目的債権の弁済をした第三債務者又は目的債権を譲り受け若しくは目的債権につき転付命令を得た第三者等が不測の損害を被ることを防止しようとすることにあるから，目的債権について一般債権者が差押又は仮差押の執行をしたにすぎないときは，その後に先取特権者が目的債権に対し物上代位権を行使することを妨げられるものではないと解すべきである〔最判昭和 59・2・2 民集 38 巻 3 号 431 頁参照〕。」

この判決が示したこと

動産先取特権に基づく物上代位のための差押えの趣旨は，①物上代位の目的債権の特定性を保持することにより，物上代位権の効力を保全し，②第三債務者または第三者が不測の損害を被ることを防ぐことにある。したがって，先取特権者（X）は，一般債権者（Y）が差押えや仮差押えをしたにとどまるときは，物上代位をすることができる。

解説

Ⅰ．従来の学説との比較

1 ▸▸ はじめに

304 条が質権と抵当権に準用されることから（350 条・372 条），物上代位性は担保物権に共通の性質（通有性）であるといわれる。このこともあり，学説は，物上代位する権利が何であるのか（先取特権なのか，抵当権なのか）についてあまり気にかけることなく，議論を進めた。そのうえで，304 条 1 項ただし書が求める差押えの趣旨の理解の仕方しだいで，一定の場合における物上代位の可否が決まると考えていた。具体的には，特定性維持説と優先権保全説とで対立していた。

2 ▸▸ 特定性維持説

特定性維持説は，次のように考える。担保物権は，目的物の交換価値を支配する。担保権者が物上代位により売買代金や損害賠償金から優先弁済を受けられるのは，当然の帰結である。だが，売買代金等が債務者に支払われて，債務者の一般財産のなかに混入すると，優先弁済権の及ぶ対象がわからなくなってしまう。304 条 1 項ただし書が支払の前に差押えを求める理由は，差押えによって支払を停止すること[*3]で，そのような混入を防ぎ，物上代位の対象の特定性を維持することにある。したがって，担保権者（X）は，混入前であれば，一般債権者（Y）が差押えをしたときであっても（さらには転付命令があったときさえ），物上代位をすることができる。

3 ▸▸ 優先権保全説

優先権保全説は，売買代金や損害賠償金への物上代位は当然に認められるものではないとの考えを前提とする。たとえば，抵当権や先取特権の目的物が滅失したならば，抵当権や先取特権は消滅するから，本来，抵当権者や先取特権者は優先弁済を受けられなくなるはずである。しかし，民法は，物上代位を認めることで，担保権者を特別に救済する。担保権者は，もとの目的物に代わる売買代金債権や損害賠償請求権から優先弁済を受ける権利を保全するためには，それら新たな目的につき第三者が利害関係をもつようになる前に自ら差押えをしなければならない。したがって，担保権者（X）は，一般債権者（Y）が差押えをした後は，もはや物上代位をすることができない。

＊2｜執行供託（義務供託）・配当表の作成

第三債務者（本件のB）は，同一の債権について債権者が競合したとき（たとえば，複数の債権者が差押えを申し立てたとき）は，差押えのあった債権の全額に相当する金銭を供託する義務を負う（民執156条2項）。第三債務者が供託をしたときは，執行裁判所は配当または弁済金の交付をする（民執166条1項1号）。配当は，複数人の債権者がいて，供託金ではその債権全額をまかなえない場合に行われる。配当手続においては配当表が作成されるが，配当の順位および額は民法その他の実体法によって定まる（民執166条2項・85条2項）。したがって，無担保の債権者の間では債権額に応じた按分比例によって各債権者に対する配当額が定まる。その一方で，優先権をもつ債権者がいれば，その優先順位を反映した配当表が作成される。

＊3｜金銭債権に対する差押えの効力

金銭債権の差押えがあると，①債務者（本件のA）は債権の取立てその他の処分を禁じられる。これに加えて，②第三債務者（本件のB）は，債務者への債務の弁済を禁じられる（民執145条1項）。

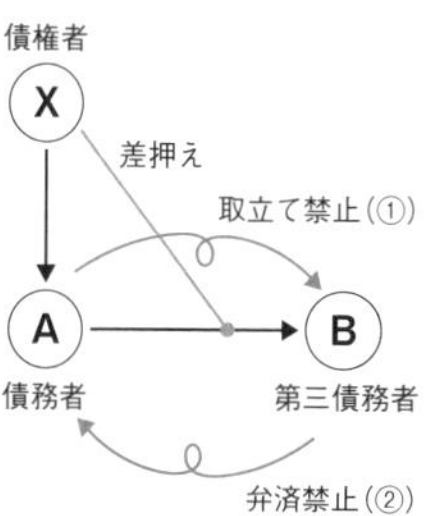

4 ▸▸ 本判決の立場

本判決は，特定性維持説と優先権保全説のいずれにも立たない。特定性維持説からすれば，目的債権が譲渡され，または目的債権につき転付命令が取得された後であっても，物上代位は可能なはずであるが，これを傍論で否定する。また，優先権保全説によるならば，目的債権の差押えをした第三者が現れたときは，物上代位は許されないはずであるが，本判決は，これを肯定する。物上代位のための差押えの趣旨として，目的債権の特定性を維持し，第三債務者および第三者が不測の損害を被ることを防止することを挙げており，両学説から説明される趣旨の双方を指摘しているともいえるが，第三債務者の保護といういずれの学説にもない視点をあわせもつ。[*4]

＊4｜関連判例

本判決に先立って，最判昭和59・2・2民集38巻3号431頁は，債務者が破産手続開始決定を受けた後における動産売買先取特権者の物上代位の可否が争われた事案において，本判決とほぼ同じ考えを示したうえで，債務者が破産手続開始決定を受けた場合と一般債権者の申立てによる差押えがあった場合とで異なる扱いをする理由はないとして，先取特権者による物上代位権の行使を認めていた。また，傍論ではあるが，債務者が第三者に債権を譲り渡した場合における先取特権者の物上代位を否定してもいた。ただし，第三債務者の保護には言及していなかった。

Ⅱ. 後の判例との比較

本判決の後，最判平成10・1・30民集52巻1号1頁〔百選Ⅰ-84〕は，差押えの前に賃料債権が第三者に譲渡されていた事案において抵当権者が当該賃料債権につき物上代位することを認める。差押えの主な目的は第三債務者の保護にあるともいう（詳しくは，［判例**19**］参照）。

最高裁は，債権譲渡後の物上代位を肯定する平成10年判決によって本判決の立場を根本的に改めたようにも思える。しかし，本判決は動産先取特権に関する判例であり，平成10年判決は抵当権に関する判例である。差押えが求められる理由が物上代位する権利に応じて異なるのであれば，平成10年判決とそれまでの判例との間に矛盾はないこととなる。

最判平成17・2・22民集59巻2号314頁が，そう考えてよいことを明らかにする。この判例は，結論として，動産先取特権者は物上代位の目的債権が譲渡され，対抗要件が備えられたときは，当該債権につき物上代位をすることができないという。最高裁は，同じく債権譲渡後の物上代位の可否が争われたケースについて，抵当権者には物上代位を肯定しながら，動産先取特権者にはそれを否定するという区別をしているのである。

この区別の理由は，担保権の公示の有無に求められる。

すなわち，抵当権は，登記によって公示される。たとえば，債権を譲り受けようとする者は，登記をみれば，譲り受けようとしている債権に抵当権の効力が及ぶことを知ることができる。債権を譲り受けたとしても，物上代位をした抵当権者によって当該債権を取り上げられてしまう可能性があることを認識することができるのである。このように，第三者の保護は，登記によってすでに実現されているので，物上代位のための差押えに第三者保護という役割を求める必要性が低い。

これに対して，動産先取特権は，動産を目的物としながら，その占有を債務者にとどめる権利であり，公示を欠く。そのためある債権を譲り受けようとする者は，それに動産先取特権の効力が及ぶことを知ることができないので，差押えによってそのことが明らかにされる必要がある。本判決もいうように，差押えに第三者保護という役割を求める必要性があるのである。

Introduction 3

Contents

非典型担保

これまで，いろいろな担保物権について学んだけど，難しいルールがたくさんあって，使いづらそうだな…

1. 非典型担保とは

(1) 典型担保物権の弱点

民法には，留置権，先取特権，質権，抵当権の４つの担保物権が定められている。担保物権があることによって，担保権者は，優先弁済を受けられるなど，他の債権者に比べて有利な立場を手に入れることができる。

しかし，民法の定める担保物権には，２つの弱点がある。

第１は，担保権実行の方法である。民法上の担保物権は，原則として，民事執行法に定める手続によって実行される。ところが，手続には時間も費用もかかるため，担保権者には，法定の手続によらずに，簡単に担保権実行を済ませてしまいたいというニーズがある。

第２は，典型担保物権では対応できない場面の存在である。たとえば，債務者Ｓが，債権者Ｇから金銭を借りるために，事業用の機械（動産）を担保にしたいという場面を考えてみよう。まず，抵当権は，不動産を対象とする担保物権なので，担保目的物が動産である場面には使うことができない。次に，質権は，動産にも設定することができるが，目的物の占有を質権者に移転しなくてはならない（342条・344条）。ところが，これでは，Ｓは事業を継続することができなくなってしまう。このように，典型担保物権には，動産を対象とした非占有担保がないという弱点がある。

(2) 非典型担保の登場

以上のような典型担保物権の弱点から，非典型担保が用いられる。非典型担保とは，民法に直接の規定がない担保の仕組みである。非典型担保をめぐるルールは，判例により形成されているため，非典型担保を理解するためには，判例の知識が不可欠である。

2. 譲渡担保

(1) 譲渡担保とは

本書では，まず，非典型担保の代表である譲渡担保を取り上げる。

機械（動産）の占有を移転せずに債権の担保としたい，という場面をもう一度取り上げてみよう（1.（1））。このような場面で，担保の目的で，Sが機械の所有権をGに移転し，他方，機械はSが占有し続ける。もし，Sが債務の弁済を怠れば，Gは，所有権に基づき機械の占有を得て，機械を第三者に売却するなどして，自らの債権の回収に充てることができる。反対に，Sが債務を弁済すれば，機械の所有権はSに戻ってくる。以上のような仕組みが譲渡担保である。

上記の例では，譲渡担保の目的物が動産である場合を紹介したが，ほかにも，不動産の譲渡担保や債権の譲渡担保がある。また，譲渡担保の対象が動産や債権である場合に，複数の動産または債権を，まとめて譲渡担保の対象とすることもある。集合動産譲渡担保については，〔判例 **29**〕で学ぶ。

（2） 譲渡担保の法的構成

譲渡担保に関して，まず生じる疑問は，譲渡担保権者Gの有する権利は，所有権なのか，担保権なのか，というものであろう。この点について，学説も分かれている。

1つの考え方は，当事者が所有権を移転したと言っている以上は，譲渡担保権者の有する権利は，完全な所有権であると解するものである（所有権的構成）。たとえば，譲渡担保権者が，被担保債権の弁済期到来前に目的物を第三者に売却してしまった場合に，第三者は，所有権を取得することができ，譲渡担保権設定者は，譲渡担保権者に対して，損害賠償請求等，債権的な請求ができるにすぎないと考えることになる。

これに対して，その実質に着目して，譲渡担保権者の有する権利は，担保権であると解する立場がある（担保的構成）。上記の例でいえば，譲渡担保権者の有する権利は担保権なので，目的物の完全な所有権を第三者に譲渡することはできないことになる。

では，判例は，どのような立場に立つのか。この点を，〔判例 **27**〕で学ぶ。また，弁済期到来後の第三者への譲渡について，すなわち，担保権の実行が関わる問題については，〔判例 **28**〕で学ぶ。

3. 所有権留保

（1） 所有権留保とは

もう1つの非典型担保として，所有権留保がある。たとえば，売主Gが，買主Sに対して，120万円の自動車を販売したとしよう。しかし，Sは，手持ちの現金がないため，毎月10万円ずつ分割で代金を支払うという。このような場合，代金全額の支払前に，Sが破たんしてしまうと，Gは代金を支払ってもらえないという損失を被ることになる。このような損失を避けるために，Gは，売買契約に際して，代金全額が支払われるまでは，自動車の所有権を自らが持ち続ける（留保する）という特約を付けておく。Sが代金を支払えなくなった場合には，Gは，所有権に基づいて，自動車を取り戻すのである。以上のように，売買代金債権を担保するために，所有権留保が用いられる。

（2） 所有権留保の法的構成

ここで，Gの有する権利は，文言の上では所有権であるが，実際は，担保の役割を果たしているにすぎない。そこで，所有権留保についても，譲渡担保と同様に，その法的性質が問題となる。この点について，〔判例 **30**〕で学ぶ。

27 譲渡担保の法的構成
――譲渡担保設定者の物権的請求権

最高裁昭和57年9月28日判決(判時1062号81頁)

事案をみてみよう

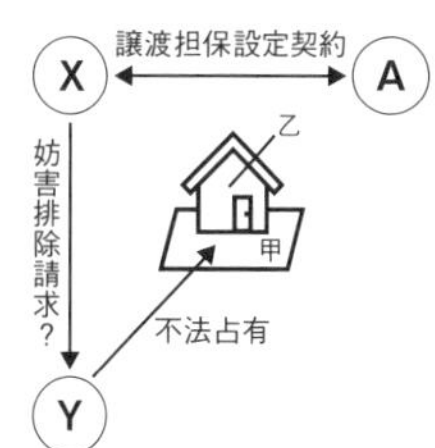

Yは，正当な権原なく甲土地上において乙建物を所有し，これを占有していた。甲土地の所有者Xが乙建物の収去と甲土地の明渡しを求めてYを訴えたところ，第1審ではその請求が認められた。控訴審の途中でXは，Aに対して負う債務を担保するために，甲土地をAに譲渡し，登記を移転した。そこで，Yは，Xはもはや所有権をもたないから，甲土地の明渡しを求めることはできないと主張した。

読み解きポイント

物権的請求権は，現在の時点で物権をもつ者でなければ行使することができない。より正確には，これを行使しようとする者は，事実審の最終口頭弁論終結時において物権を有している必要がある。その時点よりも前に所有権が移転すれば，もとの所有者は，物権的請求権を行使することができなくなるのである。では債権担保の目的で物を譲渡した者(譲渡担保設定者)も，一切の物的な権利を有さず，ゆえに物権的請求権を行使することができない，と考えるべきだろうか。

判決文を読んでみよう

「譲渡担保は，債権担保のために目的物件の所有権を移転するものであるが，右所有権移転の効力は債権担保の目的を達するのに必要な範囲内においてのみ認められるのであって，担保権者は，債務者が被担保債務の履行を遅滞したときに目的物件を処分する権能を取得し，この権能に基づいて目的物件を適正に評価された価額で確定的に自己の所有に帰せしめ又は第三者に売却等することによって換価処分し，優先的に被担保債務の弁済に充(あ)てることができるにとどまり，他方，設定者は，担保権者が右の換価処分を完結するまでは，被担保債務を弁済して目的物件についての完全な所有権を回復することができるのであるから〔最判昭和41・4・28民集20巻4号900頁，同昭和46・3・25民集25巻2号208頁(百選Ⅰ-94)，同昭和57・1・22民集36巻1号92頁参照〕，正当な権原なく目的物件を占有する者がある場合には，特段の事情のない限り，設定者は，前記のような譲渡担保の趣旨及び効力に鑑み，右占有者に対してその返還を請求することができるものと解するのが相当である。」

この判決が示したこと

① 譲渡担保は，債権担保のために目的物件の所有権を移転するものであるが，所有権移転の効力は債権担保の目的を達するのに必要な範囲内においてのみ認められる，との定式を明らかにした。

② 譲渡担保が設定されて所有権が譲渡担保権者に移転しても，特段の事情のない限り，設定者は物権的請求権を行使することができる。

解説

Ⅰ．所有権的構成

かつては，譲渡担保が設定されると所有権が完全に移転すると考える所有権的構成が判例および通説の立場であった。それは次のような理解である。

譲渡担保権者は，担保目的外で目的物を利用してはならないという債権的拘束を受ける。とはいえ，完全な所有権者であるから，担保目的物を第三者に有効に譲渡することもできる。譲渡がされれば，設定者は，原則として第三者から物を取り戻すことができず，担保権者に対して損害の賠償を請求できるにとどまる。

所有権的構成によれば，所有権は譲渡担保権者のもとにある。したがって，譲渡担保権者のみが物権的請求権を行使することができることとなる。

Ⅱ．担保的構成

所有権的構成では設定者の保護が不十分である。また，所有権の移転という形式でなく，債権担保の実質を重視すべきである。このような考えから学説は，抵当権を設定した者が目的物の所有権をもち続けるのと同じく，譲渡担保を設定した者も所有権またはこれに準じる物的な権利をもち続けるとする担保的構成を主張するようになる。2つの代表的な学説を紹介しよう。

1つは抵当権説である。この説は，譲渡担保を抵当権に準じて理解する。譲渡担保が設定されたとしても，所有権の移転は生じず，また譲渡担保権者による目的物の支配はその担保価値だけであると考える。しかし，譲渡担保と抵当権との間の相違（強制執行手続によらない私的な実行の可否など）は否めない。このため，もう1つの学説である設定者留保権説のほうが多数の支持を集めている。この説によれば，譲渡担保の設定にともなって目的物の所有権は譲渡担保権者に移転する。ただし，所有権が移転するといっても，そのすべてが担保権者に帰属するわけではない。「所有権マイナス担保権」である設定者留保権が設定者に帰属する。[*1]

どちらの立場をとろうと，設定者は，所有権またはこれに準じる物的な権利をもつから，これに基づいて物権的請求権を行使することができる。

Ⅲ．現在に至るまでの判例の傾向

本判決は，設定者に物権的請求権の行使を認める。この結論から明らかなように，担保的構成に親和的である。引用する3つの判例も担保的構成になじむ。[*2] 最高裁は，

＊1｜二段階物権変動説
設定者留保権説はさらに2つに分かれる。そのうちの1つである二段階物権変動説は，本文で説明する結論に至るために，譲渡担保の設定によっていちど所有権が担保権者に移転し，その後，設定者留保権が設定者に復帰すると考える。これに対して，譲渡担保権者には設定時から設定者留保権を除いた所有権しか移転しないと説明する見解が現在は有力である。

＊2｜関連判例
たとえば，前掲最判昭和41・4・28は，設定者について会社更生手続が開始した事件で譲渡担保権者に更生担保権者としての地位しか認めなかった。これは抵当権者と同じ処遇であり，担保権者は，会社更生手続内で優先弁済を受けられるにとどまる。かりに譲渡担保権者が所有権者であるのであれば，取戻権が肯定され，なおも手続外で私的実行をすることができるはずであった。

本判決以後も，判旨冒頭の説示（「譲渡担保は……認められる」）を繰り返し，担保的構成からであれば説明の容易な判断を積み重ねている[*3]。このように本判決は，設定者による物権的請求権の行使の可否という個別問題を対象としているけれども，これを一般的な説示によって解決し，以後の判例でもたびたび参照されるため，譲渡担保に関する代表的な判例の１つと評価されている。

＊3｜関連判例
最判平成5・2・26民集47巻2号1653頁，最判平成7・11・10民集49巻9号2953頁。

その一方で，最高裁が全面的に担保的構成を採用しているかというと，そうではない。相変わらず所有権的構成を基本としつつ，事案によっては担保の実質を重視して，担保的構成をとった場合と等しい結論に至っているというのが実情である。

たとえば，最判昭和 62・11・12 判時 1261 号 71 頁は，被担保債務の弁済等によって譲渡担保権が消滅した後に目的不動産が譲渡担保権者（P）から第三者（Q）に譲渡された事案において，第三者が背信的悪意者である場合の例外を留保しつつ，設定者（R）は登記がなければその所有権を第三者に対抗することができないという。設定者への所有権の復帰と第三者への所有権の移転につき，177 条の対抗問題として処理するのである。これは，所有権的構成からは肯定しやすい。これに対して，担保的構成によるならば，弁済によって譲渡担保は消滅しているから，第三者は原則として譲渡担保権者から所有権を取得することはできず，94 条 2 項の類推適用によって救済される可能性があるだけとなろう。

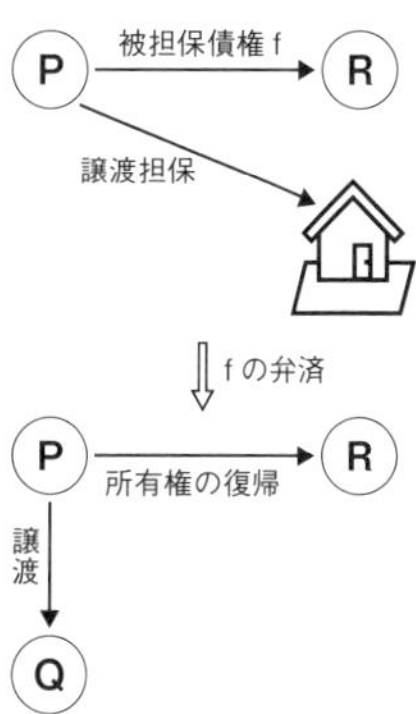

Ⅳ. 残された問題

設定者が物権的請求権を行使することができるとして，譲渡担保権者はそれを行使することはできないのか。それとも，譲渡担保権者も行使することができるのか。また，設定者が物権的請求権を行使することができるのはいつまでなのか。本判決は，これらの問題を明らかにしていない。特に最後の問題は，最判平成 6・2・22 民集 48 巻 2 号 414 頁（[判例 **28**]）との均衡に注意する必要がある。本判決は，設定者に物権的請求権を認める根拠の１つとして，担保権者による換価処分完結時まで設定者が所有権を受け戻せることをあげるが，後の判例である平成 6 年判決は，被担保債権が弁済期にある場合には必ずしも設定者の受戻権が保護されないことを明らかにしたからである。

28 譲渡担保の実行

最高裁平成6年2月22日判決(民集48巻2号414頁) ▸百選Ⅰ-95

 事案をみてみよう

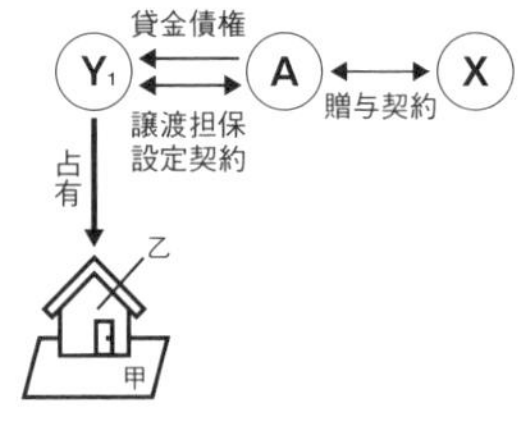

Y_1は，昭和32年に甲土地と乙建物（以下「本件不動産」）の購入資金として，自己の妻Y_2の妹の夫A[*1]から約50万円を借り受け，この貸金債務を担保するため，本件不動産の所有権をAに移転し，所有権移転の登記をした。5年あまりが経った頃，Y_2の兄Xが自らの母および妻子とともに本件不動産に入居することになったため，Y_1は残債務の弁済をしなくなった。その後，Y_1は，別訴を提起し，昭和53年5月に勝訴すると，この判決に基づく強制執行を経てXから本件不動産を取り戻した。するとAは，昭和54年8月，Y_1に対する貸金債権の清算をしないまま，Xに本件不動産を贈与し，その旨の登記をした。後日，Y_1がAに残債務の弁済を提供したが，Aから受領を拒まれたため，残元金と遅延損害金の合計約40万円を供託した。この時点における本件不動産の価格は約1000万円であった。Xは，Y_1およびY_2に対して，所有権に基づく本件不動産の明渡しを請求した。

＊1｜人物関係

本件の人物関係は次の図のとおりである。

母

Y_1＝Y_2　Y_2の妹＝A　X＝妻

子

＊2｜譲渡担保の実行方法

処分清算型とは，債権者が目的物を第三者に売却し，その売買代金のなかから清算金を支払う方式をいう。この方式は，被担保債権の弁済期が到来して譲渡担保が実行の局面に入った場合に債権者が清算金を支払う前の段階で目的物を売却することができることを前提とする。これに対して，帰属清算型の実行方法によると，目的物の所有権は，債権者が清算金を債務者に支払うのと引き換えに債権者に確定的に帰属する。債権者が自らの所有権に基づいて目的物を処分するには，それに先だって清算金の支払を済ませていることが予定される。

読み解きポイント

① 譲渡担保の実行方法としては，処分清算型と帰属清算型がある[*2]。では，あらかじめ処分清算方式の合意がされていなかったときは，譲渡担保権者は常に清算金を支払うまで目的物を処分することが許されないのであろうか。許されないのであれば，担保権者による処分があったとしても，設定者が清算金の支払を受けるまで受戻権を行使することを認めることができる。

② 譲渡担保の法的構成について，担保的構成によると，第三者の主観的態様（善意・悪意）を結論に反映する考えにいたりやすい[*3]。これに対して，所有権的構成によると，担保権者から第三者への処分が適法である限り，第三者は有効に所有権を取得することになるが，設定者は第三者からみれば目的物の前主であるから，設定者と第三者は177条の対抗関係にはない。第三者は，その主観的態様に関係なく，有効に所有権を取得することとなる。どう考えるべきか。

判決文を読んでみよう

「不動産を目的とする譲渡担保契約において，債務者が弁済期に債務の弁済をしな

い場合には，債権者は，右譲渡担保契約がいわゆる帰属清算型であると処分清算型であるとを問わず，目的物を処分する権能を取得するから，債権者がこの権能に基づいて目的物を第三者に譲渡したときは，原則として，譲受人は目的物の所有権を確定的に取得し，債務者は，清算金がある場合に債権者に対してその支払を求めることができるにとどまり，残債務を弁済して目的物を受け戻すことはできなくなるものと解するのが相当である〔最大判昭和 49・10・23 民集 28 巻 7 号 1473 頁，同昭和 62・2・12 民集 41 巻 1 号 67 頁参照〕。この理は，譲渡を受けた第三者がいわゆる背信的悪意者に当たる場合であっても異なるところはない。けだし，そのように解さないと，権利関係の確定しない状態が続くばかりでなく，譲受人が背信的悪意者に当たるかどうかを確知し得る立場にあるとは限らない債権者に，不測の損害を被らせるおそれを生ずるからである。」

この判決が示したこと

譲渡担保権者は，被担保債権が弁済期にあれば，処分清算方式の合意がなかったとしても，譲渡担保の目的物を処分することができる。その処分がされると，設定者は受戻権を行使することができなくなる。このことは，目的物の譲受人の主観的態様によって左右されない。

解説

Ⅰ．帰属清算型や処分清算型の合意の意義

かつては，処分清算方式が合意されていないときは，譲渡担保は帰属清算方式で実行されるべきであって，譲渡担保権者は，被担保債権が弁済期にあるとしても，清算金を支払うまで目的物を処分することができず，その一方で設定者は，それまで受戻権を行使することができると考えられていた。しかし，そうだとすると，担保権者の手もとに清算に必要な資金がなければ，いつまでも譲渡担保を実行することができず，不安定な法律関係が続くことになってしまう。本判決のように，被担保債権が弁済期にあるときは，担保権者は目的物を処分することができるとの立場をとれば，手持ちの資金のない担保権者であっても，過去に帰属清算の合意をしたこと，または処分清算の合意をしなかったことに左右されることなく，譲渡担保を実行することができる。このことは，本判決が引用する最判昭和 62・2・12 民集 41 巻 1 号 67 頁等でも明らかにされていた。本判決の意義の 1 つは，上記の趣旨の理由づけとともにこれを正面から確認した点にある。

Ⅱ．第三者の主観的態様と債権者の処分権

本判決の特徴は，第三者の主観面に言及することにもある。

最高裁は，一般に，譲渡担保の法的構成について，所有権的構成を基礎としながら，担保的構成に歩み寄りをみせる。この基本姿勢は，本判決でもうかがわれる。

一方で，所有権的構成を徹底するのであれば，被担保債権の弁済期の前後に関係な

＊3｜担保的構成と第三者の主観的態様

担保的構成のうち，［判例**27**］＊1で紹介した二段階物権変動説は，いちど所有権が担保権者に移転した後に設定者留保権が設定者に復帰すると考える。このため，担保権者から設定者への設定者留保権の移転があり，その一方で，担保権者から第三者への所有権の移転があるとみて，設定者・担保権者・第三者の関係を177条が規定する場面になぞらえやすい。これを前提とすると，第三者が背信的悪意者であるのであれば，設定者はなお目的物を受け戻すことができることとなる。
また，他の担保的構成にたつと，債権者が完全な所有者ではないにもかかわらず，その処分によって第三者に完全な所有権を認めることの可否が問われるのだから，94条2項（の類推）適用による解決がまっ先に思いつくであろう。この解決も第三者の主観的態様（悪意かどうか）が結論の決め手となる。
なお，本件と似て非なるものとして，被担保債権弁済後の担保権者による処分という問題がある。［判例**27**］の解説Ⅲで紹介した最判昭和62・11・12 判時1261号71頁によれば，債務の弁済後に目的物の譲渡がされると，担保権者を起点とする設定者への所有権の復帰と第三者への所有権の移転という2つの物権変動があるから，177条および背信的悪意者排除の法理による処理になじむのである。

く，担保権者は有効に目的物を処分することができるはずである。しかし，本判決は，被担保債権の弁済期の到来によってはじめて担保権者が目的物を処分する権能を取得するという。本件におけるＡからＸへの贈与は，弁済期後にされたものであり，そのような立場からでも，Ｘによる所有権の取得が肯定される。[＊4]

他方で，本判決は，所有権的構成から設定者を目的物の前主の地位にあるとみているものと思われる。設定者と第三者が177条の対抗関係にはないとの立場にあるから，弁済期後の担保権者から有効な処分を受けた第三者による目的物の取得について，その主観的態様を問わないと考えられるのである。ただし，本判決は，その根拠として，担保権者は第三者がいわゆる背信的悪意者かどうかを覚知しうるとは限らないから，たまたま第三者が背信的悪意者であったために担保権者による処分を覆すことが許されるとすれば，担保権者に予期せぬ損害をもたらしかねない旨を述べる。この理由づけは，本件のＡのように譲受人と密接な関係にあり，現にその主観的態様を知るであろう場合にまで設定者を犠牲にすることを正当化できるのか。疑わしい。[＊5]

Ⅲ．留置権による債務者の保護

本判決によると，設定者は，弁済期後に担保権者が第三者に目的物を処分したときは，清算金の交付を受けていないとしても，受戻権を行使することができなくなる。とはいえ，本判決も述べるように，設定者が担保権者に対する清算金支払請求権を失うことはない。設定者が目的物を占有しているのであれば，清算金支払請求権を被担保債権とする留置権が成立する（最判平成9・4・11裁時1193号1頁)。設定者は，第三者から目的物の引渡請求を受けたとしても，担保権者または第三者から清算金の支払を受けるまで，これを拒むことができるのだから，その保護は十分であるといえる。そして，このような保護が裏に控えているからこそ，本判決は，一見すると設定者にとって厳し過ぎるようにも思える判断をすることができたのであろう。[＊6]

＊4｜弁済期前の処分
では，債務が弁済期にないにもかかわらず，債権者が目的不動産を第三者に譲渡した場合は，どう考えるべきか。最判平成18・10・20民集60巻8号3098頁は，傍論であるが，弁済期前の債権者は，目的不動産を処分する権能をもたないという。債権者による処分は無効だから，債務者は，債務を弁済して受戻権を行使することができるのが原則である。

＊5｜「背信的悪意者」
本判決が設定者Y_1と第三者Xが対抗関係にないことを前提とするのであれば，本来，177条に関する例外法理である「背信的悪意者」の排除をここで論じること自体が適切ではないともいえよう。

＊6｜差戻上告審
本判決は，Y_1の清算金との引換給付を求める旨の主張等につき審理を尽くさせるため，原審に差し戻した。差戻審ではY_1の留置権の主張が認められたが，Xが再度上告した。差戻上告審である最判平成11・2・26判時1671号67頁は，留置権の被担保債権である清算金支払請求権が昭和54年8月から10年の経過によって時効消滅した（旧167条1項）とするXの時効の援用を認めた。こうして，四半世紀にもわたるXとY_1との間のシーソーゲームは，最終的にはXが勝ちをおさめた。

29 集合動産譲渡担保

最高裁昭和54年2月15日判決（民集33巻1号51頁）

事案をみてみよう

Xは，訴外Aに対して有する貸金債権の担保として，AがYの倉庫に寄託していた乾燥ネギ[*1]44トンのうち28トンを目的物とする譲渡担保設定契約をAと結んだ。X・A間の契約によれば，Xは，その乾燥ネギをいつでも第三者に対して自由に売却することができることになっていた。ある時，Yは，Aの指示に基づいて倉庫内の乾燥ネギ約24トンをBに引き渡した。その後，Aが倒産し，XはAから貸金債権の弁済を受けることができなかったため，Yに対して，譲渡担保設定契約によってXが取得した乾燥ネギの所有権がYによって侵害されたことを理由として不法行為に基づく損害賠償の支払を求めた。

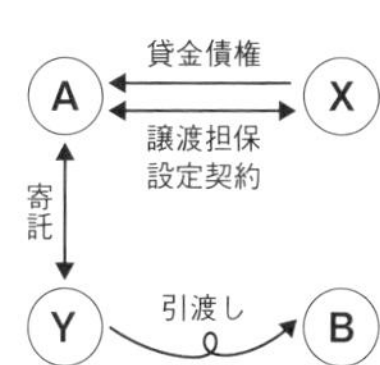

＊1｜乾燥ネギ
乾燥ネギは，カップラーメンの具材など，さまざまな用途で使われており，フリーズドライ食品のなかでも最も歴史が古い。ちなみに，本件のXがネギを卸した相手方は，昭和50年代に，日本人であれば誰もが知るカップうどん・そばを発売する企業であった。

読み解きポイント

① X・A間で結ばれた譲渡担保設定契約は，個々の動産ではなく，倉庫内にある動産を包括的に担保の目的物とするものである。しかも，その動産は，倉庫の外に持ち出され，また新たな動産が倉庫の中に持ち込まれることによって，絶えず入れ替わる。このような集合物を目的物とする譲渡担保設定契約を結ぶことは許されるか。これが許されないならば，Xの所有権（そして，その侵害）が認められる余地は最初からないこととなる。

② かりに集合物を目的物とする譲渡担保設定契約を結ぶことが許されるとして，これによって債権者の集合物に対する物的な支配が確立するには，どのような要件が満たされる必要があるか。「倉庫内の乾燥ネギ44トンのうちの28トン」といった取決めで十分だろうか。十分であるとすれば，譲渡担保設定契約に基づいて乾燥ネギに対するXの所有権が認められ，Yによるその侵害を肯定する可能性が生まれる。

判決文を読んでみよう

「構成部分の変動する集合動産についても，その種類，所在場所及び量的範囲を指定するなどなんらかの方法で目的物の範囲が特定される場合には，一個の集合物として譲渡担保の目的となりうるものと解するのが相当である。」

原審が認定した本件の「事実関係のもとにおいては，未だAがXに対しYに寄託中の乾燥ネギのうち28トンを特定して譲渡担保に供したものとは認められない」。

この判決が示したこと

集合物を目的物とする譲渡担保設定契約を結ぶことは許されるが，その目的物を特定するには，種類・所在場所・量的範囲などの指定が必要である。「倉庫内の乾燥ネギ44トンのうち28トン」といった取決めだけでは不十分である。

解説

Ⅰ. 集合物論と分析論

入れ替わりのある複数の物につき譲渡担保設定契約が結ばれたときに，物の集合体である集合物が譲渡担保の目的物となると解する立場がある。いわゆる集合物論である。

民法の原則によれば，有体物のみが物権の目的物となり（85条），また複数の独立した物に1個の物権を成立させることもできない（一物一権主義）。集合物概念は，民法の原則に反する。この点を重視するのが分析論である。個々の動産は，集合体に加入することを停止条件として譲渡担保の目的物となる一方で，搬出されて集合体から離脱することを解除条件として譲渡担保の目的物ではなくなると考えるのである。分析論は，個々の有体物を譲渡担保の目的物とみるから，民法の原則には抵触しない。しかし，その考え方によれば，本件のAのように，債務者の資産状況が悪化すると，以後に搬入された物につき搬入のつど，債権者のために譲渡担保が設定されたこととなり，債権者は詐害行為取消権（424条）や否認権（破160条・162条）[*2]を行使されかねない。譲渡担保は，債務者の資力が悪化したときにこそ，その効用を発揮するべきなのに，これが困難だとすれば，譲渡担保は担保としての意味をなさない。

そこで，通説は，集合物論を支持する。集合物論によると，譲渡担保は最初にいちど設定されるだけである。したがって，集合物を構成する物が新たに倉庫等に搬入されたとしても，これが新たな担保の設定とみなされることはなく，詐害行為取消しや否認の対象となることはない。本判決も，一般論として，集合物論を採用し，集合物に譲渡担保を設定することができることを明らかにした。

Ⅱ. 目的物の特定

本判決は，集合物に対する譲渡担保設定契約が有効に成立するためには，種類・所在場所・量的範囲を指定するなどして，目的物を特定する必要があるとしたうえで，本件ではそれを欠くとの判断を示した。

最判昭和62・11・10民集41巻8号1559頁〔百選Ⅰ-96〕が具体的事案において目的物の特定があることを最高裁としてはじめて肯定する。その事案における譲渡担保設定契約は，第1～第4倉庫内および同敷地・ヤード内を保管場所とする普通棒鋼（ぼうこう）[*3]，異形棒鋼等一切の在庫商品を目的物とするというものであった[*4]。一定の場所にある一定の種類の物「一切」を目的物とするのだから，どれが譲渡担保の目的物となっているのかどうかがわからないということはありえない。だから，目的物の特定を肯定し

＊2｜否認権

否認権とは，破産手続開始前に破産者がした詐害行為，または偏頗行為を否定することによって，逸出財産を破産財団に回復するために行使される破産管財人の権利をいう。

＊3｜棒鋼

棒鋼とは，棒状の鋼材をいう。「鉄筋コンクリート」のうちの鉄筋部分の鋼材として使われることが多い。

＊4｜集合動産譲渡担保の対抗

集合動産譲渡担保に関する対抗力の具備は，占有改定によるのが普通である。本文で引用する昭和62年判決は，この点についても言及する重要な判例である。これによれば，集合物自体が譲渡担保の目的物となるのだから，占有改定は，譲渡担保設定契約の締結時に集合物につき一度されるだけである。これによる対抗力は，後に集合物に加わった個々の物にも及ぶ。すなわち，契約締結の後に集合物に加わった個々の物は，契約時にさかのぼって対抗力を備えていた扱いとなるのであって，集合物に加わった時に改めて占有改定の意思表示がされる必要はない。

やすい。もっとも，最判昭和57・10・14判時1060号78頁は，酒や食料を販売する債務者の自宅と店舗にある商品・什器（じゅうき）[*5]等のほか債務者が所有する「家財一切」を目的物とする譲渡担保設定契約では，目的物の特定を欠くと判断していた。一口に家財といっても多種多様である。また，どれが債務者の所有物でどれがその家族の所有物であるかは，一定の指標がなければ区別することができない。お母さんの希望に応じて，お父さんがお金を出して購入し，家族全員で使っているパソコンは，お父さんのものなのか，お母さんのものなのか，生まれたばかりの子どもも含めた家族全員のものなのか。目的物の種類の特定の仕方によっては，「一切」との契約文言を使っても，特定として不十分な場合があるのである。

なお，動産及び債権の譲渡の対抗要件に関する民法の特例等に関する法律（動産・債権譲渡特例法）7条2項5号および動産・債権譲渡登記規則8条1項は，本判決の説示に沿って，動産の種類と保管場所または所在場所を登記事項と定める。

＊5｜什器
「自宅」の什器としては，食器や家具を想定すればよい。「店舗」の什器の例としては，棚やテーブルといった商用の器材を挙げることができる。

30 所有権留保と集合動産譲渡担保

最高裁平成30年12月7日判決(民集72巻6号1044頁)　▶百選Ⅰ-100

事案をみてみよう

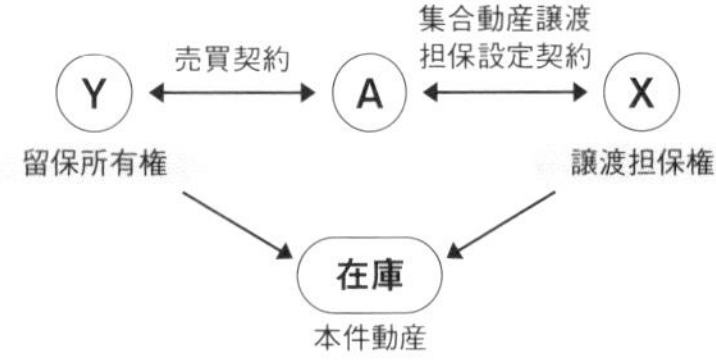

自動車部品の製造・販売業を営むＹは，金属スクラップの処理業者Ａと，金属スクラップの継続的売買契約を締結した。この契約では，①ＡがＹから回収した金属スクラップについて，Ｙは毎月20日締めで代金をＡに請求し，Ａは翌月10日に支払う，②目的物の所有権は，代金の完済をもってＹからＡに移転する（以下，②の定めを「本件条項」とする）とされていた。なお，Ｙは，金属スクラップの転売を包括的に承諾していた。

一方，Ａは，金融機関Ｘとの間で，継続的に融資を受ける契約を締結した。そして，ＸがＡに対して現在および将来有する債権を担保するため，集合動産譲渡担保設定契約を締結した[*1]。担保目的物は，Ａの工場（以下「本件工場」）等で保管するすべての非鉄金属製品の在庫製品等である。本件譲渡担保権については，平成25年3月11日に，動産・債権譲渡特例法3条1項の登記がされた[*2]。

ところが，Ａは，平成26年6月に廃業することとなった。この時点で，Ａは，5月21日から6月18日までにＹから回収した金属スクラップの代金を支払っていなかった。そこで，Ｙは，平成27年1月，本件条項により留保している所有権にもとづき，本件工場で保管されていた金属スクラップを引き揚げ，これを第三者に売却した。なお，上記金属スクラップには，すでに代金が完済されたものも含まれていた（以下，上記金属スクラップのうち代金が完済されたものを除いたものを「本件動産」という）。

これに対して，Ｘは，上記金属スクラップの引揚げおよび売却が，Ｘに対する不法行為または不当利得に当たるとして，Ｙに対して，5000万円あまりを請求した。

＊1　集合動産に譲渡担保権を設定するためには，「種類，所在場所及び量的範囲を指定するなどなんらかの方法で目的物の範囲が特定」される必要がある。詳しくは，[判例**29**]を参照してほしい。

＊2　動産の譲渡担保権の設定を第三者に対抗するためには，譲渡担保権者が目的物の引渡しを受ける必要がある（178条）。動産・債権譲渡特例法3条1項は，「動産譲渡登記ファイルに譲渡の登記がされたときは，当該動産について，民法第178条の引渡しがあったものとみなす」と規定しており，この登記によっても動産譲渡担保権の設定について対抗要件を備えることができる。

読み解きポイント

本件動産について，Aは売買代金を支払っておらず，Yがその所有権を留保している。一方，本件動産は，Xの譲渡担保権の目的物であるようにもみえる。本件動産について，権利を行使することができるのは，Xか，Yか。

判決文を読んでみよう

「上記事実関係等によれば，……本件条項は，その売買代金の支払を確保するために，目的物の所有権がその完済をもってＹからＡに移転し，その完済まではＹに留保される旨を定めたものである。

本件売買契約では，……期間ごとに納品された金属スクラップ等の売買代金の額が算定され，一つの期間に納品された金属スクラップ等の所有権は，上記の方法で額が算定された当該期間の売買代金の完済までＹに留保されることが定められ，これと異なる期間の売買代金の支払を確保するためにＹに留保されるものではない。上記のような定めは，売買代金の額が期間ごとに算定される継続的な動産の売買契約において，目的物の引渡しからその完済までの間，その支払を確保する手段を売主に与えるものであって，その限度で目的物の所有権を留保するものである。

また，Ｙは，Ａに対して金属スクラップ等の転売を包括的に承諾していたが，これは，ＹがＡに本件売買契約の売買代金を支払うための資金を確保させる趣旨であると解され，このことをもって上記金属スクラップ等の所有権がＡに移転したとみることはできない。

以上によれば，本件動産の所有権は，本件条項の定めどおり，その売買代金が完済されるまでＹからＡに移転しないものと解するのが相当である。したがって，本件動産につき，Ｘは，Ｙに対して本件譲渡担保権を主張することができない。」

この判決が示したこと

所有権留保の目的物の所有権は，代金が完済されるまで買主（A）に移転しないので，Aが設定したXの譲渡担保権を当該目的物について主張することはできない。

解説

Ⅰ．所有権留保の法的性質

所有権留保とは，売買において売主が売買代金の完済を受けるまで目的物の所有権を留保することをいう。売主は，形式的には目的物の所有権を有しているが，その目的は，売買代金を担保することにある。そのため，本判決以前の判例において，所有権留保の法的性質については「残債務弁済期が到来するまでは，当該動産の交換価値を把握するにとどまる」ものであるとされたり（最判平成 21・3・10 民集 63 巻 3 号 385 頁），倒産手続において別除権[*3]と扱われたり（最判平成 22・6・4 民集 64 巻 4 号 1107 頁）している。すなわち，所有権留保を担保権としてとらえる方向が示されてきた。

＊3　破産手続や民事再生手続において，抵当権，質権などの担保物権は，別除権であるとされている（破65条，民再53条）。別除権者は，倒産手続の外で担保権を実行することができるが，実行中止命令や担保権消滅許可の対象となるなど，倒産法上の一定の制約が課される。

Ⅱ．所有権留保の対抗要件？

1 ▸▸ 所有権留保における物権変動の経路

では，所有権留保がある種の担保権であるとした場合，その設定に際して，どのような物権変動が生じているのか。1 つの考え方は，売買契約によって目的物の所有権が買主に移転し，売主が買主から担保権の設定を受けるというものである（図 1 参照）。このように解すると，売主は，担保権の設定という物権変動を第三者に対抗するために，引渡し等の対抗要件を備えなくてはならないと考えられる。

図 1

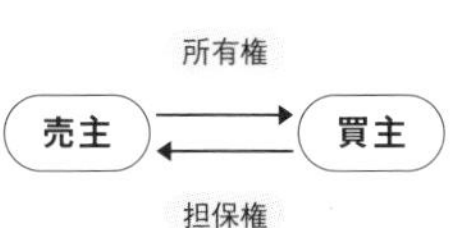

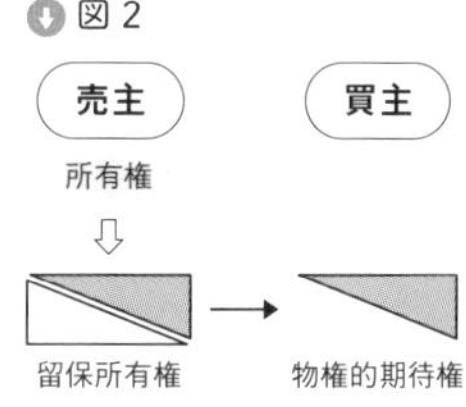

もう1つの考え方は，完全な所有権が買主に移転するわけではなく，担保目的の所有権が売主の手元に残り，買主には物権的な期待権だけが移転するというものである（図2参照）。売主が有する権利についてみれば物権変動は生じていないので，対抗の問題は生じない。ただし，売買により移転するはずの所有権を留保することを第三者に主張するために，対抗要件が必要となるとの考え方もある。

2 ▸▸ 倒産手続に関する先例

最判平成29・12・7民集71巻10号1925頁においては，自動車の所有権留保を第三者（破産管財人）に対して主張するために，登録が必要か否かが問題になった。ここでは，弁済により売主に代位した者が留保所有権を行使しうるかが争われたが，[*4]最高裁は，売主に登録名義がある場合には，代位者による権利行使が認められるとの判断を下した。つまり，売主が所有権留保を第三者に対して主張するためには登録名義（対抗要件具備）が必要であるとしたようにも読めるのである。

ただし，平成29年判決は，所有権留保における物権変動の経路を明示して上記のような結論を導いたわけではなかった。そのこともあって，破産手続以外の場面でも所有権留保について対抗の問題が生じるのか，学説も分かれていた。

3 ▸▸ 本判決の判旨

このような状況の中で本判決が登場したが，本判決は，所有権留保が代金の支払を確保する手段であることを認めつつも，代金が完済されるまで所有権は買主に移転しない，というシンプルな理解を示した。したがって，譲渡担保権者Xとの関係で対抗の問題は生じず，Yは当然に本件動産について権利を行使することができる。[*5]

Ⅲ. 本件の特徴

1 ▸▸ 動産の集合を目的とする所有権留保

本件には，単純な所有権留保とは異なる特徴が2つある。1つは，個々の動産の売買代金を担保するために個々の動産の所有権が留保されているわけではなく，1か月分の売買代金を担保するために，1か月分の金属スクラップの所有権がまとめて留保されている点である。Xは，この点を取り上げて，本件の所有権留保は目的物の特定性を欠き不成立または無効であると主張していたが，本判決は，「売買代金の額が期間ごとに算定される継続的な動産の売買契約において，目的物の引渡しからその完済までの間，その支払を確保する手段を売主に与えるものであ」るとして，本件の所有権留保を有効とした。

2 ▸▸ 転売の包括的な承諾

また，Yが金属スクラップの転売を包括的に承諾していたことから，Xは，金属スクラップの所有権はAに移転していたと主張した。しかし，本判決は，転売の承諾は，あくまで売買代金返済の資金を確保させるためのものであるとして，Aへの所有権移転を認めなかった。なお，転売の授権があった場合に，転得者に対して所有権留保を主張することを権利濫用であるとした判例（最判昭和50・2・28民集29巻2号193頁）があるが，本件に転得者は登場しておらず，この判例との関係は問題とならない。

＊4｜平成29年判決では，自動車の割賦販売の事案が問題となっていた。自動車販売会社から買主が自動車を購入するにあたって，代金を割賦払いとし，割賦金の担保のために自動車の所有権が販売会社に留保されていた。ところが，買主が割賦金の支払を怠ったため，その連帯保証人である信販会社が代わりに弁済を行い，販売会社に代位して買主に対して留保所有権を行使した（501条）。

＊5｜なお，このような本判決の判断は平成29年判決と矛盾するようにも思われ，本判決によって平成29年判決は覆されたとみることもできる。もちろん，平成29年判決は，買主につき破産手続が開始している事案であることから，本件とは事案を異にするものとして，区別して理解することも可能である。しかし，通常時に対抗の問題が生じていないにもかかわらず，倒産手続が開始したことをもって対抗要件具備が必要とされるようになることを説明することは難しい。

債権譲渡担保をめぐる判例

債権は，動産や不動産といった物と同じく，譲渡（売買）や担保の目的となる。民法は債権を目的とする担保手法として債権質（362条以下）を予定するが，金融実務は債権譲渡担保を好んで用いている。立法作業が進行中であるが（→118頁），ここでは，現在までの債権譲渡担保に関する主な判例を紹介しよう。

1. 債権譲渡に関する基本ルールの適用

債権譲渡担保には通常の債権譲渡に関するルールの多くが適用される。次のものを紹介しておこう。①確定日付ある証書による譲渡の通知または承諾が債務者以外の第三者Yに対する対抗要件となる（467条2項）。②通知は，譲渡人Aがしなければならない。③債権がXとYに二重譲渡されたときは，証書記載の日付ではなく，債務者Bに通知が到達し，または承諾があった日時の先後を基準にX・Y間の優劣を決する（最判昭和49・3・7民集28巻2号174頁［債権総論・判例**23**］〔百選Ⅱ-23〕）。④YによるAの債権の差押えとその通知は，AがYに債権を譲渡し，これが確定日付ある証書によって通知された場合と同視してよい（前掲最判昭和49・3・7）。⑤将来に発生すべき債権を譲渡することもできる（466条の6）。⑥現在および将来の多数の債権の包括的な譲渡（集合債権譲渡）は，どの債権が譲渡されたかが明らかにされている（目的債権の特定がある）限り，原則として有効である（最判平成11・1・29民集53巻1号151頁［債権総論・判例**22**］〔百選Ⅱ-22〕）。

2. 債権譲渡担保に特有のルール

債権譲渡担保に特有のルールもある。以下では，最判平成13・11・22民集55巻6号1056頁〔百選Ⅰ-98〕で争われた問題（本契約型。予約型については最判平成13・11・27民集55巻6号1090頁参照）を検討しよう。事案は次のとおりである（だいぶ簡略化している）。

(1) Xは，Aに対する債権の担保として，AがBとの継続的取引により取得する売掛代金債権を一括してAから譲り受けた。この債権譲渡担保契約でXとAは，XがBに譲渡担保の実行通知をするまではAがBから債権の弁済を受けるが，実行通知をした後はXがその弁済を受けるという合意をしていた。Aは，Bに対して，そのことを記載した債権譲渡の通知（通知ⓐ）を確定日付ある証書により行った。その後，Aが債務の弁済を怠ったため，XはBに対して確定日付なき書面で譲渡担保の実行通知をした（通知ⓑ）。それから数日後，Y（国）がAのBに対する債権を国税滞納処分として差し押さえ，その通知（通知ⓒ）がBに届いた。

(2) 本件では，将来債権も含めた集合債権譲渡担保契約が結ばれており，この契約自体はルール⑤・⑥に反することなく有効であることを前提としよう。ルール④により，本件は債権がXとYに二重譲渡された事案と同視される。通知ⓐを467条2項にいう通知とみることができるならば，Xへの債権譲渡につきルール①・②にかなう通知が通知ⓒに先立ってBに到達していたことになるから，ルール③により，XがYに勝てることとなる。そう考えてよいのだろうか。

(3) 債権譲渡が担保目的でされた場合の譲受人Xは，担保実行の局面に入ってはじめて自らBからの債権の取立てをし，受領した金銭から自己の債権を回収することを目指す。それまでは，譲渡人Aが債権の取立てをする。Aは，受け取った金銭を自らの懐にいれることさえできる。本件でもこのことが合意されている。

控訴審は，そのような合意を記載する通知ⓐがされてもBは債権の帰属に変動が生じたことを認識できないから，Xは第三者Yに債権譲渡を対抗できるようにはならないとの判断をした。しかし，最高裁は，Xが譲渡担保契約時に目的債権を確定的に譲り受け，通知ⓐによって対抗要件を具備するとの考えを明らかにする。X・A間ではAへの取立権限の留保の付加が合意されているのであり，このことは対抗要件の効果を妨げないという。この考え方によれば，Xは，通知ⓐが通知ⓒよりも先にBに到達しているのであれば，実行通知（通知ⓑ）や他の通知が確定日付ある証書によらず，Xによってされ，あるいは通知ⓒよりも後に到達したとしても，自己への債権譲渡をYに対抗できる。

(4) 将来債権の譲渡が譲渡契約時に認められるとして，このことは契約時に債権の移転が生じるということまでも当然には含意しない。そう考える学説がある一方で，譲渡時に債権が存在しない以上，債権の移転も生じないと考える学説もある。最高裁は，いまなおこの点の判断を留保している（最判平成19・2・15民集61巻1号243頁も参照）。

Step Up
もう一歩先へ

担保法改正

1. 担保法改正の動き

Chapter Ⅲ 3 で学んだ非典型担保は，典型担保物権の弱点をカバーする役割を果たす一方で，法律の条文がないという問題を抱えている。もちろん，ここで学んだ判例を含めて，非典型担保のルールを支える数多くの判例があるが，判例はあくまで個々の事案の解決を目的とするものであり，その射程がどこまで及ぶかはっきりしないこともある。そのため，判例があるだけでは，法的安定性に欠ける。また，判例がない論点もあり，その部分についてはルールが不明確である。

このような問題を解消し，法律関係の安定化・明確化をはかることを目的の１つとして，動産や債権を目的とする担保を中心に，担保に関する法制の見直しの作業が始まった（法制審議会担保法制部会）。

2. 担保の法形式

見直し作業のポイントの１つは，立法にあたって担保の法形式をどのように規定するかである。

(1) 動産を目的とする担保

［判例 **27**］で学んだように，譲渡担保においては，物の所有権を債権者に移転する（譲渡）という法形式がとられている。ところが，その目的は，債権を担保することにある。そのため，判例では，「所有権移転の効力は債権担保の目的を達するのに必要な範囲内においてのみ認められる」とされている。このように，法形式（権利の名前）と実質（権利の内容）との間にズレがあることで，ルールの分かりにくさが生じている。

この問題を解決するために，２つの方法が考えられる。１つは，現在の判例法理との連続性を重視して，「所有権の移転という法形式をとっているけれども，実際に適用されるルールは担保権が設定された場合と同じようなものである」ということを丁寧に条文に書いていく方法である。もう１つ，よりドラスティックな方法として，「動産抵当」のような新しい担保物権を創り出して，「担保目的の動産の譲渡は動産抵当の設定である」と定める方法がありうるが，あまり現実的ではないようである。

(2) 債権を目的とする担保

現行法上は，債権を目的とする担保について，担保権設定の形式をとる場合（債権質）と譲渡の形式をとる場合（債権譲渡担保）とが併存している（もう一歩先へ「債権譲渡をめぐる判例」参照）。債権を目的とする担保が２種類も必要かどうかについて疑問があるため，両者を一元化することも考えられるが，現在の実務との連続性を重視し，債権譲渡担保の法形式を残しつつ，そのルールが整備される方向である。

3. 担保の範囲

２つ目のポイントは，担保の対象となる財産の特定の方法をどのように定めるかである。

［判例 **29**］で学んだように，現在の判例によれば，構成部分の変動する集合動産については，「その種類，所在場所及び量的範囲を指定するなどなんらかの方法で」目的物の範囲が特定される場合にのみ，それを一個の集合物とみて譲渡担保の目的とすることができる。このような判例のルールをそのまま明文化するのが１つの方向であろう。

ところが，このような要件が存在することで，運送中の動産が担保の範囲から漏れてしまったり，多くの種類を扱う担保権設定者の在庫すべてを担保の目的とすることが面倒であったりといった問題が生じている。この問題を解消するために，「在庫一切」といった文言を用いて，現在より広い範囲の動産を目的として担保を設定することができるようにするのが，もう１つの方向である。しかし，担保の範囲が広すぎることで，担保権設定者の経済活動を過度に制約したり，他の債権者を害したりする可能性があることから，慎重な検討が行われている。

4. 担保の実行

３つ目のポイントは，担保の実行方法である。

非典型担保には，実行方法の定めもないため，［判例 **28**］で紹介したように，帰属清算型，処分清算型といった実行方法が，実務と判例法理によって形作られてきた。これらのルールを明確化するために，動産担保の実行方法に関するルールを明文化することが目指されている。

他方，抵当権や質権のような典型担保物権については，不動産競売や動産競売といった法的実行手続が，民事執行法によって整備されている。これに対して，非典型担保については，このような手続の定めがない。そこで，新たに規定される動産担保についても，動産競売のような法的実行手続が用意される見込みである。

判例索引

大審院・最高裁判所

高等裁判所・地方裁判所

\ START UP /

民法②物権 判例30！

第2版

2017年12月25日　初版第1刷発行
2023年4月30日　第2版第1刷発行
2024年3月25日　第2版第2刷発行

著者　水津太郎
鳥山泰志
藤澤治奈

発行者　江草貞治
発行所　株式会社有斐閣
郵便番号　101-0051
東京都千代田区神田神保町2-17
https://www.yuhikaku.co.jp/

デザイン　堀 由佳里
印刷・製本　大日本法令印刷株式会社

落丁・乱丁本はお取替えいたします。
定価はカバーに表示してあります。
ISBN 978-4-641-23313-3